이스라엘 전문 다큐멘터리 영화감독이 쓴
드라마로 읽는 이스라엘 역사이야기

거룩한 성

김종철 지음

이스라엘 전문 다큐멘터리 영화감독이 쓴
드라마로 읽는 이스라엘 역사이야기

거룩한 성

1판 1쇄   2018년 5월 31일

지은이   김 종 철
발행인   이 금 선

발행처   브래드북스
출판등록 2011년 5월 13일 (신고번호 제2011-000085호)
주소   경기도 고양시 일산동구 중앙로 1275번길 86-23 청원레이크빌 922호
전화   031-926-2722
홈페이지 www.bradtv.co.kr | 이메일   bradbooks123@gmail.com
값   15,000원

디자인   김 보 라 (mizkim77@naver.com)

ISBN   979-11-958931-2-6

이 책의 저작권은 저자에게 있으며 판권은 브래드북스에 있습니다.
이 책은 저작권법에 의하여 보호를 받는 저작물이므로 무단전재와 무단복제를 금합니다.

이 도서의 국립중앙도서관 출판예정도서목록(CIP)은 서지정보유통지원시스템 홈페이지
(http://seoji.nl.go.kr)와 국가자료공동목록시스템(http://www.nl.go.kr/kolisnet)에서
이용하실 수 있습니다.
(CIP제어번호 : CIP2018006665)

이스라엘 전문 다큐멘터리 영화감독이 쓴
드라마로 읽는 이스라엘 역사이야기

거룩한 성

김종철 지음

Brad Books

이스라엘 전문 다큐멘터리 영화감독이 쓴
드라마로 읽는 이스라엘 역사이야기

거룩한 성

머릿말 ………………………………………………………… 4

● 유대인과 이방인이 하나 되어
룻 이야기 ……………………………………………… 7

● 권력의 줄타기 선수, 줄에서 떨어지다
아히도벨 ……………………………………………… 45

● 끝내 춤을 추지 말았어야 한 여인
살로메 ………………………………………………… 91

● 두 남자의 잘못된 우정과 사명감
일어나 빛을 발하라 ………………………………… 145

- 먹고 살기 위해 유대인의 자존심을 버렸다
  호테니우스 243

- 출발부터 의미가 달랐던 베드로와 유다
  골고다의 두 남자 277

- 예수님은 예루살렘에만 계시는 게 아니야
  거룩한 성 335

- 두 번 다시 이런 비극은 없어야 한다
  마사다 375

머릿말

필자는 중고등학생 시절부터 교회 연극을 즐겼다.

부활절이나 추수감사절, 성탄절뿐만 아니라 특별한 날이면 교회 친구들과 함께 대본을 외우고 무대를 꾸미고 의상과 소품을 직접 만들었다. 작고 볼품없는 교회 무대에서 공연할 때마다 연극을 본 교인들은 즐거워했다.

그때 당시 썼던 대본은 현대극뿐만 아니라 성극도 있다. 성경의 이야기를 연극 대본으로 꾸미는 일은 청소년 시절의 나에게 새로운 재미와 하나님이 주신 달란트를 확인하는 보람을 주었다.

특히 성경의 이야기를 대본으로 구성할 때에는, 다윗과 골리앗 같은 많이 알려진 에피소드보다 이제까지 다른 사람이 특별한 관심을 가져보지 않았을 성경 속 감춰진 새로운 이야기를 많이 찾아내려고 애썼는데 이른바 성경의 행간을 찾아내는 작업에 더 관심을 가졌었다.

그러기 위해서 교회 담임목사님의 서재에 들어가 각종 주석과 신구약 중간사 그리고 요세푸스와 같은 책들을 읽어가면서 수천 년 전 이스라엘 역사의 현장에 빠져들었고 그럴 때마다 이 책 저 책에서 찾아낸 짧은 단서들로 마치 퍼즐 맞추듯 한 편의 이야기를 완성해 나가는 작업이 너무나 즐거웠다.

그런 작업은 청소년 시절에만 국한되지 않고 지금까지도 기회가 되는 대로 계속 이어져 왔으며, 이렇게 성경 속의 이야기와 이스라엘 역사는 나에게 끊임없이 소재가 샘솟는 화수분과도 같았다.

어떻게 하면 성경의 이야기를 더욱 흥미 있게 풀어낼 수 있을까?

어떻게 하면 그 당시의 정치적 상황과 경제적 상황 그리고 인물들의 심리적 상황과 감정의 변화를 입체적으로 표현할 수 있을까?

좀 더 사실에 가까운 이야기를 찾아내고 싶고 그 당시의 생활환경과 풍습을 알고 싶어 결국 나중엔 이스라엘을 직접 찾아가 여러 박물관과 민속촌을 다니며 역사의 조각들을 찾게 되었다. 이러한 노력으로 나는 지금까지 70여 차례 이스라엘을 찾아갔다.

3천 년 전, 2천 년 전의 이스라엘 사람들은 어떤 옷을 입고 어떤 음식을 먹었으며 어떤 구조의 집에서 살았었는지 찾아보고 내 눈으로 직접 확인하는 작업 끝에 성경의 이야기가 왜 이스라엘 역사로 이루어졌는지, 하나님께서 왜 특별히 이스라엘 민족을 선택하시고 하나님의 아들 예수님을 유대인으로 이스라엘 땅에서 태어나게 하셨는지 깨닫게 되었다.

그런 노력 끝에 완성된 희곡들은 지금까지 약 3백여 편이 되었고 십여 권의 작품집으로 발표되기도 했다. 그중 여러 작품은 성극공연 단체나 일반 연극 극단에서 공연하기도 했다.

그뿐만 아니라 수십여 차례 이스라엘을 방문하면서 현재 이스라엘에 일어나고 있는 놀라운 일들을 확인하게 되어 다큐멘터리 영화 '회복', '용서', '제3성전', '루터의 두 얼굴'을 만들어 발표하고 현재는 이스라엘 선교전문방송 '브래드TV'까지 운영하게 되었다.

이 책에 실린 희곡들은 필자가 고등학생 시절부터 최근까지 완성했던 희곡 중에, 구약의 이야기 2편과 신약의 이야기 5편, 그리고 이스라엘의 마지막 역사 이야기 1편 총 8편을 추려 정리한 것으로 어떤 희곡은 지금 다시 보면 유치할 정도로 어설픈 것도 사실이지만 그렇다고 해서 다시 수정하지는 않았다.

이 책에 실린 성경과 이스라엘 역사를 소재로 한 희곡을 통해 성경과 이스라엘 역사를 흥미롭고 입체적으로 확인하는 기회가 되기를 바란다.

유대인과 이방인이 하나 되어
룻 이야기

등장인물

룻

말론

보아스

나오미

오르바

엘리멜렉

기룐

모압왕

사제 1

사제 2

여인

노인

추수꾼 여러명

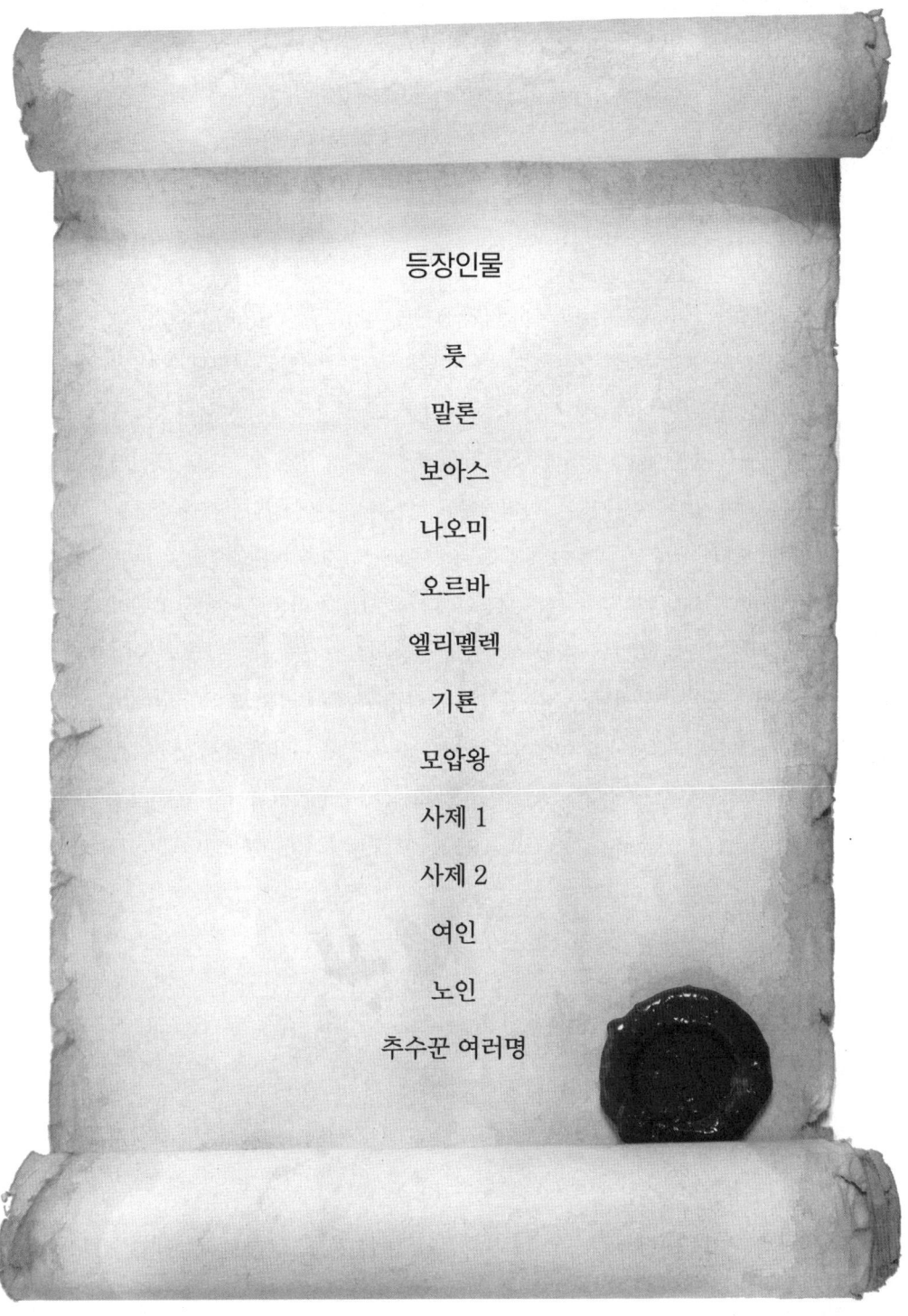

작가 노트

이 희곡은 기본적으로 구약성경의 룻기를 배경으로 구성되어 있다.

하지만 구약성경의 룻기엔 기록되지 않고 설명되지 않는 부분도 많이 있어서 성경 속의 이야기를 설명하기 위해 앞뒤의 배경을 설명하거나 극의 효과적인 연출을 위해 일부의 내용과 설정은 작가의 상상력에 의한 픽션도 포함되어 있다. 예를 들어, 아히멜렉이 말론과 기룐에게 금반지를 선물로 주고 또다시 말론과 기룐이 룻과 오르바에게 금반지를 결혼의 증표로 주는 정도이다. 하지만 이런 픽션은 성경의 역사적 사실을 더욱 극적으로 표현하기 위해 충분히 이해될 수 있는 정도의 설정이다.

룻과 오르바가 말론과 기룐을 만나 결혼하기 전에 그모스 신상 앞에서 제사를 드릴 때 제사를 돕는 역할을 했다는 설정은 미국의 메시아닉쥬 목사인 Matthew T. Wilson의 저서 'Ruth-less Church(출판사 Yeshua's Harvest Publishing)' 90쪽에 룻은 어려서부터 모압땅에서 그들의 신인 그모스 신을 섬기며 제사를 하는 일에 일원으로 동참했다고 기록되어 있다.

그모스는 모압의 국가 신으로, 신상에 어린 아이들을 산채로 제단에 올려놓고 칼로 배를 갈라 불에 태우면서 소원을 빌면 그모스 신이 이루어 준다고 믿었다. 이 일을 위해 룻은 제물로 바쳐지게 되는 어린아이를 관리하며 제단까지 안내하는 역할을 하던 여인임을 밝히고 있다.

20세기 최고의 탈무드 학자이며 유대인 역사학자 루시스 긴즈버그의 저서 'Legend of the Bible(출판사: 현대지성사)' 751쪽 12장 '보아스와 룻'편에 보면 '그들은 모압을 향하여 갔다. 거기에서 그들의 부와 고귀한 혈통으로 인해서 그들은 군대의 관리들이 되었다. 엘리멜렉의 아들들인 말론과 기룐은 더 높은 지위로 승진했고 모압왕의 딸들과 결혼했다.'라고 기록한다.

또 다른 자료에 의하면 모압의 신인 그모스 신 앞에 제사를 드리기 위해 준비하는 여사제를 모압왕의 딸들이라고 표현하기도 했다.

이런 역사적 기록을 바탕으로 룻과 오르바를 그모스의 여사제로 설정했다.

같은 책 752쪽에는 '두 여인은 함께 베들레헴을 향하여 길을 떠났다. 그들은 보아스의 아내가 장사 되던 바로 그날 거기에 도착했고, 장례식에 모여있던 많은 사람이 나오미가 고향에 돌아오는 것을 보았다'라고 기록하지만 이 부분은 적용하지 않았다.

존 월튼(Moody Bible Institute의 구약학 교수), 빅터 매튜스(Southwest Mis-souri State University의 종교학 교수), 마크 샤발라스(University of Wisconsin의 역사학 교수) 공저 '성경배경주석-구약 편(출판사 IVF)' 395쪽에 보면, 룻이 베들레헴으로 돌아올 당시 베들레헴 인구는 약 2백여 명보다 적은 숫자에 불과했으며 룻과 나오미가 베들레헴으로 돌아올 때가 보리 추수기였는데 '베들레헴 지역에서의 보리 추수는 우기가 끝나 가는 4월 중순에서 하순에서 시작되었다'라고 기록한다.

위의 책에서도 우기가 끝나가는 시기라고 했지만, 희곡에서도 비가 내리는 것으로 마무리하는 것은 이 희곡에서 내리는 비는 자연의 섭리로 내리는 비가 아닌 축복의 비가 내린다는 의미로 설정한 것이다.

이 희곡에서도, 룻과 나오미가 베들레헴으로 돌아갔을 때 오랜 가뭄으로 고생하며 비를 기다리는 상황이었지만 결국 룻과 보아스로 비유되는 이방인과 유대인이 하나님의 축복 아래 하나가 되어 함께 하나님을 섬길 때 비로소 축복의 비가 이스라엘 땅을 적신다는 의미를 표현한 것이다.

같은 책 751쪽 아랫부분에서는 '오르바는 4마일을 시어머니를 배웅한 다음에 오직 네 방울의 눈물을 흘리며 작별 인사를 하고 그녀를 떠났다…(중략)…오르바는 나오미를 4마일을 같이 걸으며 배웅하였기 때문에 네 명의 거인, 곧 골리앗과 그의 세 형제를 낳는 것으로 보상 받았다'라고 기록한다.

이 외에도 이 희곡은 요세푸스 1권(생명의 말씀사), 고대 이스라엘 역사(크리스천 다이제스트) 등 이스라엘의 역사와 성경의 배경에 관한 책을 참고하여 구성하였다. 하지만 무엇보다도 이 희곡은 1960년 미국의 영화감독인 Henry Coster가 연출하고 Norman Corwin(유대인 시나리오작가)이 시나리오를 쓴 131분짜리 극영화 'Story of Ruth(제작 Twentieth Century Fox)'라는 영화의 내용을 상당 부분 참고하였다.

무대는 크게 그모스 신전, 엘리멜렉의 작업실, 숲속, 베들레헴의 들판 네 구역으로 설정되는데 나오미의 모압 생활과 베들레헴으로 돌아가는 과정, 그리고 베들레헴 들판에서 보아스를 만나 룻과 보아스가 결혼하기까지를 보여준다.

무대 중앙엔 위압감이 있는 그모스 신상이 세워져 있고 가능하다면 양 옆에 전깃불을 이용한 횃불을 연출하고 무대 전체는 어두운 것이 좋다.

자료에 의하면 그모스 신상은 두 개의 뿔이 달린 소의 모습을 한 얼굴과

두 손을 앞으로 내밀어 제물로 바쳐질 아이를 앉아서 기다리는 모습의 석상으로 되어 있다. 석상은 스티로폼으로 제작하거나 대형 걸개그림으로 대체할 수도 있다.

무대의 오른쪽엔 엘리멜렉의 작업실로 꾸며지는데 엘리멜렉은 베들레헴 출신의 유대인으로 모압땅으로 이주해 살던 이방인이다. 그는 주로 금과 은, 동을 이용하여 그릇 같은 식기류나 장식품들을 만들며 살아가던 가장이었다. 무대는 그에 걸맞게 여러 가지 식기류들이 널브러져 있는 작업대와 금빛이 나는 주전자와 큰 형태의 장식물들이 진열된 장식장, 그리고 나무로 된 테이블과 의자 몇 개를 준비하면 되겠다.

나오미가 룻과 함께 모압을 떠나 베들레헴으로 가는 여정부터는, 무대 중앙의 그모스 신상을 치우거나 검은 천으로 가려서 보이지 않게 하여 완벽히 다른 지역으로 이동했음을 보여 주면 좋다.

이 희곡은 뮤지컬 형식으로 구성이 되어 있어 대사와 볼드체 부분의 가사에 곡을 입혀 노래와 함께 연출하는 것이 좋지만 음악을 만들 상황이 안 되면 노래 가사를 그냥 연기로 해도 큰 문제는 없다.

이 희곡은 2015년에 쓰였다.

그모스 신전

군무 - 그모스 신상 앞에서 제사를 드리기 위한 군무

(멀리서 장엄한 음악이 점점 크게 들려오며 조명이 밝아지면
무대 중앙에 그모스 석상이 보이고
그 양옆에 정렬해 서 있는 사제들이 부동자세로 서 있다.)

모압왕 : (두 손을 높이 들고) 모압의 신, 그모스여!

사제 1 : 그모스는 위대하다.

사제 2 : 그모스는 영원하다.

(화려한 군무 - 그모스 신전을 향해 경배하며 춤춘다.
춤이 절정에 이르렀을 때 룻과 오르바가 금잔을 들고 그모스 석상을
향해 천천히 경배하듯 다가간다.)

모압왕 : 중지!

(음악과 군무가 모두 정지하고)

모압왕 : (룻과 오르바에게 다가가 들고 있는 잔을 빼앗아 이리저리 살펴보고)
이 잔을 누가 만들었는가?

(아무도 대답하지 못한다.)

그모스는 빛을 좋아한다. 하지만 이 잔은 빛이 나지 않는다.

사제 1 : 이 잔은 저희가 만들 수 있는 최선입니다.
더 이상 광채를 낼 수가 없습니다.

사제 2 : (조아리며) 저희의 부족함을 용서하소서.

모압왕 : 그래도 이걸로는 우리의 위대하신 그모스 신을 즐겁게 할 수 없다.

제사를 중단하고 잔을 다시 만들도록 하라.

(화난 듯 퇴장… 나머지는 어쩔 줄 몰라 하는데 암전)

엘리멜렉의 작업실

(엘리멜렉과 말론, 기룐이 금잔을 들고 각자 작업을 하고 있다.
그 뒤에서 나오미가 흐뭇한 듯 지켜보고 있다.)

엘리멜렉 : (자신의 금잔을 들어 보이며) 말론, 기룐

말론 : 네, 아버지

엘리멜렉 : 이 광채를 보거라. 빛이 아름답지 않으냐?

기룐 : 네, 그렇습니다. 너무 아름답습니다.

말론 : 아버지는 어떻게 그렇게 아름답게 만드십니까?

엘리멜렉 : 하나님은 우리 유대인에게 손재주를 주셨지.
　　　　　이런 기술은 나만 갖고 있는 것이 아니라 우리의 고향 베들레헴에
　　　　　사는 사람들 모두 갖고 있단다.

말론 : 아버지 우리의 고향 베들레헴 이야기를 해 주세요. 듣고 싶습니다.

기룐 : 우린 고향을 떠나온 지 오래되었잖아요.

엘리멜렉 : (회상에 잠기듯 잔을 내려놓고)
　　　　　그래 우리가 고향 베들레헴을 떠나온 지 벌써 십 년이나 되었구나.
　　　　　그곳은 아름다운 곳이지.

나오미 : 푸른 들판엔 양 떼들이 평화롭게 풀을 뜯고 바람이 불면 모든 나뭇
　　　　 가지가 춤을 추며 하나님을 경배하는 곳.

엘리멜렉 : 나오미… 당신도 기억하고 있구려.

나오미 : 그럼요. 저의 고향을 어찌 잊을 수 있겠어요.
꿈에도 그리운 우리의 고향 베들레헴을요.

기론 : 하지만 그곳에 가뭄이 들었잖습니까?
제가 떠나올 때 베들레헴에는 아무것도 없었습니다.

엘리멜렉 : 맞다. 그래서 우리가 이곳 모압까지 오긴 했지만
하나님은 어디에나 계시지. 하나님이 우리를 지켜 주실 거야.

말론 : 하나님을 찬양합니다.

기론 : 저도 하나님을 찬양합니다.

엘리멜렉 : 말론과 기론

말론 : 네, 아버님.

엘리멜렉 : 내가 너희들에게 줄 것이 있다.

기론 : 뭔데요?

엘리멜렉 : 하나님의 말씀이 새겨진 금반지 두 개다.
하나는 기론 꺼 또 하나는 말론 꺼.

(금반지를 하나씩 나눠주며)
이것은 내가 틈틈이 만든 것인데. 너희가 가장 사랑하는 사람을
만나면 그들에게 선물로 간직하게 해라.

말론 : (금반지를 들여다보며) 하나님의 말씀이군요.

(이때 밖에서 등장하는 룻과 오르바, 그들의 손에는 금잔이 들려있다.)

기론 : (화들짝 놀라며) 누구시오?

룻 : 저는 룻이라고 합니다.

오르바 : 저는 오르바라고 합니다.

엘리멜렉 : 당신들은 그모스 신전에서 일하는 사람들 아니오?

룻 : 맞습니다.

말론 : 그런데 여긴 어쩐 일입니까?
　　　　당신들은 모압 사람들이고 여긴 유대인들의 집이오.

룻 : 당신들이 광채를 내는 재주가 있다는 소문을 들었습니다.

엘리멜렉 : 살아계신 여호와 하나님이 우리에게 주신 선물이죠.

오르바 : 신은 그모스 밖에 없습니다.
　　　　당신들의 하나님도 그모스 앞에 엎드려야 해요.

룻 : 당신들도 그모스의 사랑으로 이곳에서 먹고 살고 있지 않나요?

말론 : 우리 집을 찾아온 이유가 뭡니까?

룻 : 이 잔은 그모스 신에게 바치는 것입니다. 광택을 내주세요.
　　　우리 모압 사람들은 더 이상 빛을 낼 수가 없어요.
　　　하지만 당신들은 할 수가 있다고 들었습니다.

엘리멜렉 : 우리의 실력을 인정하고 찾아와 준 것은 고맙지만
　　　　우리는 그모스 신에게 바치는 물건을 만들 수 없소이다.

룻 : 이젠 당신들도 그모스를 섬겨야 해요.

오르바 : (그러는 동안 오르바는 엘리멜렉의 작업대에 있는 여러 금잔을 보고
　　　　놀라며) 이것들이 모두 당신들 것입니까? 이 많은 것들이요?

기론 : 모두 우리가 만든 것 입니다.

오르바 : (그중에 하나를 들어 보이며) 너무 아름다워요.
　　　　저는 이제껏 모압땅에선 이런 것들을 본 적이 없어요.

기룐 : 들판의 돌이라도 우리 손에 들어오면 아름답게 변하죠.

오르바 : 들판의 돌이라도요?

기룐 : 그렇습니다.

룻 : 그모스 신께 바치는 잔을 만들어 주지 않는다면
　　그모스가 당신들을 저주할 것입니다.

엘리멜렉 : 그래도 우리는 우상에 바치는 것을 만들 수 없소이다.

룻 : 할 수 없군요. 그모스 신께 그대로 이야기하는 수밖에….
　　오르바 돌아가요.

오르바 : (여전히 잔을 살펴보며) 너무 아름다워요.

기룐 : 맘에 들면 가져가세요.

오르바 : (너무 좋아서) 정말이요?

말론 : 기룐!

기룐 : 저건 내 꺼니까 내 맘대로 할 수 있어.

말론 : 그래도 안 돼. (오르바의 손에 들린 금잔을 빼앗는다.)

　　　(룻은 아직도 금잔에 미련이 있는 오르바의 손을 강제로 끌고 퇴장)

말론 : 아버지 이제 어쩌죠? 모압 병사들이 찾아올 겁니다.

엘리멜렉 : 그모스는 우상이다.
　　　　하나님은 우상을 섬기지 말라고 명령하셨잖니… 계속 일하자.

기룐 : 저는 오르바를 만나야겠어요.

말론 : (쫓아 나가며) 기룐, 기룐!

(나오미가 엘리멜렉이 걱정스러운 듯 기룐과 말론이 뛰어나간 쪽을 쳐다보는데 무대는 어두워진다.)

숲속

(오르바가 어디론가 천천히 걸어가고 있지만 가끔씩 뒤를 돌아보고 있다. 이때 다급히 기룐이 뛰어들어와 오르바를 찾다가 결국 발견하고는)

기룐 : (반갑게) 오르바!

오르바 : 네, 기룐.

(둘은 서서히 가까이 간다.)

기룐 : 당신은 너무 아름다워요.

오르바 : 맞아요. 이곳 모압땅에 나만 한 여인은 없을 거예요.

기룐 : 당신을 보는 순간 내 가슴은 뛰기 시작했소.
내 고향 베들레헴을 떠나온 뒤 이곳 모압땅에서 모진 고생을 하며
나는 내 가슴이 뛰고 있다는 사실을 잊었지만
당신을 보는 순간 비로소 내 심장이 뛰고 있다는 것과
내가 살아있다는 것을 알게 되었소.

오르바 : 당신의 심장이 뛰는 소리를 나도 들었어요.

기룐 : 당신을 계속 만나고 싶소. 내 가슴을 계속해서 뛰게 해 주면 안 되겠소?

오르바 : 이곳 모압남자들도 모두 나를 만나고 싶어 하죠.

룻 이야기

기론 : 어찌하면 되겠소? 당신을 계속 만날 수 있는 방법을 알려주시오.

오르바 : 당신의 것이 나의 것이 될 수 있나요?

기론 : 나의 것은 나의 것만이 아니오.
　　　 나의 아버지, 나의 형제의 것도 되지요.

오르바 : 그럼 할 수 없군요. 저는 이제 가볼게요.
　　　　당신은 유대 사람, 나는 모압 사람. 우리 둘은 건너야 할 강이
　　　　깊어요.
　　　　(돌아서 가려 할 때)

기론 : 잠깐만… 당신이 원한다면 나의 것이… 당신의 것도 될 수 있다오.

오르바 : 당신이 갖고 있는 많은 금과 재물들도 말이죠?

기론 : 물론이오.

오르바 : (기론의 품에 안기며) 아… 기론

　　　　(이때 말론이 뛰어들어오며)

말론 : 기론…그게 무슨 말이야?
　　　 우리 집에 있는 금잔들과 재물들은 그동안 아버지가 만들어 오신
　　　 거야. 그건 너의 것이 아니란 말이야.

기론 : 그것 중엔 내 것도 있어.
　　　 아버지께서 분명히 우리에게도 나눠 주신다고 하셨어.
　　　 내 건 내 것이야. 내 것은 내 맘대로 할 수 있어.
　　　 오르바에게 줄 수도 있단 말이야.

말론 : 그럼 안돼. 그것들을 오르바에게 주면 그모스 신께 갖다 바칠 거야.
　　　 그모스는 우상이라고!

기론 : 상관하지 마! (오르바를 데리고 퇴장하고)

말론 : (비통해하며) 오 하나님…

      (이때 룻 등장)

룻 : 울고 계시나요?

말론 : 아, 아닙니다. 하나님께 기도하고 있었습니다.

룻 : 당신은 모압 땅에 살면서 위대하신 그모스 신 덕분에 먹고 살면서도
    하나님께 기도하시는군요.

말론 : 그모스는 그저 돌덩이에 불과합니다.

룻 : 당신의 하나님은 어디에 있습니까?

말론 : 하나님은 그모스와 다릅니다. 눈에 보이는 분이 아니죠.

룻 : 눈에 보이지도 않는 분을 어떻게 섬긴다는 거죠?

말론 : 우리 눈으로 볼 수 있는 것은 많지 않아요.
    분명히 이 세상에 존재하지만, 눈에 보이지 않는 것들이 있죠.
    바람도 존재하지만, 눈에는 보이지 않아요.
    단지 흔들리는 나뭇가지를 통해서 바람의 존재를 알게 되죠.
    하나님도 마찬가지입니다. 눈에는 보이지 않지만, 그의 사랑을
    통해서 존재를 알 수 있는 겁니다.

룻 : 하나님은 당신들만의 신이겠군요.

말론 : 그렇지 않습니다. 하나님은 유대인이나 모압 사람이나
    이 세상의 모든 사람을 사랑하죠.

룻 : 우리는 그모스 신을 섬기는 데도요?

말론 : 그것은 당신이 하나님을 잘 몰라서 그러는 겁니다.
    한 번도 하나님에 대해서 들어 본 적이 없어서 그럴 거예요.

룻 : (허망한 듯) 이제까지 그모스 신에 대해서만 들어봤어요.
　　　그모스는 우리의 재물을 원해요.
　　　그리고 재물이 부족하면 심판하시죠.
　　　심판을 받지 않으려면 끊임없이 재물을 바쳐야 하고요.

말론 : 이젠 사랑의 하나님을 알아보세요.
　　　당신같이 아름다운 여인이 아무 생각 없는 돌덩이를 섬기고
　　　심판을 두려워한다는 것은 말도 안 됩니다.

룻 : 저는 당신의 하나님에 대해서 아는 게 아무것도 없어요.

말론 : 그럼 제가 하나님에 대해 이야기해 드릴까요?

룻 : 알고 싶어요. 당신이 섬기는 하나님은 어떤 분일까?

말론 : 하나님은 이 세상을 창조하셨죠. 하늘과 땅과 나무와 동물과
　　　바람과 비. 그리고 우리 인간들까지도….

　　　(노래-듀엣)

말론 : 우리를 만드신 하나님
　　　하나님은 우리의 모든 것
　　　우리는 하나님의 말씀과 계명대로
　　　살아가야 하는 하나님의 사람
　　　그 하나님이 나와 당신을 사랑해요.

룻 : 당신의 하나님, 사랑의 하나님
　　　나도 알고 싶어요.
　　　사랑의 하나님을 나도 알고 싶어요.
　　　이제껏 모르던 당신의 하나님
　　　나도 당신처럼 하나님을 사랑할래요.

함께 : 하나님의 사랑 영원하리

　　　　　당신과 나를 만나게 하신 하나님
　　　　　우리의 손을 잡게 하신 하나님
　　　　　우리의 하나 됨을 축복하소서
　　　　　하나님의 사랑 안에 하나 됨을 축복하소서

룻 : 아니에요.
　　　당신은 유대 사람 나는 모압 사람이에요.
　　　나는 그동안 그모스를 섬겨왔던 사람이에요.
　　　그런 내가 어떻게 이제 와서 하나님을….

말론 : 그것은 지나간 일입니다.
　　　　지금부터라도 하나님을 사랑한다면
　　　　하나님도 당신을 사랑할 겁니다.
　　　　그리고… 나도 당신을 사랑할 겁니다.

룻 : 당신의 그 오똑한 코와
　　　당신의 깊은 눈동자
　　　당신의 부드러운 목소리…
　　　저도 당신을 사랑할 거예요.

말론 : (금반지를 꺼내며) 이것은 우리의 사랑을 약속하는 징표요.
　　　　이것을 꼭 지니고 있기를 바라오.
　　　　(룻의 손가락에 끼워준다.)

룻 : 고마워요. 난 당신을 영원히 잊지 않을 거예요.
　　　(어깨에 둘렀던 숄을 벗으며)
　　　이것은 그동안 그모스 신 앞에 나아갈 때 입었던 옷이에요.
　　　이젠 이 옷을 벗어버리겠어요.

말론 : 이젠 하나님의 품 안에 당신도 있게 될 것이오.
　　　　(어깨에 둘렀던 탈릿을 벗어 두 사람 머리 위에 올린다.)

　　　　당신은 이제 우리와 함께 하나님의 사람이오.

룻 : 당신이 나에게 준 금반지도 영원히 간직할 거예요.

　　　(둘이 손을 잡고 있는데 사제2가 등장해서 이 두 사람을 발견하고는 깜짝 놀란 뒤 후다닥 도망간다.)

　　　(긴장감 넘치는 음악이 흐르며 무대 암전된 후)

그모스 신전

　　　(긴박감 넘치는 음악과 함께 다시 무대 밝아지면 그모스 신전에 모압 왕이 서 있다.)

모압왕 : 더러운 반역자들을 모두 끌어내라.

　　　(사제1, 사제2에 의해 엘리멜렉과 기룐, 말론이 끌려 나와 모압왕 앞에 무릎이 꿇린다.)

모압왕 : 너희는 유대인 주제에 우리의 그모스 신께서 원하는 금잔을 만들기를 거부했다지?

엘리멜렉 : 우리 유대인은 우상을 섬기지 않습니다.
　　　그리고 우상 앞에 바치는 그 어떤 것들도 만들지 않습니다.
　　　이것은 우리가 믿는 여호와 하나님의 계명입니다.

말론 : 우리는 살아계신 하나님의 계명을 지키며 살아가야 합니다.

모압왕 : 너희는 너의 땅에 흉년이 들어 이곳까지 왔다.
　　　너희의 하나님이 어디 있느냐? 너희들이 섬기는 여호와는 죽었어.
　　　그럼 여기의 신을 따라야 한다.
　　　하지만 너는 그것을 어겼다. 그모스 신은 너희에게 쉴 곳과 먹을 것을 주었는데 너희는 그모스 신을 배신했다.

엘리멜렉 : 우리의 먹고사는 것은 모두 하나님께서 베풀어 주셨습니다.

모압왕 : 죽은 신이 어떻게 너희를 먹여 살렸다는 것이냐?
그것은 너희가 너희 고향 베들레헴에서 있었을 때나 그랬던 일이야. 지금 이곳은 모압 땅이고 너희는 모압의 신 그모스가 다스리는 땅에서 십 년이나 살아왔어.

엘리멜렉 : 우리의 하나님은 베들레헴에만 계시는 분이 아닙니다. 이곳에도….

모압왕 : (큰 소리로) 여기는 모압 땅이야. 여기는 그모스 신이 다스리는 곳이라고! 너희는 그모스 신을 모욕했어.

기론 : 저희는 그모스 신을 모욕한 적 없습니다.
단지 우리는 하나님을 섬기면서 그모스 신을 함께 섬길 수 없을 뿐입니다.

모압왕 : 그모스 신을 섬기지 않은 것이 모욕이다.

말론 : 그모스 신에게 바칠 금잔을 만들지 못하겠다고 한 것은 제가 한 말입니다. 저희 아버지는 아무 말씀도 하지 않으셨습니다.
저희 아버지가 하신 말씀이 아니니 저희 아버지는 용서해 주시고 저를 벌하시옵소서.

엘리멜렉 : 내 아들 말론, 그렇게 얘기하지 않아도 된다.
나도 우상 앞에 바쳐질 금잔을 만들 수 없다.

말론 : 아닙니다. 저희 아버지께선 지금 저의 잘못을 대신 말씀하는 겁니다.
저를 벌하시고 아버지는 용서해 주소서.

모압왕 : 나는 너희를 용서하고 싶어도 우리의 그모스 신이 너희를 용서하지 않는다. 뭣들하느냐? 저 유대인의 아비 엘리멜렉을 당장 끌어내서 처형하도록 하라.

(사제2가 엘레멜렉을 거칠게 끌고 나간다.)

말론, 기룐 : 아버지, 아버지!

말론 : 제발 부탁입니다. 저희 아버지를 살려주소서.

기룐 : 우리의 하나님이 너희들을 가만두지 않으실 것이다.

모압왕 : 그 입 다물지 못해?

사제 1 : 왕이시여! 이 자들은 자신들만 하나님을 섬기는 것이 아니라 우리의 아름다운 모압 여인 사제들까지도 자신의 하나님을 섬기라고 말했습니다. 제 눈으로 똑똑히 보았고 제 귀로 똑똑히 들었습니다.

모압왕 : 결국 이 나라의 백성들까지도 죽은 신을 믿으라고 했단 말이지? 이 더러운 유대인들이 갖고 있는 모든 재산을 압수하라. 그리고 이들을 평생 빠져나올 수 없는 동굴 속에 가두도록 하라.

(위기의 음악)

(기룐, 말론 모두 사제들에 의해 끌려나간다.)

엘리멜렉 작업실

(조금 전에 있던 여러 개의 금잔과 살림살이가 하나도 없고 옷가지들이 널브러져 있다. 뭔가 정신이 나간 듯 나오미가 초조하게 이리저리 왔다 갔다 하면서 가끔씩 밖을 내다본다.)

(이때 황급히 들어오는 룻)

나오미 : (반갑게) 룻

오르바 : (집안을 보고 놀란 듯) 나오미, 집안이 왜 이렇게 되었나요?

여기 있던 금잔들은 모두 어디로 갔죠?

나오미 : 조금 전에 모압 병사들이 몰려와서 여기 있던 모든 걸
　　　　빼앗아 갔단다. 이제 우리에게 남은 건 아무것도 없어.

룻 : 모압 왕이 시킨 거예요.

나오미 : 그럼 내 남편과 내 아들들은 어찌 되었니?

룻 : 엘리멜렉은 모압 왕의 명령에 따라 조금 전에 목숨을 잃었습니다.

나오미 : 오 하나님. 엘리멜렉… 엘리멜렉….

오르바 : 말론과 기룐은 영원히 빠져나올 수 없는 동굴 속에 갇혔습니다.

나오미 : (주저앉으며) 오 하나님, 어찌하면 좋습니까?
　　　　제발 도와주시옵소서.

룻 : 나오미 엘리멜렉 일은 가슴 아픈 일이지만
　　그나마 기룐과 말론은 살려낼 방법이 있습니다.

나오미 : 영원히 빠져나올 수 없는 동굴에 갇혔다면서?

룻 : 그 동굴을 지키고 있는 모압 병사들은 제가 잘 아는 사람들입니다.
　　그들에게 이야기해서 기룐, 말론 모두 데려오도록 할게요.

나오미 : 그게 가능하겠니? 병사들이 네 부탁을 들어주겠냐고?

룻 : 말론이 저에게 준 금반지가 있어요. 그걸 주면 될 거에요.
　　오르바 당신의 손에 낀 금반지도 함께 빼주면 될 거에요.

오르바 : 그러다 걸리면 우리까지 죽게 될지 몰라요.
　　　　어머니와 룻 그리고 저까지도요.

룻 : 죽을 땐 죽더라도 시도는 해 봐야죠.

오르바 : 어차피 죽을 사람은 죽을 사람이고 산 사람은 살아야죠.

룻 : 지금 그렇게 이야기할 때가 아닙니다.
　　 시간이 없어요. 빨리 금반지를 빼 주세요.

오르바 : 이건 빼 줄 수 없어요. 미안해요.

나오미 : (애원하듯) 오르바!

오르바 : 죄송해요.

룻 : 할 수 없죠. 시간이 없어요. 저 혼자라도 가 봐야죠.
　　 어머니는 빨리 이곳을 떠날 준비를 하시고 잠시 후에 저와
　　 저 산 너머에서 만나요. 제가 잠시 후에 기룐과 말론을 데리고
　　 그곳으로 찾아갈게요.

나오미 : 이곳을 떠난 뒤에 어디로 갈려고?

룻 : 어디든 가야죠. 이곳에선 더 이상 살 수가 없어요.
　　 시간이 없어요. 저는 동굴로 가겠습니다.
　　 (빠르게 퇴장)

　　 (나오미와 오르바는 룻이 나간 뒤를 바라보다가 바닥에 떨어진
　　 옷가지를 주섬주섬 챙긴다.)

　　 (긴장감이 흐르는 음악이 흐르고 암전되었다가 다시 밝아지면서)

숲속

　　 (나오미와 오르바가 초조하게 서 있고
　　 잠시 후 말론이 룻에 의지한 채 비틀거리며 등장한다.)

나오미 : 말론!

말론 : 어머니, 죄송해요. 저만 빠져나왔어요.

나오미 : 아버지와 기룐은 어찌 되었니?

룻 : 동굴에는 두 명의 병사가 지키고 있었어요.
한 명에게는 제가 반지를 주어서 저를 들여보내 주었는데
나머지 한 병사에게는 제가 줄 금반지가 없어서…

오르바 : 아, 기룐…. 그래서 기룐은요?

말론 : 기룐은 동굴에서 도망 나오다 그만…?

룻 : 금반지를 받지 못한 병사가 칼로….

말론 : 죄송합니다, 어머니….

나오미 : 오 하나님… 말론과 기룐의 영혼을 받아 주소서.

룻 : 말론도 병사의 칼이 등에 꽂혔습니다.

말론 : 아 어머니… 앞이 안 보여요. 점점 힘이 빠지고 있어요.

나오미 : 말론 정신을 차려라, 제발….

룻 : 말론. 이대로 정신을 잃으면 안 돼요.

말론 : 룻, 너무 고통스럽소. 이제 하나님이 나를 부르실 차례가 된 것 같소.

룻 : 살겠다고 생각해요. 정신을 차리세요. 그래야 우리가 결혼할 수 있죠.

말론 : 이제 당신은 나의 아내요.
나의 사랑하는 아내. 룻… 당신을 사랑하오.

(숨을 거둔다.)

룻 : 말론, 말론!

나오미 : 오 하나님!

> (슬픈 분위기의 음악이 들려오고 암전되었다가 다시 밝아지면서 무대 한쪽에서 바이올린 연주자가 히브리 의상을 입고 슬프게 연주하고 있다.)

나오미 : 나는 이제 이곳을 떠나야 한다.
내 남편과 내 두 아들이 모두 죽었어.
이곳에 무슨 미련이 남아 있겠니.

오르바 : 그럼, 어디로 가시게요?

나오미 : 십 년 전, 내 남편과 내 아들들과 함께 살던
나의 고향 베들레헴으로 가겠다.

룻 : 혼자 가시게요?

나오미 : 그럼 혼자 가야지.

룻 : 아니에요. 어머니, 저도 함께 가겠어요.
어머니, 이제 당신은 내 어머니이십니다.

나오미 : 우리는 유대인이고 너는 이방인이다.

룻 : 네 저는 모압 사람입니다. 하지만 이젠 어머니와 함께 있을 겁니다.
저를 받아 주세요. 제발….

나오미 : 나는 이제 이곳을 떠나 베들레헴으로 갈 것이다.
너는 여기서 살고 나는 내 땅으로 돌아간다.

룻 : 어머니, 저도 같이 갈 거예요. 오르바, 당신도 같이 가요.

오르바 : 저는 안 갈 거예요.

룻 : 그러지 마세요. 같이 가요.

오르바 : 우리는 이곳을 떠나다가 분명히 잡혀서 모두 죽을 거예요.
  저는 죽기 싫어요. 기룐도 없는데 제가 어머니를 따라가서
  뭘 하겠어요? 이젠 가진 게 아무것도 없어요.
  저는 이런 걸 원한 게 아니었어요. 돌아가겠습니다.
  당신들의 하나님은 어디 있습니까? 어디 있나요?

나오미 : 그것 봐라. 너희는 나를 따라올 수 없어.

룻 : 아닙니다. 저는 같이 갈 거예요.

오르바 : 저는 가지 않겠습니다.

나오미 : 룻, 너도 떠나거라 나 혼자 가겠다.

룻 : 아닙니다. 저도 어머니를 따라가겠습니다.

나오미 : 너도 떠나거라. 나는 너의 사랑을 기억하마.
  사랑스러운 여인, 사랑스러운 딸로만 기억하마.
  오르바, 너도 떠나거라.
  너는 훌륭한 모압 남자와 결혼할 수 있을 거야.
  네 어머니와 아버지가 너를 기다리고 있을 거야.

오르바 : 네, 어머니가 말씀하신 대로 하겠어요. (퇴장)

나오미 : 이곳에서부터 베들레헴까지는 멀고 험한 길이다.
  그모스의 사람들이 쫓아와 너를 죽일지도 몰라.
  그곳에 가도 너는 이방 여인이라 환영받지 못할 것이다.

룻 : 저는 이제 그모스 신을 섬길 수 없습니다.
  저도 어머니를 따라서 베들레헴으로 가게 해 주세요.
  어머니가 가시는 곳에 나도 가고
  어머니가 머무는 곳에 저도 머물겠습니다.

어머니의 백성이 나의 백성이 되고
어머님의 하나님이 나의 하나님이 되십니다.

나오미 : 나의 하나님이 어찌하여 네 하나님이라 하느냐?

룻 : 제가 비록 이방인이기는 하지만 어머니의 며느리가 되었는데
어머니의 하나님이 저의 하나님이 아니면 무엇이겠습니까?

나오미 : 좋다. 너의 마음이 정 그렇다면 그럼 나와 함께 베들레헴으로 가자.
나는 나의 사랑하는 남편과 사랑하는 두 아들과 함께
이곳에 왔지만 이제는 아무것도 없이 빈손으로 돌아가니
하나님 앞에 징계를 받은 것이다.
그럼에도 나는 하나님의 백성이다.
좋다. 룻, 나와 함께 떠나자. 오르바는 어딨느냐?

룻 : 오르바는 이미 떠났습니다.

나오미 : 너만 내게 남았구나.
고맙다. 나와 함께 하나님이 주신 땅 베들레헴으로 가자.

(나오미 감동하여 룻을 끌어안는다.
밝은 음악과 함께 나오미와 룻은 걸어간다.)

베들레헴 들판

(어둠 속에서 걸어가는 두 여인.
걸어가다 나오미가 쓰러지면 룻이 일으켜 세운다.)

나오미 : 십 년 전에 내 남편 엘리멜렉과 기룐, 말론이
이 길을 거슬러 모압땅으로 갔었지.
근데 이젠 두 아들도 잃고 과부가 되어 돌아가는구나.
이젠 베들레헴에 거의 도착했을 것이다.

룻 : 베들레헴에 돌아가도 우린 먹을 게 없을 겁니다.
그리고 베들레헴은 가뭄인 것 같아요.
들판의 풀도 나무도 모두 말라 있어요.

나오미 : 그러게 말이다. 어쩜 좋으냐.
하지만 하나님이 우리를 굶어 죽게야 하시겠냐?

룻 : 어머니 저길 보세요. 저곳에 사람들이 있어요.
사람들이 추수하고 있어요.

나오미 : (감격) 그래… 베들레헴이다.

(음악과 함께 추수하고 있는 사람들.
그 옆에서 나오미와 룻이 지켜보고 있다.)

(노래-합창)
하나님, 하나님, 하나님이 축복하신 땅 베들레헴
하지만 벌써 몇 년 째 비가 내리지 않아요.
들판의 풀은 마르고 강물도 마르고
우물도 마르고 우리의 마음도 마르고
추수할 때가 되었지만 추수할 것이 없어.
비를 내려 주소서.
산천초목이 젖도록 비를 내려 주소서.
우리의 잘못이 있다면 용서해 주시고
우리의 기도가 부족하면 용서해 주시고
이 땅에 비를 내려 주소서.
하나님만이 우리를 살려주실 수 있으니
우리의 기도를 들어 주소서.

추수꾼 1 : 여보게, 그건 내려놓게나. 그건 우리의 것이 아니야.

추수꾼 2 : 아니, 이걸 왜 내려놓으라고 하는 거요?

추수꾼 3 : 하나님께서 말씀하셨소이다.
　　　　　땅에 심은 것을 거두어들일 때는 밭의 구석구석까지 다 거두어들
　　　　　이지 말라고…. 곡식이 밭에 떨어졌더라도 줍지 말고, 그냥 내버려
　　　　　두라고 하셨소.

추수꾼 1 : 우리도 추수할 것이 없는데 왜 이것들을 남겨두라는 거요?

추수꾼 2 : 우리도 비록 먹을 것이 없지만
　　　　　여기에는 우리보다 더 가난한 자들이 있잖소.

추수꾼 3 : 그럽시다. 하나님이 말씀하셨잖아요.

추수꾼 1 : 오늘은 이만 합시다. 힘들어서 더는 못하겠소.

　　　　　(한바탕 추수꾼들이 군무를 하고 퇴장하면
　　　　　그 뒤에서 이삭을 줍던 여인이 앞으로 나오며)

여인 : (기억이 날듯 말듯) 아니 당신은?

나오미 : 저를 기억하시나요?

여인 : 엘리멜렉의 아내 나오미가 아닌가요?

나오미 : 네, 맞습니다. 하지만 이젠 나를 나오미라 부르지 마세요.
　　　　마라라고 불러줘요.

여인 : 그런데 왜 혼자 왔나요? 엘리멜렉은?

나오미 : 나는 이제 과부가 되었어요. 두 아들도 모두 죽었어요

여인 : 이런. 안됐네요. 우리도 그동안 힘들었어요.
　　　베들레헴엔 몇 년 째 비가 내리지 않아 가뭄이 들었고
　　　먹을 것이 없어 남편도 병들어 죽고 나도 혼자가 되었죠.
　　　나도 이제 가난한 사람들과 함께 들에 나가 이삭을 주워 먹고
　　　살고 있어요. 그래도 굶어 죽는 것보다는 낫지.

땅에서 무엇을 줍든 먹을 수만 있다면야.

나오미 : 이 여인은 나의 룻이라고 해요. 나의 아름다운 며느리요.

여인 : (따뜻하게) 환영합니다. 잘 왔어요.
근데 당신은 어느 지파 출신인가요?

나오미 : 내 며느리는 모압 사람이에요.

여인 : (놀라며) 모압? 그런 얘기 하지 마세요. 여기선 큰일 납니다.
그동안 모압 병사들이 여기까지 찾아와 얼마나 많은 고통을
주었는데요. 여기 사람들은 모압 사람이라면 모두 치를 떨어요.

(나오미는 걱정하는 룻을 감싸 안는다.)

그럼 이제 어디서 살려고요?

나오미 : 아직도 옛 우리의 농장이 있다면 거기서 살려고요.

여인 : 이런, 모두 폐허가 되었죠. 우물은 마르고 집은 부서졌을 거예요.
여기보다 먼 곳에서 살도록 해요.
제가 당신들에게 해 줄 수 있는 말은 이것뿐이에요.
마라, 오늘은 제가 식사를 대접하도록 하죠.
저희 집으로 가요.

나오미 : 고마워서 어쩌죠?

여인 : 괜찮아요. 오랜만에 왔으니 지금 당장 먹을 게 없을 거 아니에요?

(나오미, 고마운 듯 여인의 손을 꼭 잡고)

룻 : 어머니, 저는 여기서 이삭을 주워 가도록 할게요.
어머니는 먼저 이분을 따라가세요. 제 걱정은 하지 마시고요.

여인 : 그래요, 어머니는 제가 모시고 가죠. 어서 가요 마라….

(둘은 퇴장하고)

(이삭을 줍기 시작하는 룻, 이때 등장하는 보아스)

보아스 : (거만하게) 당신은 누구요?

룻 : 룻이라고 합니다.

보아스 : 근데 내 밭에서 이삭을 줍고 있군.

룻 : 남들이 버리고 간 이삭을 줍는 게 잘못인가요? 당신은 누구십니까?

보아스 : 나는 보아스라고 합니다.

룻 : 저는 모압 사람입니다. 하지만 이젠 유대인의 아내이죠.
　　　비록 내 남편이 죽기는 했지만요.

보아스 : 모압 땅에서 만난 유대인 남편이 죽었음에도
　　　　이곳 유대 땅 베들레헴까지 왔단 말이군.

룻 : 예전엔 모압의 그모스 신을 섬겼지만, 이젠 아니에요.
　　　이젠 여호와 하나님만을 섬기죠.

보아스 : 특이한 이방인이군.

룻 : 제가 이곳에서 이삭을 줍는 것이 못마땅하면 더 이상 줍지 않도록
　　　하겠어요. 다른 곳으로 가죠.

보아스 : 그럴 필요 없소. 이곳에서 계속 주워 가시오.

룻 : 정말인가요?

보아스 : 이곳에 남겨진 이삭들은 아마도 하나님께서 당신에게 주고자
　　　　남기라 하신 것 같소. 단 조건이 있소.
　　　　다른 곳에서 말고 내 밭에서만 이삭을 주워 가시오.

룻 : 그건 왜 그렇죠?

보아스 : 다른 사람들은 당신에게 이삭 줍는 걸 허락하지 않을 것이기
    때문이오. 남들이 보기 전에 서두르시오.

    (보아스 돌아나간다.)

    (떠나간 보아스를 잠시 보다가 허리를 숙여 계속해서 이삭을 주우려
    는데 추수꾼들이 우르르 몰려온다. 나오미도 추수꾼이 우르르 몰려
    드는 것을 발견하고 함께 다시 들어와 험악한 분위기를 살피고 있다.)

추수꾼 2 : 이삭 줍는 것을 그만두시오.

나오미 : (룻을 뒤로 감추며) 우리 며느리한테 소리 지르지 마요.
    내가 가만있지 않을 거야.

룻 : 이 밭의 주인인 보아스가 허락했어요.
    추수하고 남은 것은 과부와 가난한 자들을 위해 남긴 것이니
    우리에게 주워가라고 했어요.

나오미 : 봐요, 똑똑히 들었죠? 우린 허락을 받은 거라고요.

추수꾼 2 : (기가 죽어) 그렇다면야 뭐 어쩔 수 없지만….

룻 : 그리고 저와 어머니는 모두 과부예요. 그리고 우리는 가난해요.
    그래서 우린 이삭을 주워갈 권리가 있어요.

추수꾼 3 : 그것은 우리의 율법이야.
    당신 같은 이방 여인과는 상관없는 율법이란 말이오.

추수꾼 1 : 당신은 모압에서 왔다는 소문을 들었소.
    모압은 그모스 우상을 섬기는 자들이야.
    우린 우상 숭배하는 자들을 싫어하지.

추수꾼 2 : 모압 여인을 우리 땅에서 살게 할 수 없다는 걸 모르시오?

나오미 : 비록 이방인이라 해도 이젠 우리의 딸이에요.
그렇게 불친절하지 말고 친절하게 환영해요.

추수꾼 3 : 이방 여인을 어떻게 환영합니까?
그동안 모압 사람들은 우리를 괴롭혀 왔소.

추수꾼 1 : 내 아들도 모압 사람들한테 맞아 죽었소.

추수꾼 2 : 내 딸은 모압 사람들한테 끌려가 소식도 모르오.

추수꾼 3 : 들었지? 그게 모압 사람이고 그게 이방인이야.
그런 사람의 딸을 환영하라고?

룻 : 내 어머니의 하나님은 나의 하나님입니다.

추수꾼 1 : 그래도 그 피가 어디 갈까?

룻 : 그럼 다시는 이곳에서 이삭을 줍지 않겠어요.

추수꾼 2 : 저 여인을 당장 이 땅에서 내쫓아야 해.
그동안 우리 유대인이 모압 사람들한테 얼마나 고통 당하면서
살았는지 몰라?

(이때 보아스가 손에 보따리를 한 아름 들고 등장하다 추수꾼들의
모습을 보고)

보아스 : 그만들 두지 못해!

추수꾼 3 : 앗, 주인님이시다.

보아스 : 모두 돌아가시오.

(추수꾼들 우물쭈물하고)

보아스 : 어서!

(추수꾼들 모두 퇴장)

나오미 : 보아스 고마워요. 당신이 우리를 구해줬어요.

보아스 : (손에 들고 있던 보따리를 내려놓으며)
우선 이걸 가져가도록 하시오.

룻 : 이게 뭐죠?

보아스 : 곡식과 올리브 기름이오.
두 사람 모두 과부가 되었다고 했잖소. 안 될 일이오.
이제 막 고향으로 돌아왔으니 먹을 게 아무것도 없을 것 아니오.

룻 : 당신은 왜 우리에게 친절을 베풀죠?

보아스 : 이유를 알고 싶은 거군.
당신은 당신의 남편이 죽었음에도 시어머니와 함께
이곳까지 찾아왔고. 시어머니를 섬겼으니
하나님께서 당신을 그대로 갚아주실 것이오.
작은 새가 자기 어미 날개 아래로 피하듯이
당신이 여호와께 왔으니 이스라엘의 하나님께서
당신에게 넉넉히 갚아 줄 것이오.
비록 이방인이기는 하지만 하나님의 품으로 찾아왔으니
당신은 이제 우리와 같은 한 가족이나 다름 없소이다.

룻 : 저는 이방 사람입니다. 그런데 어떻게 저 같은 사람에게 이런 은혜를
베푸십니까?

보아스 : 어떤 유대인들은 절대로 이방인을 받아들일 수 없다고 하지.
하지만 나는 생각이 다르오.
비록 이방인이기는 하나 당신도 우리의 하나님을 섬기는
사람이니 우리와 함께 먹고 마셔야 하지 않겠습니까?

룻 : 아… 하나님.

보아스 : 이곳 베들레헴엔 몇 년 동안 비가 내리지 않았소.
　　　　가뭄이 들고 추수할 것은 줄어들고 우리도 먹고사는 일이
　　　　어렵지만 우리 땅을 찾아와 준 당신에게 조금이라도 보탬이 되어야
　　　　하는 게 바로 하나님의 사랑이지.
　　　　그것이 우리 하나님이 모압의 그모스와는 다른 점이오.

룻 : 당신께 하나님의 은총이 있기를 바랍니다.
　　저는 당신 종들보다 미천한 사람입니다.
　　그런데도 당신은 이렇게 저의 마음을 위로해 주시는군요.

보아스 : 룻, 당신은 정말 아름답군요.

룻 : (보아스를 빤히 쳐다본다.)

보아스 : 난 당신을 내 밭에서 처음 본 순간부터 사랑하게 되었소.

룻 : 나를 당신의 밭으로 데려간 것은 하나님의 인도하심이 틀림없어요.
　　아마도 하나님이 당신을 만나게 하려고 멀리 모압에서부터
　　이곳까지 인도하신 걸 거예요.

나오미 : 보아스, 고마워요

　　　　(두 사람의 아리아)

룻 : 당신은 내게 친절을 베풀고 위로해 준 사람
　　나의 사랑이에요.
　　저와 어머니에겐 빚이 많아요.

보아스 : 걱정하지 말아요.
　　　　당신과 당신의 시어머니에게 남은 빚을 내가 모두 다 갚아주겠소.

룻 : 당신이 비록 내 남편이었던 말론의 친척이라고 하지만

당신보다 더 가까운 친척이 있습니다.
그런데도 당신이 나의 빚을 갚아주겠다는 것은 무슨 뜻인지요?

보아스 : 나와 함께 살려면 빚이 없어야 하오.
이제 나는 당신의 가까운 친족이 되었소.
내가 당신의 무거운 짐을 덜어주겠소.

룻 : 내 사랑

보아스 : 내 사랑
우리는 이제 하나.

보아스 : 룻, 나와 결혼해 주겠소?

룻 : 저는 과부인데, 당신의 사랑을 받을 수 있나요?

나오미 : 우리 유대인의 풍습에는 남편이 죽으면 남편의 친척과
결혼할 수 있단다.

룻 : 어머니.

나오미 : 룻, 나는 너무 기쁘단다.
하나님이 오늘 이렇게 우리를 기쁘게 하시는구나.

룻 : 하지만 어머니, 저는 모압 사람입니다.
저희 이방인은 그동안 유대인을 향해 너무나 많은 핍박을 해 왔고
가슴 아픈 일들을 많이 저질러 왔습니다.

나오미 : 그건 우리도 모두 아는 일이다.

룻 : 그 아픈 과거의 역사를 제가 대신 여러분께 용서를 구하고 회개합니다.
진심입니다. 받아주세요.

보아스 : 그렇게 이야기를 해 주니 우리 유대인도 감사드립니다.
자, 이제 우리 유대인은 이방인의 회개를 받아들이고 용서합니다.

지금부터 유대인과 이방인이 하나 되는 우리의 결혼을 시작합시다.

(이 외침에 맞춰 결혼식의 흥거운 음악이 나오고 모든 출연자가
나와서 일부는 후파를 설치하고 일부는 춤을 추기 시작한다.)

노인 : 거룩한 하나님의 계명을 두고 나는 맹세합니다.
여호와는 우리가 맺은 맹세의 영원한 증인이 되실 것입니다.
너희는 성스러운 계명으로 계약되었고 결혼하게 되었다.
이제 남편과 아내의 자격으로 하나님의 축복을 받고 가거라.

(둘이 포옹하고)

(이때 천둥번개 치는 소리가 들리고 사람들 모두 하늘을 쳐다보며
웅성거리는데 이 때 부터 들리는 비 내리는 소리)

추수꾼 1 : 이게 뭐야? 빗방울이잖아?

추수꾼 2 : 그래 맞아, 비가 온다…. 하늘에서 비가 내려.

추수꾼 3 : 이게 몇 년 만에 내리는 비인가…. 와… 비가 내리고 있어.

추수꾼 1 : 메말랐던 베들레헴의 산천초목에 단비가 내리고 있어.

노인 : 유대인과 이방인이 함께 하나님을 섬길 때
하나님은 우리 모두를 축복하시고 축복의 비를 내리시는 겁니다.
우리 모두 하나님께 감사드립니다.

(또다시 축하의 춤과 음악이 울려 퍼지며 모두가 춤을 춘다.)

자막 : 그리하여 보아스는 룻을 아내로 맞이하였고 아들을 낳은지라.
나오미가 아이를 받아 품에 안고 그의 양육자가 되었으니.
이웃 사람들이 그 아들의 이름으로 오벳이라 하였는데
오벳은 이새의 아버지가 되었고
이새는 위대한 왕 다윗의 아버지였더라.

하지만 오르바는 다윗과 싸우는 골리앗의 조상이 되었고
골리앗은 다윗과 싸우기 위해 나왔지만,
다윗에 의해 죽고 말았다.

권력의 줄타기 선수, 줄에서 떨어지다
아히도벨

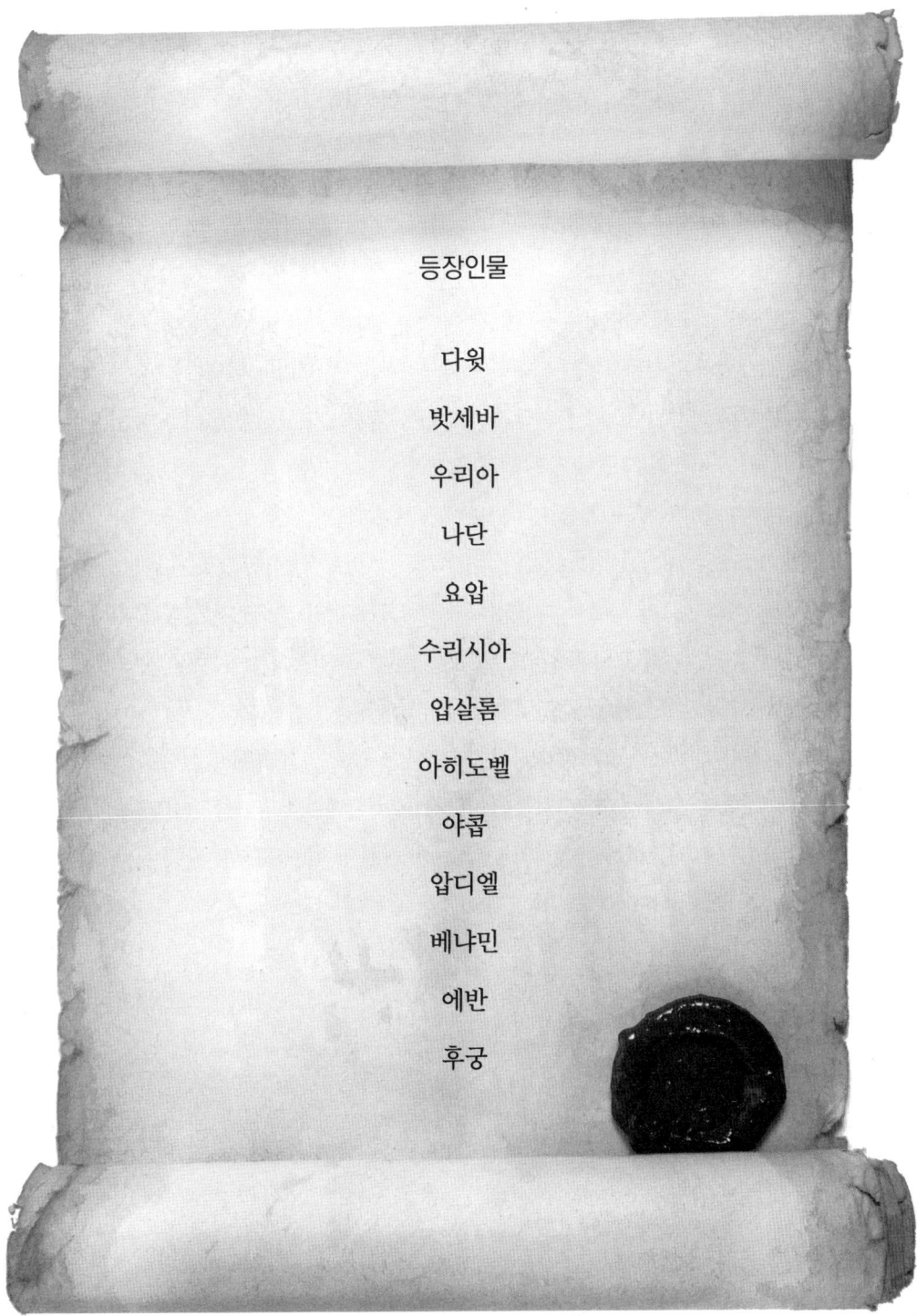

등장인물

다윗

밧세바

우리아

나단

요압

수리시아

압살롬

아히도벨

야콥

압디엘

베냐민

에반

후궁

작가 노트

　성경에서 크게 드러나지는 않았지만, 아히도벨은 사울 왕권에서 다윗 왕권으로 권력이 이동하면서 뛰어난 머리와 책략으로 권력의 줄타기를 하며 생존해 나가다가 자신의 정치적 입김이 힘을 발휘하지 못하자 끝내 자살을 하고 마는 시대의 풍운아 같은 인물이다.

　아히도벨이 베푸는 계략은 하나님께 물어서 받은 말씀과 같다고 성경이 말할 정도로 머리가 비상했다(삼하16:23). 아히도벨은 다윗보다 나이가 훨씬 많았고, 그가 길로의 자기 집에서 왕에게 불려갈 정도라면 분명히 다윗 왕권 이전의 사울 왕권에서도 뛰어난 머리로 큰 역할을 했을 것이다.

　그런데 아히도벨이 왕으로 섬겼던 사울과 다윗은 큰 차이가 있었다.

　사울은 자신이 이스라엘의 왕이 되리라는 생각도 하지 못했고 심지어 왕으로 선출되는 과정에서 그것을 피하고자 도망 다니기까지 했을 만큼 권력의 욕심이 많지 않았던 인물이었다. 심지어는 왕이 된 이후에도 밭에 나가 일을 할 정도였으며 고고학 발굴에서도 사울 왕의 거처는 몹시 협소했다고 한다.

　그에 비해 다윗은 어린 나이에 골리앗을 쓰러뜨리고 이스라엘 백성에게 '사울은 천천이요 다윗은 만만'이라는 칭송을 들을 만큼 인기가 하늘로 치솟았고 그때부터 이미 대중의 인기를 맛보며 권력의 욕망을 키워나갔던 인물이다. 특히 자기의 정치적인 야심을 달성하기 위해서라면 어떤 장애도 굴하지 않는, 빈틈없는 정치가라고 역사학자들은 이야기한다. (구약성서 이해 276쪽)

사울이 길보아 전투에서 죽은 이후 다윗은 헤브론에서 7년 동안 이스라엘의 왕으로 통치하고 있었다. 하지만 이스라엘의 북쪽 지역은 사울의 아들 이스보셋에게 여전히 충성을 바치고 있단 것에 다윗은 몹시도 맘이 불편했다.

더군다나 다윗은 왕이 되기 이전에 사울의 칼날을 피해 네게브 사막의 거친 들판에서 수많은 밤을 분노의 눈물로 지새웠고 심지어는 적국이었던 가드에 찾아가서 미친 척을 하면서까지 살기 위해 몸부림쳤던 과거의 기억을 절대 잊지 않고 있었다.

결국 기브온 못가에서 사울의 집안과 다윗의 집안이 서로 맞붙었고 그 결투는 전면전으로 번지게 되었다. 이 전쟁에서 다윗의 세력이 우세해 지면서 사울의 집안이 모든 권력을 다윗에게 넘겨줌으로써 비로소 다윗의 완벽한 정권이 시작된다.

그렇다면 이 과정에서 아히도벨은 어느 편에 서야 했을까?

필자는 이 부분에서 아히도벨의 역할과 처세에 대해 관심을 갖게 되었는데, 재미있는 것은 다윗이 예루살렘으로 수도를 옮긴 이후 저지른 불륜의 상대였던 밧세바와 아히도벨의 관계였다.

성경에서 아히도벨의 아들은 엘리암이며(삼하23:34) 엘리암의 딸이 바로 밧세바였다(삼하11:3). 그러니까 아히도벨은 밧세바의 친할아버지인 셈이다.

기록에 의하면, 아히도벨은 다윗과 밧세바와

의 비행을 이미 알고 있었을 것이라고 한다. (성서대백과사전 '아히도벨'편)

정확한 기록은 없지만, 필자는 다윗과 밧세바가 비행을 저지르는데 직접적이든 간접적이든 아히도벨의 역할이 있었을 것이라는 가정하에 희곡을 썼다.

사울에서 다윗으로 이어지는 정권 이양의 과정에서 살아남기 위해 비상한 머리를 써가며 다윗을 배신하고 다윗의 아들 압살롬에게 충성을 서약하는 등 생존하기 위해 몸부림치다 결국 자살하고 마는 시대의 풍운아, 아히도벨.

이 희곡은 이 아히도벨에 초점을 맞추어 1995년에 쓰였다. 같은 해 뮤지컬로 각색되어 'King David King'이라는 제목으로 국립극장 대극장에서도 공연되었다. 이때 소년 다윗은 가수 윤복희, 다윗 왕 역할은 탤런트 임동진, 아히도벨 역할은 탤런트 윤덕용, 밧세바에는 탤런트 음정희 등이 열연했었다.

Musical
DAVID
KING DAVID

뮤지컬 DAVID KING DAVID은 구약성서 사무엘 상, 하에 기록된 다윗의 이야기이다. 하나님으로부터 선택을 받은 다윗은 사울에 이어 왕위에 오른다. 이후 하나님의 명령대로 움직인 다윗의 군대는 전쟁에서 승승장구하며, 블레셋에서 빼앗긴 법궤를 찾아와 감사의 기도를 드린다.

그러던 어느날 다윗은 옥상에서 목욕하는 충신 우리아의 아내 밧세바를 보고 아름다움에 유혹되어 강제로 범하는 큰죄를 저지른다.

밧세바가 임신하게 되자 다윗은 밧세바의 남편 우리아를 전쟁터에서 불러들여 밧세바와 동침케하여 자신의 범죄를 은폐하려고 하였으나 실패하자 우리아를 치열한 전투에 보내 전사케 하는 또다른 과오를 범한다.

그후 다윗은 선지자 나단을 통하여 자신의 죄를 발견하고 가슴을 찢는 통회로 몸부림치지만 하나님의 징계는 시작된다.

밧세바가 낳은 죄악의 씨앗이 일주일만에 죽고 형제간의 강간, 살육, 아들 압살롬의 반란과 죽음......

다윗이 아들 압살롬의 이름을 부르며, 뼈를 깎는 회개와 뜨거운 눈물을 흘리며 하나님께 부르짖을때 징계는 멈추고 그동안 가물었던 이스라엘 땅에 용서와 화해의 단비가 촉촉이 내린다.

 임동진
 김혜자
 윤복희

 한인수
 정영숙
 최주봉

 안문숙
 음정희
박영지

극본 김종철 제작·연출 임동진 음악 김정택 안무 신은경

임동진 김혜자 윤복희 한인수 정영숙 최주봉 박영지
안문숙 음정희 박철호 윤덕용 문화원 김창봉 김호영
박찬환 김유형 남유정 김희진 곽은태 최승철 이한수
최유미 신영미 배영철 최상юй 황준욱 정선일 박 용
오경은 원종선 (주요 캐스트는 더블 캐스트 입니다.)

기획 임득수 / 무대디자인 송관우 / 무대감독 김영수 / 조명 김인철 / 의상 김은지
특수효과디자인 C / 소품 정훈디자인 / 홍보 이덕herald

박철호 박찬환

R석 ₩50,000 S석 ₩40,000 A석 ₩30,000 B석 ₩20,000

예매처 ● 극단예맥(대학로 743·2585) ● 교보문고 광화문 736·1444) ● 종로서적센터(종로2 733·2331)
● 을지서적(을지로입구 757·8991) ● 동아서적(강남지하철역내 555·7312) ● B.C카드(서초동 B.C카드 건물내 520·4942∼3/ 강남점 569·5465/ 영동문고 399·5616∼7) ● 비로크레코드(대학로 743·8385)
● 서울문고(삼성동 무역센터내 553·3038) ● 한가람문고(강남고속터미널 535·1600) ● 세종문고(잠실롯데월드내 419·4471) ● 예음문화재단(충정로 736·3200)

전화예약 티켓예매 입금 온라인   극단예맥 전화예약 (743:2582∼6)
제일은행 357-20-327349 (예금주 : 임동진)   중소기업 082-022491-02-015 (예금주 : 임동진)
국민은행 099-21-0227-452 (예금주 : 임동진)   서울신탁 23504-1294700 (예금주 : 임동진)
농   협 083-02-143391 (예금주 : 임동진)   한일은행 103-081286-02-501 (예금주 : 임동진)
우 체 국 012591-0160162-12 (예금주 : 임동진)

● 교회단체(20명이상) 예매시에는 10% 할인하여 드립니다.

■ 주관 ● 햇불선교센터 극단예맥
■ 주최 ● 國民日報 극동방송 아세아방송
■ 협찬 ● 동아그룹
■ 후원 ● MBC 문화방송 한국기업메세나협의회 유한양행
         ㈜마스터·키 웻워터스 TV탤런트기독신우회

극단예맥은 지난 92년부터 연극계에서 최초로 성극의 대중화를 시도하여 완성도 높은 땡큐하나님을 시작으로 종교계는 물론 비기독교계층의 관객들로부터 좋은 평가를 받은 바 있습니다.

좋은작품을 기획하여 여러분 앞에 선보이고자 꾸준히 노력을 기울여 온 극단예맥은 95년 5월 청소년과 가정의 달을 맞아 성서의 인물인 다윗을 극화하여 국립극장 대극장 무대에 올리게 되었습니다.

뮤지컬 DAVID KING DAVID은 성극이라는 고정관념을 탈피하여, 그리스도인과 비그리스도인을 막론하고 누구나 쉽게 보고, 느끼고, 즐겁게 관람할 수 있는 예술성 높은 공연이 될것입니다.

특히 SBS 관현악 단장 김정택씨가 작곡하고 풀오케스트라의 협연과 아울러 모든 뮤지컬 넘버는 순수 창작곡으로 만들어져 우리정서에 보다 가깝게 다가오고, 호화 배역진으로 구성된 뮤지컬 DAVID KING DAVID은 특별한 재미와 감동을 선사하며 새로운 장르의 뮤지컬의 진수를 맛보게 되리라 확신합니다.

\#

해설 : 소년 다윗은 블레셋의 거인, 골리앗 장수를 죽인 후
　　　　위기에 빠진 이스라엘을 구함과 동시에
　　　　수많은 백성의 찬사를 한몸에 받는다.
　　　　하지만 이스라엘의 왕 사울은 자신보다 더 백성의 인기를 얻은
　　　　다윗을 시기하여 마침내 죽이려 하고 다윗은 사울의 칼을 피해
　　　　광야로 떠돌아 다니는 피곤하고 궁핍한 생활을 해야만 했다.
　　　　그러던 어느 날, 마침내 사울 왕이 블레셋과의 길보아 전투에서
　　　　전사하게 되고 다윗이 이스라엘의 왕이 되어
　　　　예루살렘을 새로운 이스라엘의 수도를 삼았다….
　　　　이것은 이미 수십 년 전 사무엘 선지자를 통해 말씀하셨던
　　　　하나님의 약속이 이루어지는 순간이었다.
　　　　하지만 다윗의 정권 인수 과정이 순탄하지만은 않았다.
　　　　베냐민 지파였던 사울의 후손들은
　　　　예루살렘이 수도가 되는 것을 싫어했는데
　　　　그것은 그 외의 지역이 소외될 것을 두려워했기 때문이다.
　　　　더구나 사울 왕의 신하들은 다윗이 왕권 찬탈자로 여겼으며
　　　　사울 왕의 아들 이스보셋을 이스라엘의 왕으로 새우려는
　　　　움직임 마저 있었다.
　　　　이에 화가 난 다윗 왕은 결국 기브온에서
　　　　사울 왕의 후손과 신하들을 처형하기에 이르는데….

들판

무대는 캄캄한 암전으로 보이는 것이 아무것도 없다.
잠시 후 멀리서 들려오는 차가운 바람 소리와 함께 무대에
푸르스름한 조명이 서서히 밝아지면서 여기저기 통나무가 서 있는
것이 보인다. 그 통나무엔 두 손이 위로 묶이고 몸이 축 늘어져 있는
야콥와 압디엘, 베냐민의 모습이 보인다.
그들의 발에는 족쇄가 채워져 있고 옷은 찢어져 속살이 보이며
머리카락은 헝클어져 조금 전 까지 모진 매를 맞은 흔적이 보인다.
이들은 한결같이 죽음 직전의 모습이지만 그들 중에는 가끔 몸을
바르르 떨며 신음소리를 내고 움직이는 사람들도 있다.
잠시 후 어둠 속에서 에반가 족쇄와 수갑에 묶인 채
로마 병사들의 손에 이끌려 지치고 힘들게 등장한다.
잠시 후 죽게 될 것을 알고 있는 이 늙은이는 가끔 발악을 하지만
이내 병사들의 거친 손에 의해 더 이상 저항하지 못한다.
그리고 나서 병사들에 의해 나무기둥에 매달리는 에반.
수없이 몸부림치며 발악을 하지만 역시 힘이 없어 제풀에 꺾이고
만다. 그러한 작은 발악이 압디엘과 베냐민, 야콥에게서도 일어나다가
어디선가 나팔 소리가 들리면서 무대 한쪽에서 잔뜩 화가 난 다윗과
그의 신하들이 무리를 지어 등장한다.
그리고는 곧바로 야콥에게 가까이 다가가 거친 목소리로

다윗 : (몹시 흥분되어) 야콥, 날 기억하겠지.
당신이 설마 날 모른다고는 하진 않을 거야.

야콥 : (신음하듯 애원의 목소리로)
다윗 왕이시여. 당신은 이스라엘의 왕이십니다.

다윗 : 가증한 것들. 이제야 네 입에서 그 말이 나오느냐?
난 너희들이 사울의 녹을 먹으며
그렇게도 잡아 죽이라고 간언했던 다윗이다.

내가 핏덩어리가 된 나의 어린 새끼들을 데리고
사울의 칼을 피해 이 동굴, 저 동굴로 도망 다니면서
얼마나 참고 기다려 왔는 줄 아느냐?
사울의 밑에서 편하게 먹고 살기 위해
사울에게 나를 잡아 죽여야 한다고 말을 했던 인간들.
나를 이토록 절망의 구렁텅이로 몰아넣으려는 자들을
반드시 내 손으로 잡아 죽이리라.
내가 살아있다면 아니, 반드시 살아남아서 잡아 죽이리라,
내 손으로 죽이리라. 맹세하고 다짐했었어.

(한 사람씩 바라보며) 야콥, 압디엘 그리고 에반!

(큰 소리로) 당신들을 말이야!
그런데 이제야 당신들을 만나게 되었군.
그런데 이젠 이스라엘의 왕이라고?
그래 맞아. 난 네 말대로 이스라엘의 왕이야.
더러운 것들, 너희는 다윗이 다스리는 이 땅에서
하루라도 빨리 사라져야 할 것들이야.

베냐민 : 다윗 왕이시여, 저희는 사울을 모신 것이 아니라
이스라엘의 왕을 모셨던 것입니다.
만약에 저희가 다윗 왕을 모셨다 하더라도
목숨을 다해 충성을 다했을 것입니다.

다윗 : (더욱 큰 격정의 소리로) 그건 이유가 되질 않아.
너희의 머릿속엔 아직도 사울로 가득 차 있어.
그래서 아직까지 그 옛날의 영화와 추억으로 가득 차 있지.

(압디엘을 쳐다보며) 내 말이 맞지?
내가 그동안 고생한 것을 생각해 봐. 이래도 내가 잘못인가?
내가 이토록 분노와 복수의 일념을 갖는 것이
부도덕한 일이고 이치에 맞지 않는 일인가 말이다.

(다윗의 울분) 너희는 내 손에 죽어야 해.
사울의 부하들은 한 사람씩 내 손으로 죽이고 말 거야.

압디엘 : 다윗 왕이시여, 제발 살려 주십시오.
저희에게 다윗을 왕으로 모실 수 있는 기회를
한 번만이라도 주십시오. 제발….

다윗 : 시끄러워, 입 닥치지 못해?

에반 : 당신은 이스라엘의 왕이십니다.
이스라엘의 태양이시고 진정 하나님이 사랑하시는 분이십니다.

다윗 : 뚫어진 입이라고 다 말하는 게 아니야.
더러운 인간들, 그리고 더러운 입들….
그 더러운 입이 더러운 말로 다시 더욱 더럽혀지기 전에
내가 막아주리라. 막아주리라.

(하면서 다윗은 칼을 휘둘러 야콥, 압디엘, 베냐민, 에반을
차례로 칼로 찔러 죽인다. 모두 비명과 신음을 내며 죽어간다.
무대는 피비린내와 신음으로 범벅이 된다.
그러던 어느 순간, 다윗은 뒤에 고개를 숙인 채 공포에 떨고 있는
아히도벨을 매서운 눈초리 로 쳐다본다.
잠시 후, 다윗이 자기를 뚫어지게 쳐다보고 있단 걸 안 아히도벨은
고개를 더 숙이며 바들바들 떨기 시작한다.)

다윗 : (아히도벨에게 다가가며) 당신 아히도벨….

아히도벨 : 저는 다윗 왕께 충성을 다하겠습니다.
물론 전에는 더럽고 무식한 사울의 밑에서 일을 했지만,
이제는 그렇지 않습니다. 이제는 존경하는 다윗 왕을 받들어
죽는 그 날까지 충성을 다할 것입니다.
사울은 제 인생의 치욕 같은 인간이었습니다. 오 다윗이시여….

다윗 : 늙은 것들은 하나같이 여우야.
　　　　말만 번드르르 하면서 늘 속으론 다른 생각을 하고 있어.
　　　　아히도벨, 당신만은 살려 주리라.
　　　　하지만 그렇다고 해서 영원히 당신을 용서한 것은 아니야.
　　　　당신의 목숨은 언제든지 내 손안에 있다는 것을 명심하라.

아히도벨 : 왕이시여….

　　　　(바들바들 떨고 있는 아히도벨을 한참이나 노려보다가
　　　　고개를 획 돌려 뒤쪽에 주죽은 듯이 서 있는 신하들을 쳐다본다.
　　　　다시 부동자세로 잔뜩 긴장하는 신하들….
　　　　다윗은 바닥에 칼을 던지고는 급한 걸음으로 퇴장해 버린다.
　　　　우르르 쫓아 나가는 신하와 병사들.
　　　　다윗이 완전히 퇴장한 것을 알고는
　　　　그 자리에 풀썩하고 주저앉는 아히도벨.
　　　　무대엔 처참한 모습으로 죽어있는 시신들만 보이고
　　　　잠시 후 무대는 어두워진다.
　　　　다시 무대 한쪽에 작은 조명이 비치면서
　　　　아히도벨이 불안한 듯 초조하게 서성이고 있다.
　　　　잠시 후 밧세바가 등장하자 아히도벨은 반가운 듯 달려가
　　　　밧세바의 손을 움켜잡는다.)

아히도벨 : 밧세바.

밧세바 : 할아버지 괜찮으세요?
　　　　할아버지와 함께 사울 왕 밑에서 일하던
　　　　압디엘, 베냐민이 모두 처형되었다는 얘길 들었어요.
　　　　할아버진 이제 어떻게 되시는 거예요? 할아버지도 위험해요?

아히도벨 : 밧세바, 다윗 왕께서 나의 목숨만은 살려 주셨다.
　　　　하지만 지금도 나의 목숨이 나의 것이 아니다.
　　　　밧세바, 너 이 할아버지를 위해서 도와줄 수 있겠느냐?

(밧세바의 손을 놓고 돌아서며)
아냐, 이게 어디 할애비가 손녀에게 할 수 있는 말이냐?

밧세바 : 무슨 일인데 그러세요? 할아버지.

아히도벨 : 아냐, 괜한 생각을 했는가 보구나.
이 늙은이가 조금 더 오래 살겠다고….

밧세바 : 말씀해 보세요. 제가 뭘 어떻게 해야
할아버지를 도와 드릴 수가 있는 거죠?

아히도벨 : (다시 밧세바에게 바짝 다가서며)
밧세바. 나의 사랑하는 손녀딸아.
다윗 왕께서 지금 너를 만나고 싶어 하신다.

밧세바 : 왕께서 저를 어떻게 아시나요?

아히도벨 : 너를 보았다.

밧세바 : 저는 만난 적이 없는데요. 언제 저를 보셨죠?

아히도벨 : 네가 뜰에 나와 목욕하는 걸. 왕께서 옥상에서 보셨다고 한다.

(순간 밧세바는 두 손으로 몸을 감싼다.)

그러니 이를 어쩌면 좋으냐?

밧세바 : 할아버지.

아히도벨 : 물론, 나도 다윗 왕께서 너의 목욕하는 모습을 봤다고 했을 때
얼마나 놀랐는지 모른다. 그리고 또 다윗 왕께서 너를 불러오라고
했을 땐, 정말 하늘이 무너지는 것 같았어.
하지만 난 그 자리에서 뭐라고 대꾸할 만한 지혜를 찾지 못했다,
아니, 뭐라고 할 말을 찾았다 한들 입 밖으로 내뱉을 용기도
없었을 거야. 밧세바, 이를 어쩌면 좋으냐.

밧세바 : 다윗 왕께서 왜 저를 보자고 하시는 거죠?

아히도벨 :…….

밧세바 : (다시 한번 다그치듯) 할아버지, 왜 저를 보자고 하시는 거예요?

아히도벨 : 글쎄다. 하지만 무슨 일이야 있겠니?
 걱정하지 마라, 아무 일도 없을 거야.
 그냥 한 번 보자는 거겠지….

밧세바 : 제가 다윗 왕을 만나면 할아버지에게 도움이 될 수 있을까요?

아히도벨 : (밧세바의 긍정적인 반응을 어느 정도 감지한 듯 반가운 목소리로)
 이 사실은 너와 나만이 아는 걸로 하자.
 네 남편은 지금 전쟁터에 나가 있지 않으냐?

밧세바 : (아히도벨의 품에 안기며) 할아버지.

아히도벨 : 미안하구나, 밧세바

 (두 사람이 끌어안고 밧세바가 가볍게 흐느낀다.
 무대가 어두워진다.)

다윗의 방

 (잠시 후 무대가 밝아지면 다윗의 방이다.
 커튼이 드리워진 침대가 보이고 침대 옆엔 금장식의 의자가 보일 뿐
 아무도 없다. 잠시 후 멀리서 들려오는 여자의 다급한 비명 소리
 그리고 옷이 반쯤 벗겨진 밧세바가 뛰어들어와 두리번 거리며
 숨을 곳을 찾는다. 하지만 마땅한 곳이 없어서 당황해 하는데
 이때 다윗이 헐떡거리며 등장한다.
 순간 공포의 눈으로 비명을 지르는 밧세바)

다윗 : 이리 가까이 오지 못해?

밧세바 : 제발 이러지 마옵소서. 그냥 저를 만나보고 싶다고만 하셨잖습니까? 저는 남편이 있는 몸입니다.

다윗 : 네 남편 하나쯤은 나한테 아무것도 아니야.

밧세바 : 왕이시여, 그래도 이러시면···.

다윗 : 밧세바. 내가 누군지 몰라서 이러느냐?

밧세바 : 왕께서는 하나님이 두렵지도 않으십니까?

다윗 : 네가 나를 위해서 침대에 눕는 것이 하나님도 원하시는 일이야.

밧세바 : 제발 고정하시옵소서. 정말 이러시면 안 됩니다.

(이때 다윗이 옆에 세워져 있던 칼을 꺼내 들어 밧세바의 목에 들이댄다.)

다윗 : 내 몸이 지금 얼마나 달아올라 있는 줄 아느냐?

밧세바 : (두려워 떨며) 왕이시여.

다윗 : (큰 소리로) 일어나!

(밧세바는 목에 칼끝이 대인 채 천천히 일어나
다윗의 가리키는 쪽으로 몸을 움직인다.
이어서 다윗이 밧세바를 침대에 쓰러뜨리며 손으로 커튼을 내린다.
두 사람의 거친 모습은 보이지 않지만,
밧세바의 비명과 다윗의 거친 숨소리가 들린다.)

밧세바 : 하나님이 지금 하늘에서 이 모든 것을 지켜보고 있다는 것을 명심하십시오.

다윗 : 지금 나에겐 하나님도 필요 없어. 네가 필요한 거야.

(다윗의 목소리가 무대를 진동하는데
비감한 음악과 함께 무대는 어두워진다.)

(잠시후 다시 무대가 밝아지면 수리시아가 뭔가 초조한 듯 서성이고
있다. 이때 다윗이 옷을 입으며 등장.)

다윗 : (수리시아를 한 번 힐끔 보고는 다시 고개를 돌려 귀찮은 듯)
뭐야? 무슨 일이야?

수리시아 : 밧세바가 임신했습니다.

다윗 : (순간 몹시 놀랐다가 금방 정신을 차리고)
그런데 그 아이가 내 아이란 말인가?

수리시아 : 왕이시여. 밧세바는 다른 남자의 여인입니다.
우리아의 아내라고요.

다윗 : 우리아가 누군데?

수리시아 : 지금 이 나라 이 백성을 위해 랍바에서 전투 중인 장군입니다.

다윗 : 그런데 그게 나와 무슨 상관이 있다고 그래?

수리시아 : 왕이시여, 이번 일은 좀 다릅니다.
우리아는 왕께서도 아시다시피 많은 전쟁에서 이기고 돌아온
애국충정 아닙니까? 그런데 그 장군이 지금 이 시각에도 전쟁터에
나가 적들과 피를 흘리며 싸우고 있을 때
왕은 그의 아내를 침실로 들여 아이를 잉태하게 했다는 것을
만약 다른 장군들이나 백성들이 알면 어찌하겠습니까?

다윗 : (신경질적으로) 그럼 그 아이가 내 아이라는 증거를 대란 말야.

수리시아 : 왕께서는 지금 이렇게 벌어진 일에 대해서
자꾸만 변명하려고 하시는데 변명하거나 외면한다고 해서

해결될 일이 아닙니다.
왕께서 밧세바를 침실로 끌어들이셨을 때
그의 남편은 그전부터 지금까지 랍바에서 전투를 하고 있습니다.
그런데 그녀가 잉태를 하였습니다.
그렇다면 당연히 그 아기가 왕의 씨앗이 아니고 무엇이겠습니까?

다윗 : (다시 할 말이 없는듯) 그래?

수리시아 : 송구합니다. 제가 그만 무례하게….

다윗 : 좋아. 그럼 먼저 전쟁터에 있는 그의 남편 우리아를
당장 돌아오라고 해. 그래서 자기 아내와 동침하라고 하면
될 거 아냐? 그럼 나중에 아기를 낳는다고 하더라도
나를 의심하지는 않겠지? 어떤가? 내 생각이?

수리시아 : ….

다윗 : (큰 소리로) 왜 말이 없어?

수리시아 : 그렇게 하겠습니다.

　　　　(대답을 마치고 허리 숙여 인사를 한 후 퇴장하는 동시에 무대가
　　　　어두워진다. 잠시 후 다시 무대가 밝아지면 전투복 차림의 우리아가
　　　　칼을 차고 등장한다.)

다윗 : (우리아를 보고) 어서 들어오게, 그러잖아도 자네를 기다리고 있었네.
(비아냥거리듯) 자네가 우리아인가?

우리아 : 그렇습니다.

다윗 : 자네 처가의 조부가 바로 아히도벨이란 말이지?

우리아 : 그렇습니다.

다윗 : 그런데 난 왜 이제까지 자네를 본 적이 없었는지 모르겠군.

우리아 : 저는 이제까지 주로 야전에만 있었습니다.

다윗 : 그럼 사람도 많이 죽여봤겠군.

우리아 : 전부 적군들이었죠.

다윗 : 사람 목숨 알기를 파리처럼 아는 인간이란 말이지?
       (큰 소리로) 자네 말이야.

우리아 : (긴장)

다윗 : 미안하네 소리를 질러서…. 내가 자네를 부른 것은 다름아니라
       요즘 전황이 어떤가 묻고 싶어서 그랬네.
       (잔을 들이키며) 요즘 랍바 전투는 어떤가?

우리아 : 우리가 아직은 유리한 입장입니다.

다윗 : 군인들의 사기는 어떻고?

우리아 : 우리의 군사들은 다윗 왕의 현명하신 지도력 덕분에
        금방이라도 하늘을 찌를듯한 기세로 가득합니다.

다윗 : 그래, 어쨌든 고맙네. 나와 백성들은 자네와 같은 충신들이 있기에
       오늘도 편안히 잠을 이루고 있는 것이 아닌가?
       내가 자네의 노고를 알고 있으니.
       오늘은 집으로 돌아가 편안히 쉬도록 하게.
       먼 길을 달려오느라 얼마나 고생이 많았는가?

우리아 : 아닙니다. 저는 지금이라도 당장 전쟁터로 돌아가
        군사들과 함께 있어야 합니다.

다윗 : 아니, 그럴 필요 없어. 지금 당장 집으로 돌아가도 돼.
       내가 특별히 허락하지. 자네한테만 허락하는 거야.

우리아 : 군인에겐 전쟁터가 집입니다.

들판에서 잠을 자고 들판에서 군사들과 함께 있어야
비로소 맘이 편해지는 법입니다.

다윗 : 이것 봐. 오랫동안 집을 비우고 있으면 아내도 위험하기 마련이지.
더구나 자네 아내는 빼어난 미모를 가지고 있으니,
어느 남자인들 흑심을 품지 않겠느냐.

우리아 : 제 아내를 보신 적이 있으십니까?

다윗 : (순간 당황) 아니 그게 아니고….
자네 처의 조부인 아히도벨에게 들었지. 자랑을 많이 하더군.
그러니 내가 허락할 때 어서 돌아가 아내와 함께 있도록 하라.
그리고 자네가 나라를 생각하는 것만큼
여자도 남자를 그리워하고 있다는 것을 알아야지.
어찌 여자 맘을 그리도 모르는가?

우리아 : (부동자세로) 아닙니다. 모세의 법궤가 천막 안에 있고
저와 함께 목숨을 함께한 군사들이 들판에서 잠을 자고 있는데
어찌 저 혼자 집으로 돌아가 편히 먹고 마시며
아내와 잠을 잘 수가 있겠습니까? 저는 결단코 그럴 수 없습니다.

다윗 : 어허, 이 친구가 왜 이렇게 답답하지?
진정한 군사는 건강해야 하는 거야.
남자에게 있는 욕정의 보따리도 때로는 풀어야 하는 거고.
그래야 건강해지는 것이 아니겠는가?
다 자네를 위해서 하는 얘기이고 나라를 위해서 하는 거야.
어서 돌아가라. 그리고 아내와 오랫동안 못한 이야기와 사랑을
나누거라.

우리아 : 왕의 은혜는 충분히 알고 있습니다. 하지만 그럴 수 없습니다.
저는 지금이라도 돌아가 병사들과 함께 있고 싶은 맘뿐입니다.

(다윗은 당황하고 있다.)

그리고 나중에 전쟁에서 이기고 돌아왔을 때
그때 왕의 명령을 따르겠습니다. 죄송합니다.

다윗 : (다급한 듯 큰소리로) 왜 내 말을 안 듣는 거야?

우리아 : 왕이시여, 군인의 생명은 명령입니다.
그리고 그 명령에 절대 복종해야 한다는 것 또한 잘 알고 있습니다.
하지만 이번만큼은 절대 따를 수 없습니다.
차라리 이 자리에서 제 칼로 제 목을 쳐 주십시오.

다윗 : (너무 어이가 없는 듯 가만히 쳐다보다가 혼잣말로)
지독한 인간….

우리아 : …….

다윗 : 알았네, 돌아가 보게….

(우리아 퇴장)

(다윗이 고민스러워할 때 수리시아 등장)

수리시아 : 왕이시여, 저도 밖에서 모두 들었습니다.

다윗 : 저놈이 저렇게 완강하니 나도 더이상 어쩔 수가 없어.

수리시아 : 그럼, 이제 어찌하면 좋습니까?

다윗 : 할 수 없지. 제 소원대로 해 주는 수 밖에….

수리시아 : 죽여버리시겠다는 겁니까? 우리아는 훌륭한 장군입니다.
우리아를 죽이면 그건 우리에게 커다란 손해입니다.

다윗 : (큰 소리로 신경질) 그럼 내가 곤란을 겪는 것은 손해가 아니라는 건가?

(수리시아가 찔끔한다.)

자네가 지금 우리아와 함께 랍바로 가거라.

수리시아 : 전쟁터로 말입니까?

다윗 : 그래, 그곳에 있는 요압 장군에게 이렇게 전하라.
일단 우리아를 전투가 가장 치열한 곳으로 배치하고
그가 맞아 죽도록 다른 병사들이 뒤로 빠지는 거야.

수리시아 : (참담한 표정)…….

다윗 : 왜 대답이 없어?

수리시아 : 알겠습니다.

다윗 : 실수가 없어야 해.

수리시아 : 네.

(빠른 걸음으로 퇴장한다.)

다윗 : 그까짓 우리아 쯤이 무슨 문제가 돼.

(하면서 손에 들었던 잔을 뒤로 던져 버린다.
그 순간 무대는 어두워진다.)

(다시 무대 한쪽에 작은 조명이 들어온다. 아히도벨이 분노에 찬 듯한
표정으로 씩씩거리고 있다. 이때 밧세바가 등장한다.)

아히도벨 : 밧세바, 도대체 그게 무슨 소리냐? 응?

밧세바 : 할아버지, 이제 어떡하면 좋습니까?
할아버지는 다윗 왕께서 그냥 저를
한 번 만나 보고 싶어 한다고 하셨잖습니까?
그런데 저는 지금 다윗 왕의 아기를 가졌습니다.
그리고 다윗 왕은 이제 저의 남편 우리아까지 죽였다고요.

아히도벨 : (주먹을 쥐며) 다윗, 더러운 놈 같으니라고.
       내가 가만히 둘 줄 아느냐?

밧세바 : 할아버지, 어떡하시려고요?

아히도벨 : 세상이 아무리 혼란스럽고 어지러워도
       백성은 기본적인 윤리를 지키려고 노력하는 법이다.
       하물며 한 나라의 왕이, 더구나 하나님의 축복으로
       태평성세를 누리고 있다면 더욱 하나님 앞에 엎드려 기도하며
       인간의 도리를 지켜서 그 본을 보여야 하거늘….
       다윗은 인간으로서 도저히 할 수 없는 짓을 하고 있어.
       다윗은 반드시 그 복수를 받으리라.

밧세바 : (걱정이 되는듯) 할아버지…

아히도벨 : 밧세바, 내가 마지막으로 다윗을 만나보마.
       그래도 내 말을 듣지 않으면 할 수 없지.
       왕을 바꾸는 수밖에. 내 손으로 말이다.

       (두 사람의 조명은 어두워지고 다윗의 방에 조명이 밝아진다.
       다윗이 서 있다. 그때 수리시아가 들어온다.)

다윗 : 우리아는 어떻게 되었나?

수리시아 : 왕께서 분부하신 대로…….

다윗 : 주검을 분명히 확인했나?

수리시아 : 분명히 했습니다.

다윗 : 아는 사람이 아무도 없지?

수리시아 : 우리아가 죽은 것은 전쟁터에 함께 있던 병사들이 모두 알지만
       우리아를 그곳으로 보낸 것을 아는 사람은

> 하늘 아래 왕과 저 그리고 요압 장군뿐입니다.

다윗 : 수고했네. 수리시아.

수리시아 : 그런데 왕이시여!

다윗 : 왜? 무슨 일인가?

수리시아 : 지금 밖에 나단 선지자께서 오셨습니다.

다윗 : 아무 때나 찾아오면 만날 수 있는 사람인가? 이 다윗이 말이야?

수리시아 : 저도 그렇게 말씀드렸지만 한사코 오늘 꼭 왕을 뵙고 전해야 할 말이 있다고….

다윗 : 좋아, 들여보내.

  (수리시아 퇴장하고 나단이 등장)

다윗 : 나단 선지자, 오래간만에 나를 찾아오셨구려.

나단 : 왕께 송사 한 건을 부탁하려고 찾아 왔습니다.

다윗 : 송사? 무슨 송사인데 선지자께서 직접 오셨소?

나단 : 어느 성읍에 두 사람이 있었는데 한 사람은 부자고
   또 한 사람은 가난했습니다.

  (비장한 음악이 배경으로 깔리기 시작하고)

  부자는 많은 양과 소를 가지고 있었지만 가난한 사람은
  자그마한 암양 한 마리 밖에 없었지요.
  이 암양은 그의 자식들과 함께 자랐고 으레 그 사람의 음식을
  나누어 먹고 그의 잔으로 물을 마셨으며
  그에게는 마치 딸과 같았습니다.

아히도벨 69

한 나그네가 그 부잣집에 찾아왔는데
그 부자는 자기 양 떼 중에서 한 마리를 잡아서
그 나그네에게 대접하고 싶지 않아 가난한 사람의 양을 잡아다가
음식을 마련했습니다.

다윗 : 아니, 내가 다스리고 있는 이 땅 위에서
어떻게 그런 일이 있을 수 있단 말이오?

나단 : 이 세상엔 별의별 일들이 다 일어나고 있습니다.
이 세상에서 가장 추악한 것이 바로 인간들이기 때문이죠.

다윗 : (단호하고 확신에 찬 목소리로)
분명히 말하건대 하나님께서 살아계시는 한
그런 인간은 마땅히 죽어야 하오.
자비를 모르는 놈이야. 대체 그놈이 누구요?

나단 : (고개를 천천히 들어 다윗을 보며)
그 사람은 바로 당신, 다윗 왕이십니다.

(순간 쿵 하는 음악)

다윗 : (뒤로 비틀거리며 물러서며) 뭐, 뭐라고?

나단 : (간곡하고 애타는 목소리로) 왕이시여. 제발 우리는 모두 하나님을
생각하면서 살아가야 합니다.
더구나 한 나라를 이끌어 가야 할 지도자라면
더욱더 하나님 앞에 엎드려서 기도하고 의지할 줄 알아야 합니다.

다윗 : 지금 무슨 소릴 하는 거요?

나단 : 하나님께서 뭐라고 하셨는 줄 아십니까?
내가 너를 이스라엘의 왕으로 기름 부었고
사울의 손아귀에서 구출하였다.

그리고 너에게 이스라엘과 유다의 왕가를 너에게 넘겨 주었다.
만약 이것이 부족하다면 더 많은 것을 보태 줄 것이다.
그런데 너는 왜 내가 보기에 악한 짓을 행하여 나의 말을
 모독하였느냐? 너는 암몬족의 칼로 헷사람 우리야를 죽였고
그의 아내를 네 아내로 삼았다. 내가 너에게 그러라고 권력을
주었느냐? 내가 너를 그러라고 나의 자녀로 삼은 줄 아느냐?

다윗 : (괴로워하며 두 손으로 귀를 막고) 제발 그만두지 못해?
 (무대 밖을 향해) 뭣들 하는 거야? 어서 이 늙은이를 끌어내란 말야.

나단 : (여전히 분노에 가득 차서) 똑똑히 들으시오.
 하나님의 명령은 두 손으로 귀를 막는다고 들리지 않는 것이 아니며
 아무리 피하려고 해도 피할 수가 없는 것이 하나님의 징계요.
 두고 보시오. 지금부터 말하는 하나님의 징계가 곧
 당신에게 임할 것이오.

 (병사들이 뛰어들어와 나단을 끌고 나가려 한다.)

다윗 : 어서 저자를 끌어내. 밖으로 내동댕이쳐 버리란 말야.

나단 : (눈을 부릅뜨고 끌려나가며)
 첫 번째, 그 칼이 너의 집을 떠나지 않으리라.
 두 번째, 나는 너의 집안에서 너를 거역하는 악행을 불러일으킬
 것이며 세 번째, 너의 아내들을 빼앗아 다른 사람들에게 줄 것이며
 그로 하여금 대낮에 네 아내들과 동침하게 할 것이다.
 너는 남몰래 그런 짓을 하였지만 나는 모든 이스라엘이 보는 앞에서
 이 일을 할 것이다. 네 번째, 그런데도 하나님께선 이미 왕의 죄를
 씻어 주셨소. 따라서 왕은 죽지 아니하겠지만,
 우리아의 아내에게서 태어나는 왕의 아기는 죽게 될 것이오.

 (나단이 밖으로 끌려나가며 호령하고, 다윗은 괴로워서 어쩔 줄을
 모른다.)

다윗 : 다시는 내 눈앞에 보이지 않도록 멀리멀리 보내 버리란 말이야! 멀리!

(다윗의 비명은 메아리가 되어 무대에 진동하고 무대는 어두워진다.)

(잠시 후 다시 밝아지면서)

다윗 : 바보 같은 것들. 그까짓 어린 아기 병 하나 제대로 고치지도 못하면서 무슨 의사라고 하는 거야?

수리시아 : 왕이시여. 아무리 걱정이 되시더라도… 음식은 드시는 것이….

다윗 : 이것 봐, 이제 태어난 지 이레밖에 되지 않은 핏덩어리가
세상에 태어나자마자 병 때문에 울고 있는데
아비가 어떻게 음식을 입으로 삼킬 수가 있겠나?
자네 같으면 그럴 수가 있어? 아…. (비틀)

수리시아 : 왕이시여.(부축)

다윗 : 됐어. 필요 없어. 나중에 가만두지 않을 거야. 가만두지 않을 거야.
모두들….

(이때 후새가 뛰어들어온다.
그리고 다윗을 보고 깜짝 놀란 듯 주춤한다.)

다윗 : 어떻게 됐어?

후새 : ….

다윗 : 왜 말이 없어?

후새 : 말씀드리기 송구하오나. 왕자께선 그만… 조금 전에 하늘나라로….

(또다시 쿵 하는 음악 소리가 무대를 진동한다.)

다윗 : (비틀거리며) 오 하나님….

(무대 한쪽에서 나단 선지자가 작은 조명을 받으며 서 있다.)

나단 : 하나님의 징계를 잊었소?
　　　왕과 밧세바 사이에 태어난 아기는 죽게 되어있소.
　　　부정으로 태어난 아기는 하나님께서 거둬 가시는 것이오.

다윗 : (그 자리에 허물어지듯 쓰러지며 절규의 울부짖음으로)
　　　하나님, 나는 이제까지 나의 위대함만을 생각했나이다.
　　　해 아래 하나님보다 위대한 이가 없거늘. 내가 해인 줄 알고
　　　내가 하늘의 별인 줄 알았나이다.
　　　그 옛날 맨손으로 사자를 쓰러뜨리고 맨손으로 골리앗을 쓰러뜨린
　　　때의 영광이 나를 사로잡아, 하늘 아래 무서운 것 없이
　　　살아왔나이다. 하나님, 다른 사람의 목숨을 내 것처럼 아끼지
　　　않았고 남의 아내를 범하는 죄를 지었나이다.
　　　이제야 깨닫고 회개하는 나를 벌하옵소서.
　　　하나님이 계획하시는 벌을 내게 내리시옵소서.
　　　내가 기다리겠나이다. 오 하나님, 오 하나님…

　　　(다윗의 절규 섞인 기도 소리와 함께 무대는 어두워진다.
　　　다시 밝아지면서 아히도벨이 서성이고 있다.
　　　잠시 후 다윗이 등장하여 아히도벨을 한번 힐끔 보고는 자리에 앉는다.)

다윗 : 자네가 날 찾아오기 전에 그러잖아도 내가 자네를 보려고 했소.

아히도벨 : 무슨 일로…

다윗 : 당신은 사울의 옛 고문관으로 사울이 왕으로 있을 때
　　　많은 전략을 만들어 내고 사울을 도와준 것으로 알고 있소.
　　　그때 당신의 책략 중의 하나가
　　　바로 날 제거해 버리는 것이라고 하던데….

아히도벨 : 왕이시여, 그건….

다윗 : 아, 됐어. 그 얘긴 이젠 그만두기로 하지.
　　　　난 이미 모두 잊기로 했네.
　　　　그래서 자네를 살려 준 것이고 나의 고문관으로 삼았으니까.

아히도벨 : 그 은혜는 절대로 잊지 않겠습니다.

다윗 : 하지만 내가 불만을 갖고 있는 것은 예전 자네 머리에서 나오던
　　　　훌륭하고 간교한 지혜가 나오지를 않고 있다는 거야.
　　　　내가 이 나라를 통치하는 데 있어서 필요한 정책에 대해
　　　　자네는 한마디도 해주지 않고 있다고.
　　　　혹시 모르지. 여전히 나를 제거하려는 모의를 하고 있을지 말이야.
　　　　자네 머리가 좀 영특한가?

아히도벨 : 왕이시여. 절대로 그런 일은 있을 수 없습니다.
　　　　왕께서 저를 살려 주신 그 순간부터 지금까지 단 한 번도
　　　　　제 마음속에서 떠나지 않는 마음이 있습니다.
　　　　그건 오로지 다윗 왕만을 섬기며 바치겠다는 겁니다.
　　　　그래서 제 손녀인 밧세바까지 왕에게….

다윗 : 됐어, 그만해, 그래서 자네를 나의 고문관으로 삼지 않았나?

아히도벨 : 하지만 다윗이시여. 그동안 저는 많은 자문을 왕에게 전했나이다.
　　　　하지만 왕께서는 저의 자문은 들어 주시지를 않고 오히려
　　　　다른 고문관의 이야기에 관심을 가지지 않았나이까?
　　　　저는 지금 저의 가문과 문중에 씻을 수 없는 죄를 지은 몸입니다.
　　　　남편이 있는 손녀딸을 왕께 바쳤으며 더구나 손녀사위마저
　　　　왕께서는 살해하지 않으셨습니까?

다윗 : (흠칫 놀라며) 무슨 소릴 하는 거야? 지금.

아히도벨 : (여전히 단호한 목소리로) 이 일에 앞장섰던 저는 그만큼 왕께
　　　　모든 것을 바치기 위하는데….
　　　　왕께서는 너무도 저에게 은혜를 베풀어 주시지 않았습니다.

제발 저의 말에도 귀를 기울여 주시고
제가 괴로워하지 않게 해 주시옵소서.

다윗 : 넌 나를 죽이려고 했어. 그런데 자넨 지금 시퍼렇게 살아있지 않은가?
더 이상 나에게 그런 식으로 얘기를 하면 가만두지 않을 거야.

아히도벨 : …. (당황)

다윗 : 여우 같은 늙은이같으니라고….

 (하면서 퇴장. 그 자리에서 어찌할 줄 모르는 아히도벨.
 그는 이어서 주먹을 쥐며…)

아히도벨 : 정말 은혜를 모르는 놈. 건방진 것 같으니라고….
 내가 너의 손에 죽기 전에 내가 너의 멱을 따리라. 반드시…….

 (장엄한 음악과 함께 암전)

압살롬의 방

 (어둠 속에서)

압살롬 : 뭐라고? 그게 정말이야?

 (조명 밝아지며 무대엔 다말이 울며 앉아 있다.
 압살롬이 화가 난 듯 서성이고 그 옆엔 아히도벨이 있다.)

압살롬 : 그놈이 그럴 줄 알았어. 그놈은 그러고도 남을 놈이야.

아히도벨 : 압살롬이시여! 세상에 어떻게 이런 일이 일어날 수 있단 말입니까?
 다말이라면 압살롬의 아름다운 여동생 아닙니까?
 아무리 배다른 이복형제라지만 암논이라는 놈이

　　　　　압살롬의 여동생 다말을 겁탈을 하다뇨.
　　　　　그것뿐입니까? 암논이 다말을 겁탈하기 전에는
　　　　　온갖 말로 사랑한다고 해놓고서는
　　　　　이제와서 다말을 밖으로 내쫓았다고 합니다.
　　　　　암논은 평소에도 자기만이 진정한 다윗 왕의 아들이라고 얘기하며
　　　　　분명히 다음 왕의 자리는 자기의 것이라고 떠들고 다니고 있습니다.
　　　　　이 나라의 왕의 자리는 압살롬 당신만이 가질 수 있는 것 아닙니까?
　　　　　이번 일은 절대 참아서는 안 됩니다.

압살롬 : (칼을 뽑아 들며) 네 이놈을 당장….

아히도벨 : 잠깐, 압살롬이시여. 지금 그렇게 흥분하실 때가 아닙니다.

압살롬 : 아히도벨, 당신 같으면 참겠소?
　　　　이런 일을 당하고도 참겠느냔 말이요?

아히도벨 : 압살롬이시여. 지금 당장 암논에게 찾아간다면 피와 피를 부르는
　　　　　일만이 기다리고 있는 겁니다. 그리고 아마 지금쯤이면 암논이
　　　　　피신해 있을지도 모르는 일 아닙니까?

압살롬 : 그럼, 어떻게 하면 좋겠소?

아히도벨 : 그럼, 제가 시키는 대로 하시겠습니까?

압살롬 : 당신 말이 일리가 있다면, 내 모든 일을 당신의 뜻에 따르겠소.
　　　　당신은 명 전략가가 아니오?

아히도벨 : 그럼, 이렇게 하십시오.
　　　　　우선은 아무런 감정 표시를 하지 마십시오.
　　　　　조금 시간이 지나 암논이 맘을 놓고 편안하게 있을 때
　　　　　압살롬의 집으로 초대하십시오.
　　　　　술과 음식을 내놓고 취해서 흥청망청할 때 사람을 시켜서 암논을
　　　　　죽여버리는 겁니다.

암논은 지금 호시탐탐 기회를 노리며 압살롬 당신을 제거하고
자기가 다윗의 권좌에 오르려 하지만 절대 그래서는 안 됩니다.
왕의 자리라면 오히려 압살롬 그대가 훨씬 적합합니다.

압살롬 : 내가 암논을 제거해 버리면 아버님께서 가만히 계시지 않을텐데….

아히도벨 : 일단, 자리를 피하셔야죠. 헤브론으로 가는 겁니다.
물론, 다윗 왕께는 하나님께 제사를 드리러 간다고 거짓말을 하고
그곳에서 군사를 조직해 이곳으로 다시 쳐들어오는 겁니다.
그럼 그때 압살롬은 비로소 이스라엘의 왕이 되시는 겁니다.

압살롬 : 그럼, 아버님은?

아히도벨 : 세월이 흐르면 시대도 흐르는 법입니다.
새로운 시대는 새로운 왕이 필요한 법이죠.

(이때부터 서서히 비장한 분위기가 감도는 음악이 들려온다.)

압살롬, 이젠 그대가 이 나라의 왕이 되셔야 합니다.
백성들이 원하고 있습니다.
아버지 다윗은 이미 그 자격을 잃고 말았습니다.
압살롬만이 이 나라를 혼돈과 퇴락의 구덩이에서
구원해 낼 수 있습니다. 제발 저의 말을 들어 주십시오.

압살롬 : 그래도 아직 나는 아무런 준비가 되지 않았는데….

아히도벨 : 압살롬, 무얼 망설이십니까.
이제 우리는 새로운 왕이 필요합니다.
압살롬 당신이 왕이 되셔야 합니다.
제가 그 모든 일을 준비하고 계획하겠습니다.

압살롬 : (과거를 서서히 회상하는 듯) 아버진 나를 사랑한다고 늘 말만
앞세우지만, 사실은 사랑하는 게 아니었어.

　　　　나보다도 암논을 더 사랑하는 것 같았어.
　　　　난 아버지의 그 눈빛을 읽을 수 있어.
　　　　언젠가는 반드시 아버지의 족보에서 나를 빼버릴 거라는 걸
　　　　난 이미 다 알고 있어.
　　　　그리고 언젠가 반드시 다윗 왕의 칼끝이
　　　　나의 심장을 찌르리라는 것까지 난 느낄 수 있어.
　　　　이제야말로 사랑받지 못한 분노를 보여 주리라.
　　　　이 압살롬의 위엄과 권위를 온 이스라엘에 세우리라.
　　　　나도 엄연히 왕가의 후손이라는 것을 만방에 알려 주리라.
　　　　다윗의 칼끝이 내 심장을 찌르기 전에
　　　　내 칼이 먼저 허공을 가르고 다윗 왕의 심장에 꽂혀야 할 거야.
　　　　자 다윗, 이제야 내 뜻을 알겠소?
　　　　이 못난 자식의 울분을 이제야 알겠냔 말이오….

아히도벨 : (그 자리에 무릎을 꿇으며) 압살롬 왕이시여.
　　　　당신을 위해서라면 목숨을 아끼지 않겠다는
　　　　나의 맹세를 잊지 말아주십시오.

압살롬 : (아히도벨의 두 손을 굳게 잡으며)
　　　　아히도벨, 내가 당신만을 믿겠소.
　　　　좋소. 자, 지금부터 힘을 모아 다윗 성으로 달려가자.

　　　　(두 사람은 굳게 손을 잡는데 비장한 음악은 극치를 향해 달려가고
　　　　무대는 또다시 어두워진다.)

다윗의 방

　　　　(자리에서 벌떡 일어나는 다윗, 그 옆에 있는 밧세바)

다윗 : 뭐라고? 압살롬이 암논을 죽였다고?

세상에 이럴 수가. 세상에 이럴 수가.

(이때 탑핀 조명을 받으며 서 있는 나단이 외친다.)

나단 : 당신이 즐겨 쓰던 칼이 이제 당신의 집안에
　　　난무하게 될 것이란 말을 잊었소?
　　　하나님께서 주신 권세를 자기의 쾌락에 사용한 대가는
　　　분명히 내려질 것이오.
　　　당신의 가족과 당신의 자녀들이 칼을 휘두르며
　　　피 냄새가 진동하게 될 것이란 말을 기억하란 말이오.

다윗 : (쓰러지듯 주저앉으며) 오 하나님, 도저히 부끄러워서 하나님 앞에
　　　아뢰지조차 못하겠나이다.
　　　하나님, 한결같은 사랑으로 나를 불쌍히 여기시고
　　　당신의 넘치는 자비로 나의 죄 지워 주소서.
　　　나의 죄, 말끔히 씻어 주시고 나의 죄, 깨끗이 없애 주소서.
　　　나, 내 죄 알고 있사오며 언제나 눈앞에 내 죄 아른거리나이다.
　　　당신께 오직 당신께만 죄짓고 당신 보기에 악한 짓 저질렀사오니.
　　　당신의 선고 천만번 옳으시며 당신의 판결 그릇됨이 없나이다.
　　　죄 가운데 잉태하고 죄 가운데 태어난 나.
　　　우슬초로 나를 정결케 하소서.
　　　우슬초로 나를 정결케 하소서.

헤브론

아히도벨 : 저는 다윗 왕을 위해 나의 모든 것을 다 받쳤습니다.
　　　　　저의 모든 것뿐만 아니라 나의 손녀딸을 다윗 왕께 바쳤고
　　　　　손녀사위를 전쟁터에서 죽이기까지 했죠.
　　　　　하지만 내게 돌아온 것은 여전히 죽음에 대한 공포뿐이었습니다.

늙은이라고 무시하고 괴롭혀서 저는 밤마다 잠을 이룰 수가
없었습니다. 하지만 이제 나는 다윗 왕을 잊기로 했습니다.
아니, 이젠 왕이 아니라 나의 적으로 생각합니다.
이제 나의 왕은 압살롬 당신뿐입니다.
왕이시여. 이제 당신께 충성하고자 하는 종을 받아 주시옵소서.

압살롬 : 좋다. 아히도벨과 후새 당신들을 이제 나의 고문으로 삼겠다.
이제 나는 다윗을 치러 간다. 나를 도와라.

아히도벨 : 이제 당신을 위해서라면 목숨도 아끼지 않겠나이다

(군사들의 함성과 말발굽 소리가 무대를 어지럽게 진동하는데
무대는 어두워진다.)

(다시 밝아지며 요압과 다윗이 얘기를 나누고 있다.)

요압 : 왕이시여, 왜 진작에 제 말을 듣지 않으셨습니까?

다윗 : 그게 무슨 소리냐?

요압 : 제가 압살롬이 헤브론으로 제사를 드리러 간다고 했을 때
말리셔야 한다고 했잖습니까?

다윗 : 그거야. 압살롬이 하나님께 제사를 드리러 간다고 하니까
허락한 것이 아니더냐? 암논을 죽인 자신의 죄를 회개하는
마음으로 예루살렘에 돌아오게 되면 고향에 찾아가 하나님께
제사를 드리겠다는 압살롬의 계획을 이루게 해 준 것이
뭐가 잘못됐다는 것이냐?

요압 : 다윗 왕이시여. 왕께선 아들을 그렇게 믿고 계시지만,
압살롬은 아비의 믿음에 돌을 던지는 짓을 하고 있나이다.

다윗 : 그런 식으로 말하지 말고, 어서 본론을 얘기해 봐.
대체 그게 무슨 소리야?

요압 : 압살롬이 헤브론에서 사람을 모아놓고
　　　자신이 왕이 되었다고 선포했습니다.
　　　그리고 마침내 군사를 일으켜서 지금 이곳으로 달려오고 있는
　　　중입니다. 왜 그런 줄 아십니까? 왕께 인사를 드리러 오는 것이
　　　아니라 칼날을 빼 들고 왕의 목숨을 달라고 찾아오는 것입니다.
　　　아비의 목을 달라고 아들이 찾아오고 있다고요.

다윗 : (비통하여) 오, 하나님.
　　　네 이놈, 요압, 이젠 내게 못 하는 소리가 없구나.
　　　어찌하여 나의 아들, 압살롬이 그런 짓을 하겠느냐?
　　　말도 안 되는 소릴 했다가는 어떻게 되는 줄 모르느냐?

요압 : 왕이시여. 제발, 제 말을 들어 주시옵소서.

다윗 : 아냐. 압살롬이 그럴 리가 없어.
　　　분명히 누가 시킨 거야. 나의 아들이 그럴 수가 없다고.

요압 : 맞습니다. 그게 누군 줄 아십니까?
　　　바로 얼마 전까지만 해도 왕께 충성을 바쳤던 아히도벨이
　　　앞장을 서고 있습니다.

다윗 : 오, 하나님. 이게 어찌 된 일입니까? 나의 대적이 어찌 그리 많은지요.
　　　많은 사람이 나를 가리켜 말하기를
　　　저는 하나님께 도움을 얻지 못한다 하나이다.
　　　여호와여 주는 나의 방패시요. 나의 영광이시요.
　　　나의 머리를 드시는 자니이다.
　　　나의 하나님이여 나를 구원하소서.
　　　주께서 나의 모든 원수의 뺨을 치시며 악인의 이를 꺾으셨나이다.
　　　구원은 여호와께 있사오니 주의 복을 주의 백성에게 내리소서.

　　　(정신을 가다듬고)
　　　요압, 이젠 우리가 어찌하면 좋겠느냐?

요압 : (단호하게) 싸워야 합니다.

다윗 : 내가 어떻게 아들과 싸우느냐?
  아버지와 아들 간에 피를 보아야 하겠느냐?
  하나님은 내가 아들의 손에 죽는 것을 원하셔서
  이런 벌을 주시는 게 아니다.
  하나님은 내가 철저하게 회개하고 자복하라고
  이런 벌을 주시는 것이다.
  이것이 바로 하나님의 계획이다.
  비록 괴롭더라도 짐을 싸자. 어서 이곳을 떠나자.
  어디로든 발길이 닿는 데까지 떠나자.

  (이때 후궁이 뛰어들어와 다윗의 앞에 엎드린다.)

후궁 : 왕이시여 저희는 어찌하면 좋습니까?

다윗 : 너희는 남아서 나의 성전을 지키도록 하라.
  반드시 돌아와 내가 너희를 돌보리라.

  (이때, 멀리서부터 군사들의 함성과 말발굽 소리가 점점 가까이
  크게 들려온다.)

후궁 : (애원의 목소리로) 왕이시여, 제발 떠나지 마옵소서.
  제발 떠나지 마옵소서.
  다윗이 없는 다윗 성이 웬 말입니까?
  물맷돌로 골리앗을 쓰러뜨리던 그 용맹은 어디로 갔습니까?
  물맷돌로 사자를 쓰러뜨리던 그 용맹은 어디로 가셨습니까?

  (애원하듯 다윗 왕에게 다가가자 요압이 후궁의 접근을 가로막고
  점점 크게 들려오는 군사의 함성에 다급한 듯 밖을 살피며
  다윗을 끌고 나가려 한다.)

다윗 : (발길을 옮기며) 아들의 칼끝을 피해 도망가는 내가 더 가슴이 아프다.

날 울리지 말아라. 나는 더 고난을 받아야 하리라.
요압, 떠나자.

(다윗이 퇴장함과 동시에 압살롬과 아히도벨이 손에 칼을 들고 뛰어
들어온다. 미처 대피하지 못했던 후궁과 압살롬이 마주치자 후궁은
공포에 바들바들 떤다. 압살롬은 후궁의 손을 움켜잡고)

압살롬 : 너는 다윗이 끼고 자던 후궁 중의 한 사람이 틀림없다.
(아히도벨을 보며) 아히도벨, 이 성안에는 곳곳에 이 여인과 같은
후궁이 숨어 있을 것이오.

아히도벨 : (후궁에게 다가가며) 네 이름이 뭐냐?

후궁 : 마리아입니다.

압살롬 : 마리아?

(후궁이 뒤로 넘어질 정도로 거칠게 손을 놓으며)

너희는 더 이상 이곳에 있을 필요가 없다.
내가 이제 이곳의 주인이니. 너희는 어서 이곳을 떠나라.
당장 떠나라. 으하하

(후궁은 옷을 주섬주섬 챙겨서 도망가려 한다.
이때 아히도벨이 후궁의 팔을 또다시 거칠게 움켜잡는다.)

아히도벨 : 압살롬 왕이시여. 아직은 기뻐하시기에 이릅니다.

압살롬 : 그럼 뭐가 더 남았단 말이오. 이 성은 이제 나의 것인데….

아히도벨 : 압살롬께서 진정으로 예루살렘 성에 입성하고
왕의 자리에 올랐다는 것을 많은 사람들에게 알려야 합니다.

압살롬 : 그럼, 이 여인 보고 외치며 다니라고 하란 말이오?

아히도벨 : 이 여인들은 다윗의 여인들입니다.
　　　　　 다시 말해서 왕의 소유물이란 말이죠.
　　　　　 이제 당신이 이곳의 왕이 되었으니 이 여인들도 당신의 것입니다.
　　　　　 그러니 당신이 진정으로 왕이 되었다는 것을 많은 백성에게
　　　　　 알리려면 백성들이 보는 앞에서
　　　　　 당신이 이 여인들과 관계를 가져야 합니다.

압살롬 : (놀란 듯) 아히도벨, 그게 대체 무슨 말이오?

아히도벨 : 그동안 다윗에게 당한 것을 생각해 보십시오.
　　　　　 이것만이 복수하는 길입니다. 압살롬 왕이시여.
　　　　　 제 말대로 하셔야 합니다.
　　　　　 그래야 비로소 백성들이 압살롬을
　　　　　 진정한 이스라엘의 왕으로 보지 않겠습니까?
　　　　　 그것도 궁전의 옥상에서 장막을 치고 말입니다.
　　　　　 (무대 밖을 향해) 여봐라, 뭣들하고 있느냐?
　　　　　 어서 빨리 옥상에 장막을 치고 하늘을 가려라.
　　　　　 그리고 성안에 숨어있는 다윗의 후궁들을 모두 끄집어내고
　　　　　 옷을 벗겨 옥상에 모이게 하라.

압살롬 : 아히도벨, 제발 이성을 가지시오.
　　　　 이건 감정으로 할 일이 아니란 말이오.

아히도벨 : 압살롬 왕이시여. 어서 하십시오. 이건 어디까지나 쾌락을 위해
　　　　　 서가 아니라 상징적인 것입니다. 어서 옥상으로 올라가시지요.

압살롬 : (잠시 생각에 잠기는듯 하다가)
　　　　 좋소. 아히도벨의 말을 따르겠소. 내가 가리다.

　　　　 (하면서 후궁의 손을 잡고 퇴장한다. 잠시 후 무대 뒤에서 여인들의
　　　　 비명 소리가 산발적으로 들린다. 그러다가 무대의 한쪽에 탑핀이
　　　　 떨어지면 그곳엔 다윗이 보이고 그 옆에 나단이 보인다.)

나단 : 다윗이여, 제 말을 기억하라고 했지요?
        나는 너의 집안에서 너를 거역하는 악행을 불러일으킬 것이며
        너의 아내들을 빼앗아 다른 사람들에게 줄 것이며
        그로 하여금 대낮에 네 계집들과 동침하게 할 것이다.
        너는 남몰래 그런 짓을 하였지만
        나는 모든 이스라엘이 보는 앞에서 이 일을 할 것이다.
        하나님께서 분명히 이르신 그 말이
        지금 하나씩 이루어지고 있다는 사실을 깨달으시오.

        (나단이 퇴장한다.)

        (다시 밝아지며 아히도벨이 초조한 듯 서성이고 있다.)

아히도벨 : 이제야 그동안 내가 계획한 일들이 이루어져 가는구나.
        다윗에게 배반을 당하고 난 이후로
        오로지 다윗을 처단하겠다는 일념으로 살아왔는데
        이제 다윗의 성까지 들어왔으니
        이제 남은 것은 다윗을 찾아내서 내 앞에 무릎을 꿇리고
        고개를 숙이게 한 뒤에 단두대에 매다는 것.
        자, 이제 그 날이 다가왔다.

        (이때 압살롬이 등장한다.)

아히도벨 : 압살롬이시여, 이제 더 이상 지체하시면 안 됩니다.
        다윗이 피로하고 낙심해 있을 때
        날쌘 군사 몇 사람을 시켜서 다윗을 공격해야 합니다.

압살롬 : 아냐, 그렇지 않아. 지금 다윗을 치는 것은 좋지 않소.
        오히려 더 있다가 치는 것이 좋아.

아히도벨 : 그것은 오히려 다윗에게 군사를 모으게 하는 것 밖에
        되지 않습니다. 그리고 다윗을 도우러 백성들이 모이는 시간만
        줄 뿐입니다.

압살롬 : 이번 일은 내가 결정하겠소. 그러니 내 말을 따르도록 하시오.

아히도벨 : 압살롬, 이제 더 이상 기회는 오지 않습니다.
지금까지 다윗 성에 쳐들어간 기세로 다윗을 사로잡아야 합니다.
그동안 당한 고통과 수모를 잊었습니까?
왜 지체하고 무엇을 두려워하시는 겁니까?
우리는 두려울 것이 아무것도 없습니다.
오로지 다윗을 사로잡는 일만이 우리에게 남아 있습니다.

압살롬 : 이보시오, 아히도벨.
지금은 감정으로 대처할 때가 아니라고 했잖소.
좀 더 이성적으로 냉정히 생각해야 한단 말이오.

아히도벨 : 압살롬 왕이시여, 제 말이 백번 옳습니다.
지금이라도 당장 다윗을 잡아야 합니다.
왜 제 말을 듣지 않으시는 겁니까?

압살롬 : 당신이 왜 나에게 이토록 충고하는 거요?
이젠 나도 왕이야. 나는 왕이고 당신은 내 신하이고….

아히도벨 : 왕이시여, 그동안 저는 왕에게 충성을 다하기 위해
밤잠을 이루지 못하고 골몰해 왔습니다.
그래서 오늘 이 순간 압살롬께서 왕이 되셨잖습니까?

압살롬 : (어이가 없는 듯) 당신이 나를 왕으로 만들어?

아히도벨 : 그럼, 당신이 혼자의 힘으로 왕이 되었다고 생각하십니까?

압살롬 : 나는 왕이야. 누구의 도움을 받아서 왕이 된 것이 아니라.
이 시대가 나를 원했기 때문에 왕이 된 거라고.

아히도벨 : 그게 대체 무슨 말입니까?

압살롬 : 교활한 늙은이 같으니라고.

　　　　　넌 예전에 사울 왕에게도 이런 말을 했을 거야.
　　　　　그리고 다윗 왕에게도 충성이란 말을 했고…
　　　　　지금 나한테도 하고 있어. 이렇게 변하는 모습이 충성인가?
　　　　　넌 언제 또다시 내 목에 칼을 들이댈지도 모르는 늙은이야.
　　　　　내가 그걸 알아.

아히도벨 : 그럴 리가 없습니다. 제 말을 믿어 주십시오.

압살롬 : 넌 왕을 세 번이나 바꾼 놈이야.

아히도벨 : 왕이시여!

압살롬 : 언젠가 또 왕을 바꾸겠지? 그전에 내가 먼저 너의 목을 베리라.

　　　　　(하면서 격노한 표정으로 퇴장해 버린다. 아히도벨은 너무도 허탈한 듯
　　　　　한동안 압살롬이 나간 뒤를 바라보다가 그 자리에 주저앉아 오열하기
　　　　　시작한다.)

아히도벨 : 압-살-롬-
　　　　　왜 내 말을 안 듣는 거요?
　　　　　이제까지 다윗을 죽이는 목표 하나만으로
　　　　　압살롬을 따랐는데 왜 내 말을 듣지 않는 거요?
　　　　　다윗 때문에 내가 받은 고통이 얼만데….
　　　　　왜 다윗을 잡지 않는단 말이오?
　　　　　압살롬…. 흐흐흑

　　　　　(하면서 벌떡 일어나더니 무대 뒤로 뛰어들어간다.
　　　　　그리고는 무대는 잠시 어두워지고 천둥 버개가 치더니 호리존트에
　　　　　아히도벨이 목을 매달아 흔들거리는 그림자가 쿵 하는 소리와 함께
　　　　　보인다.)

　　　　　(순간 슬픈 분위기의 음악이 이어지고 잠시 후 암전,
　　　　　다시 밝아지며)

다윗의 방

요압 : 다윗 왕이시여. 지금쯤 쳐들어올 줄 알았던 압살롬의 군사들이
　　　모두 쉬고 있다는 소식이 있습니다. 지금이 기회입니다.
　　　압살롬이 쳐들어오기 전에 우리가 먼저 쳐들어가서
　　　압살롬을 죽여야 합니다.

다윗 : 그럼 나도 가야 해. 내가 직접 나가야 한다.
　　　내 칼이 어딨지? 내 투구와 갑옷을 갖다 줘.

요압 : 왕이시여. 이번 전투는 매우 위험합니다.
　　　차라리 이곳에서 저희를 지휘해 주시는 것이 더 옳습니다.

다윗 : 아니야. 내가 다 이유가 있어서 그래.

요압 : 아무리 그래도 위험합니다. 제발 저의 말을 들어 주시옵소서.

다윗 : 그렇다면 요압, 부탁이야.
　　　아무리 압살롬을 붙잡더라도 죽이지는 말게나.
　　　이 못난 아비의 마지막 소원이야. 아, 압살롬-

요압 : 알겠습니다. 하지만 어떻게 될지 그건 저도 장담할 수가 없습니다.
　　　그럼….

　　　(하면서 요압이 퇴장한다.
　　　요압의 뒷모습을 보며)

다윗 : 오 하나님, 내가 소리내어 주께 부르짖으며 소리내어
　　　여호와께 간구하는도다.
　　　내가 내 원통함을 그 앞에 토하며 내 우환을 그 앞에 진술하는도다.
　　　내 심령속에서 상할 때에도 주께서 내 길을 아셨나이다.
　　　나의 행하는 길에 저희가 나를 잡으려고 올무를 숨겼나이다.
　　　내 우편을 살펴보소서.

나를 아는 자도 없고 피난처도 없고
내 영혼을 돌아보는 자도 없나이다.
여호와여 내가 주께 부르짖어 말하기를 주는 나의 피난처시요
나의 안식처로다.
내가 평생을 두고 후회하며 회개하오니.
여호와여 마지막으로 긍휼을 베풀어 주옵소서.

(무대 어두워지고)

(잠시 후 다시 밝아지며 압살롬 군대와 다윗의 군대가 서로 싸우는
장면. 급하고 빠르게 진행되는 음악이 깔리고 처절하게 칼날이 오가며
여기저기서 죽어가는 병사들이 보인다.
비명과 신음, 환호로 뒤범벅이다. 마침내 압살롬 군대가 전멸한다.

그때 한 병사가 나뭇가지에 걸린 압살롬을 발견한다.
그리고 요압에게 보고한다. 요압은 압살롬에게로 다가간다.)

요압 : 압살롬, 더러운 녀석,
　　　넌 아비도 모르고 하나님을 두려워할 줄도 모르는 놈이야.

압살롬 : 어서 날 죽여라.

요압 : 그래, 네 소원대로 해주마.
　　　(하고는 칼로 찔러 죽이고 만다.)

(죽어버린 압살롬. 이때 뛰어들어오는 다윗.
압살롬의 시체를 끌어안고 오열을 하는데
무대는 천둥과 번개가 치면서 비가 내린다.)

다윗 : (오열하며) 압살롬! 나의 아들, 압살롬!
　　　아-, 나의 죄 때문에 희생된 나의 아들, 압살롬
　　　내가 너를 죽였구나.
　　　하나님, 하나님,

압살롬, 압살롬, 제발 눈을 뜨거라.
압살롬….

(무대는 여전히 천둥번개와 비바람이 몰아치고
어두운 분위기의 음악이 이어지다 암전이 된다.)

끝내 춤을 추지 말았어야 한 여인
살로메

출 연

헤롯/최종원

*** 주요출연작품**
- 리어왕
- 욕망이라는 이름의 전차
- 누가 버지니아 울프를 두려워 하랴
- 아버지 바다
- 기막힌 사내들

출 연

살로메/전미례

*** 주요출연작품**
- 전미례 째즈발레단 창단공연
- 창작째즈무용극 「스타러브」공연
- 오페라 춘희 카르멘 안무및 출연
- 뮤지컬 들풀의 노래, 환타스틱공연
- 한일째즈 훼스티발 초청공연

등장인물

살로메

헤롯

헤로디아

클라디우스

세례요한

안토니우스

군중들

작가 노트

요단 강 부근의 광야에서 낙타 가죽으로 만든 옷을 입고 메뚜기와 석청을 먹으며 자연인으로 살며 세례를 받으러 온 백성들에게 '회개하라' 외치던 요한은 헤롯 안티바에게 체포된 이후 목이 잘리는 참수라는 끔찍한 형벌을 받게 된다.

헤롯 안티파스는 왜 이렇게 잔인하게 요한을 죽여야만 했을까? 헤롯 안티파스는 자기의 이복동생인 빌립의 아내 헤로디아를 빼앗아 결혼했다. 물론 이때 헤롯은 헤로디아와의 새로운 결혼을 위해 당시 부인인 아레타스의 딸과 이혼한 후였다.

헤로디아 역시 헤롯 안티바와 결혼하는 것이야말로 자신의 정치적 욕망을 달성하기 위한 중요한 수단이라고 생각했다. 요한은 이것이 유대 법에 어긋나는 반인륜적인 행위라는 것을 공공연하게 지적하고 강력하게 비난했다. 헤로디아 입장에선 당연히 요한의 존재가 불편할 수밖에 없었다.

그러던 중 로마에 있던 헤로디아의 딸이 어머니를 만나기 위해 예루살렘으로 오던 중 광야에서 자연인의 모습으로 거침없이 할 말을 외치는 요한을 만나게 된다. 그녀는 이전까지 로마에서는 볼 수 없었던 당당하고 남성적인 매력이 넘치는 그의 인간적 모습에 빠지게 된다.

사실 살로메는 성경에 이름이 등장하지 않는다. 단지 유대 역사가 요세푸스가 쓴 역사책(요세푸스 18권 5장)에서 헤로디아는 헤롯과 결혼 이전에 딸이 있었는데 그녀의 이름이 살로메라고만 적혀있을 뿐이다.

전설에 의하면 살로메는 성년이 되어가면서 빼어난 미모와 완벽한 몸매를 갖췄을 뿐만 아니라 일명 배꼽춤이라는 요염한 몸놀림으로 남자들을 현혹하게 하는 댄서로 유명했다고 한다.

요한을 없애지 못해 노심초사하는 엄마 헤로디아와 요한을 사랑하게 된 딸 살로메의 사이에 생겨난 복잡 미묘한 갈등이 예루살렘에서 진행된다.

거기에 헤롯 안티파스는 요염한 분위기의 살로메를 보는 순간, 아내가 전남편 사이에서 낳은 딸임에도 불구하고 또다시 흑심을 품게 되는 그야말로 막장 드라마가 펼쳐진다. 이런 헤롯 안티파스와 헤로디아의 행실을 잘 알고 있는 요한으로서는 목에 칼이 들어오는 한이 있어도 가만히 두고 볼 수 없었고 목숨을 유지하기 위해 입을 다물 수가 없었다.

결국, 헤로디아의 부탁을 받은 살로메는 헤롯 안티파스의 생일잔치에서 헤롯 안티파스가 정신을 잃을 만큼의 뇌쇄적인 춤을 춘 다음 마지막 부탁을 이야기한다. 감옥에 갇혀 있는 요한의 목을 잘라 은쟁반에 담아달라는….

이런 역사적 이야기를 세계의 수많은 예술가들이 놓칠 리가 없었다. 살로메의 아름다운 모습을 그림으로 담아냈고, 소설가들은 살을 붙여 살 냄새가 넘쳐나는 스토리를 이어갔다. 뿐만 아니라 할리우드의 여러 감독이 살로메를 주인공으로 영화를 만들기도 했다. 그들 중 가장 유명한 작품이 오스카 와일드의 '살로메'라는 작품이다.

필자는 1990년도 한 극단의 부탁으로 살로메를 주인공으로 하는 희곡을 완성했고 같은 해 12월 15일부터 29일까지 서울 동숭동에 있는 문예

회관 소극장에서 공연했다.

  이 공연에서 남자들의 정신을 잃게 할 정도의 뇌쇄적인 춤을 춰야 하는 살로메 역할은 한국 재즈 발레의 대모라 할 수 있는 전미례씨가 맡았고 탐욕적이면서 우유부단한 캐릭터의 헤롯 안티파스 역할에는 연극배우 최종원씨, 정치적 욕망에 사로잡혀 요한에 대한 극단적인 히스테리를 발산하는 헤로디아 역할에는 연극배우 이용녀씨가 출연했다.

\#

어둠을 뚫고 어디선가 아련히 들려오는 외침
"살로메! 살로메!"
그 외침소리가 한동안 들리는가 싶더니 무대에 또다시 정적이 감돈다.
무대 한쪽에 어슴푸레 빛이 들어오며 그 안에 살로메가 요염한 자세로 서 있는 것이 희미하게 보인다.
그때 또다시 멀리서 들려오는 음악 소리에 살로메는 흐느적거리듯이 몸을 움직여 춤을 추기 시작한다.
음악 소리가 점점 커지면 살로메의 춤 동작도 더욱 격렬해지다가
어느 순간 춤을 멈춘다.

살로메는 감정을 억누르려는 듯 허공을 바라보다
다시 음악에 맞춰 춤을 추기 시작한다.
그녀의 춤은 모든 걸 잊으려는 듯 더욱 격해진다.
바로 그때 살로메는 뭔가에 방해를 받은 듯 춤을 멈춘다.
그러다가 무대 한쪽을 향해 버럭 소릴 지른다.
조명이 전체를 비추기 시작한다.

살로메 : (손으로 몸을 가리며) 누구냐? 누군데 남의 춤을 엿보는 것이냐?

　　　　(그러자 무대 한쪽에서 로마 군인 복장의 클라디우스가 나타난다.)

클라디우스 : 살로메… 맞소?

살로메 : 누군데 감히 여길?

클라디우스 : 말이 너무 거칠다는 생각이 들지 않소?

살로메 : 건방지군, (신경질적으로) 누구냐고 물었잖아.

클라디우스 : 클라디우스요.
　　　　　당신을 찾아 여기까지 왔다가 춤을 추고 있는
　　　　　당신의 모습을 보고 살로메라는 걸 알았지.
　　　　　중단시키는 것이 오히려 실례일 것 같아
　　　　　끝날 때까지 기다리려고 했던 것뿐이오.
　　　　　소문대로 당신의 춤은 아주 매력적이군.
　　　　　단순한 춤이 아닌 뭔가 목적이 담겨 있는 것 같은
　　　　　그런 느낌으로….

　　　　　(살로메의 주변을 한 바퀴 돌면서 몸을 훑어보며)
　　　　　어깨에서 허리까지 내려오는 그 곡선과
　　　　　한발 한발 움직일 때마다 육감적인 느낌,
　　　　　마치 발정한 암컷이 수컷을 찾아 헤매는 뜨거운 몸부림,
　　　　　그런 춤이야. 당신은 내가 지켜 보고 있는 줄 알면서
　　　　　더욱 요염한 몸짓을 했던 거야, 내 말이 맞지?

살로메 : 난 누굴 위해 춤을 추지 않아. 남자를 위해선 더욱 더.

클라디우스 : 그렇게 얘기를 해도 난 이미 그 춤의 의미를 알아버렸소.

살로메 : 더 이상 건방진 소리 말고 날 찾아온 이유나 얘기해요.

클라디우스 : 갈릴리에 있는 당신의 어머니, 헤로디아가 당신을 데려오라고
　　　　　했소.

살로메 : 날 버리고 떠난 사람을 내 어머니라고 할 수 없어요.

클라디우스 : 당신을 마지막으로 보고 싶어 하는데도?

살로메 : 마지막이라뇨?

클라디우스 : 헤로디아는 지금 마지막으로 당신을 보고 싶어 하고 있어.
　　　　　하나밖에 없는 자식의 손을 붙잡고 눈을 감고 싶어 하는

어머니의 눈물 어린 소원마저 거절할꺼요?

살로메 : 당신은 누구죠?

클라디우스 : 갈릴리에서 태어나 그곳에서 자라다가 이곳 로마에서 훈련을
　　　　　 받은 로마의 군인이오. 이제야 다시 갈릴리로 명령을 받고 떠나려는
　　　　　 참인데, 당신의 어머니가 부탁을 한 거지.

살로메 : 어머닌 날 보고 싶어 하겠지만 난 보고 싶지 않아요.

클라디우스 : 그런 말은 내게 필요 없소.
　　　　　 당신의 어머니가 그런 부탁을 하지 않았다 해도
　　　　　 난 당신을 데려가고 말겠소.
　　　　　 내 앞에서 가슴을 드러내 놓고 유혹을 한 이상
　　　　　 당신을 놓치고 싶지 않아.
　　　　　 내 앞에서 몸을 흔들어 댄 당신이 실수한 거야.
　　　　　 수컷을 찾아 헤매는 그 몸뚱어리,
　　　　　 그리고 당신의 모든 것을 내가 차지하겠소.
　　　　　 이제까지 내가 마음먹은 것 중 하나도 이루어지지 않은 것이 없지.

살로메 : 더 이상 지껄이면 가만두지 않을 거야.

　　　　　 (땅바닥에 떨어졌던 숄을 걸치고 뒤돌아 나가려는데
　　　　　 클라디우스가 살로메의 팔을 잡아끈다.)

클라디우스 : 난 오늘 떠나게 돼 있소.
　　　　　 나도 더 이상 노닥거리고 싶지 않으니까 빨리 준비해야 할거요.

　　　　　 (그러자 살로메는 클라디우스를 한동안 노려보다가 느닷없이
　　　　　 클라디우스의 뺨을 올려붙인다. 클라디우스는 살로메를 갑작스럽게
　　　　　 당겨 억세게 키스한다. 당황하며 클라디우스를 보는 살로메,
　　　　　 그리고 조명이 꺼진다.)

살로메

(무대 한쪽에 빛이 들어오면 헤롯이 괴로워하고 있는데
헤로디아가 씩씩거리며 등장)

헤로디아 : 헤롯에게 대체 저는 무엇인가요?
로마에 있던 날 이곳에 데리고 와서 헤롯의 아내로 삼았다면
한 번쯤은 나의 이 애달픈 소원을 들어줄 만하잖아요?
요한의 입을 틀어막아 달라는데, 이러고만 있으면 어떡해요?

헤롯 : 이봐, 헤로디아. 이건 그렇게 흥분해서 될 일이 아니야.

헤로디아 : 그럼 흥분하지 않게 됐어요?
요한은 지금도 돌아다니며 헤롯 당신과 나를 비난하고 있는데
어떻게 흥분하지 말라는 거예요.

헤롯 : 요한은 그저 선지자일 뿐이야.
빈 들에서 외치는 선지자일 뿐이라고.
여기 갈릴리에 그런 정신없는 선지자들이 한둘인 줄 알아?
하지만 이제까지 아무 일도 없었잖아. 보라고.
선지자는 그냥 흐르는 강물처럼 그렇게 떠들다가 흘러가 버리면
또다시 조용해 지는 거야.
여긴 그렇게 흘러간 선지자들이 이제까지도 수두룩했어.
그리고 그런 선지자들을 핍박해서 좋았던 왕도 없다는 걸
알아야지.

헤로디아 : 헤롯, 지금 겁을 먹고 있군요. 그 미치광이 하나 때문에….
도대체 젊어서의 그 용맹과 기상은 어디를 갔나요?
헤롯은 미치광이 하나 잡아들이는데도
이 궁리 저 궁리 해야 할 정도로 나약해졌단 말인가요?
이젠 헤롯도 이빨 빠진 늙은 호랑이나 다를 바 없는 거군요.

헤롯 : 그게 아냐! 그게 아냐!

헤로디아 : 그런데 왜 못 잡아들이시는 거예요?

헤롯 : 이건 그렇게 간단한 문제가 아니야.

    (헤로디아가 분에 못 이기는 듯 퇴장하고 헤롯은 고민에 쌓인다.
    조명이 꺼진다.)

    (무대 한쪽에 빛이 들어오면 그곳엔 약대 털옷을 입고
    수염이 더부룩한 세례요한이 몇 사람 앞에서 설교하고 있다.
    세례요한의 설교를 듣고 있는 사람들의 표정은 호기심과 은혜가
    가득한 모습이다.)

요한 : 당신들 중에 스스로 아브라함의 후손이기 때문에 더 이상
    회개할 이유가 없다고 생각하는 자가 있느냐?
    아브라함의 자손이기 때문에 자기에게 다가오는 죄악의 대가를
    피할 수 있다고 생각하는 자가 있느냐 말이다.
    도끼가 이미 나무뿌리에 놓여 있으니, 좋은 열매를 맺지 않는
    나무는 모두 다 찍혀 불 속에 던지우리라.
    회개하라! 하나님의 나라가 바로 우리 앞에 다가와 있다.
    그때엔 손에 키를 들고 타작 마당의 곡식을 가려 알곡은 모아
    곳간에 들이고 쭉정이는 꺼지지 않는 불에 태워 버리게 되고 말리라.
    입술로만 부르짖는 회개가 아니라 생활 속에서 변화가 오는
    진실한 회개만이 당신들을 구원의 길로 이르게 되리라.

성도 1 : 선생이시여, 저희가 회개하고자 한다면 무엇을 어떻게 해야 합니까?
    좀 구체적으로 말씀해 주십시오.

요한 : 옷 두 벌 있는 자는 옷 없는 자에게 나누어 주는 것과 같이,
    있는 자들은 자신의 소유를 없는 자들에게 나누어 주라!
    그것이 진정으로 이웃을 사랑하는 길이고 나누어 줌으로
    진정한 소유를 얻는다는 것을 깨달아야 할 것이라.

성도 2 : 선생이시여, 저는 세리올습니다.
    저는 백성들에게 나누어 주지는 못하고 매일 거둬들이고만 있습니다.
    직업이 그런데 저는 어찌해야 합니까?

요한 : 정한 세금 이외에는 더 받지 말라!

성도 3 : 저희도 그러고 싶습니다.
하지만 정한 세금만 받는다면 저는 먹고살기가 어려워요.

요한 : 모든 것을 예비하시는 하나님께 맡겨라.
공중에 나는 새들조차 하나님은 긍휼히 여기고 있다.

성도 4 : 선생이시여, 전, 로마의 군인입니다.
저희는 틈만 나면 사람을 죽이고 빼앗는 훈련을 하고 있습니다.
그런 저희는 이 일을 그만두어야 합니까?

요한 : 군인이 되는 것이 죄가 되는 것은 아니다.
하지만 자기의 배가 고프다고 해서 선량한 백성의 것을 강제로
빼앗고 창으로 위협하는 것은 하나님께서 원하시는 일이 아니란 걸
명심하라!

(군중들과 세례요한이 서로 대화를 주고받을 때 안토니우스가 등장해
멀찌감치에서 이들의 대화를 들으며 서 있다.)

성도 1 : 회개는 누구든지 하면 모두 구원을 받을 수가 있는 것입니까?
우리 같은 미천한 백성이나 궁전 안에 있는 사람까지도 말입니다.

요한 : 이 땅엔 회개하지 않고서 구원될 사람은 아무도 없다.
아무것도 가진 것이 없는 거지나, 배불리 먹고 누워 있는 부자나,
모세의 율법을 어기면서까지 동생의 부인까지 강제로 빼앗아
자기의 아내로 삼아버린 헤롯도 예외가 될 수 없다.

안토니우스 : (이들의 대화에 끼어들며) 헤롯이 뭘 어쨌다는 거요?
왕이 잘못한 것이 대체 뭐요?

요한 : 헤롯은 그의 나이 스물여섯에 자기의 형 아켈라오를 찾아가 그를
몰락시키고 비로소 헤롯이란 왕가의 칭호를 받은 추악한 죄인이오.

그러다가 그의 나이 쉰이 다 돼서 이젠 그의 동생 빌립의 아내
헤로디아에 눈이 어두워 본부인을 내쫓고 헤로디아를 그의 침대로
끌어들이지 않았소.
영주의 아내, 분봉 왕의 아내가 되고 싶은 욕망에 사로잡힌
추악한 헤로디아. 헤로디아 역시 회개치 아니하면
분명히 도끼에 찍히는 나무와 다를 바 없이 되리라.

안토니우스 : 헤로디아는 이 나라의 왕비인데,
당신이 무슨 권한으로 그런 말을 하는 거요?

요한 : 이것은 나의 명령이 아니라, 바로 살아계신 하나님의 명령이다.
나의 권한으로 이르는 말이 아니라 이 땅과 인류를 창조하신
하나님의 권한으로 이르는 말이니라.

안토니우스 : 헤로디아 왕비가 도대체 언제 당신이 말하는 하나님의 앞에
죄를 지었단 말이오?

요한 : 권력과 탐욕에 눈이 먼 여인이 어찌 사탄의 자식이 아니란 말인가?
헤로디아는 회개치 않으면 영원히 저주받고 말,
죄인 중의 죄인이란 걸 알라.
감히 헤롯과 헤로디아를 변명하는 사탄아! 내 앞에서 사라져라!

(안토니우스 슬금슬금 자리를 피하며 퇴장한다.
아무 말도 못하고 퇴장하는 안토니우스의 모습을 지켜보던 군중들은
너무도 신기하게 생각한다.)

성도 : (완전히 퇴장한 안토니우스를 확인하고)
감히 헤롯 대왕과 헤로디아를 꾸짖는 당신은 누구요?
당신은 우리가 기다리던 그리스도요? 아니면 엘리야요?

요한 : 난 그리스도도 아니고 엘리야도 아니다. 빈 들에서 외치는 자일 뿐.
너희는 주의 길을 예비하고 그의 다니실 길을 곧게 하라.
모든 골짜기가 메워지고 모든 산과 언덕이 평평해지고

굽은 것이 곧아지고 험한 길이 평탄해지리니
모든 사람이 하나님의 구원을 보게 되리라.

(하면서 뒤돌아서는데 그곳엔 클라디우스가 버티고 서있다.)

요한 : (놀라며) 클라디우스,

(그러자 클라디우스가 다가온다.)

클라디우스 : 결국 이렇게 되었군. 자네가 바란 대로….
요한, 난 그동안 로마에 있으면서 자네의 소식을 모두 듣고 있었네.

요한 : 그럴 테지. 로마인들은 날 가만두지 않아.
늘 감시하고 있다는 것도 잘 알고 있지.

클라디우스 : 그리고 그 내용이 모두 로마에까지 보고되고 있어.
자네가 한 마디 한 마디 내뱉고 있는 말들이
로마의 티베리우스 황제에게 보고되고 있단 말일세.
요한, 자넨 나의 친구이고 난 자네의 친구야.
하지만 요한, 난 자네를 위해 간절히 부탁하네.
더는 로마의 귀에 거슬리는 소리는 말아주게.
어려서부터 함께 자란 친구로서 자네를 위해 충고해 주는 걸세.

(이때 살로메가 한쪽으로 들어와 조용히 듣는다.)

요한 : 클라디우스, 그래, 자네 말대로 자넨 나의 좋은 친구야.
로마인이기에 앞서 나를 사랑하는 훌륭한 친구.
하지만 난 로마의 정치에 관여하거나
관리들의 사생활에 관여하려는 게 아닐세.
난 단지 모세의 율법에 어긋나는 행동을 하면
하나님의 심판이 임하게 된다는 것을 이야기하는 것뿐.
지금 이 땅엔 위에서부터 아래에 이르기까지
무질서와 부도덕이 판을 치고 있단 말일세.

여인의 품에 파묻혀 정신이 나간 헤롯 안티바와 자기의 남편을
두고도 분봉 왕의 아내가 되고 싶어서 달려온 헤로디아.
그들은 모두 간부야. 독사의 자식들이지.
모세의 율법을 어긴 자가 다스리고 있는 이 땅이
어찌 구원받을 수 있겠나.

(살로메가 뒤에서 듣고 있다가 소스라치게 놀란다.)

클라디우스! 이 땅은 얼마 안 있어 소돔과 고모라처럼
하나님의 심판을 받아 불바다가 되고 말걸세.

클라디우스 : 이봐, 요한.

요한 : 클라디우스, 내가 자네를 알게 된 건 모두 하나님의 예정일세.
나의 말을 들을 수 있는 로마인 중에 가장 출세한 사람이
바로 자네가 아닌가.
클라디우스, 나의 말을 안티바와 헤로디아에게 전해주게.
권력 있는 자들이 도덕을 잃으면 권력자로서
아무런 의미가 없는 거라고 말이야.
이제 자주 보게 되겠구만, 클라디우스.

(이 말을 마치고 퇴장하려 한다.
이때 살로메가 다가온다.)

살로메 : 멈춰라!

(클라디우스는 살로메를 보고 당황하고 세례요한은 천천히 본다.)

살로메 : 이 촌구석에서 이상한 헛소문을 퍼뜨리는 넌 누구냐?

요한 : 난 소문을 퍼뜨리는 사람이 아니다.
오직 주의 길을 평탄하게 예비하는 자다.

살로메 : 남을 모함하는 것이 주의 길을 예비하는 수단이란 말이냐?

요한 : 난 이제까지 한 번도 남을 모함해 본 적이 없다.
　　　소돔과 고모라처럼 타락의 도시로 변해가는 이 땅에
　　　하나님의 말씀에 따라 회개하라고 외친 것뿐.

살로메 : 당신이 이 나라의 왕과 왕비에 대해 모함하는 소릴
　　　　내 귀로 모두 들었는데도 거짓말을 하느냐?

요한 : 모함이란 없는 소릴 만들어서 떠드는 것이지만,
　　　헤롯과 헤로디아를 향해 던진 나의 말 중엔 하나도 보탬이 없다.
　　　무릇, 나라의 통치자가 바로 서야 하거늘
　　　헤롯과 헤로디아는 통치자로서의 도덕성을 상실한
　　　탐욕의 벌레에 지나지 않는다.
　　　밤마다 환락 속에서 타락의 시간을 보내는 헤롯과
　　　흐느적거리는 밤의 주인공이 되고 싶어
　　　로마에서 여기까지 달려온 헤로디아는
　　　제일 먼저 회개해야 할 죄인 중에 죄인
　　　만약 회개치 아니하면 영원히 구원받을 수 없는 지옥으로
　　　떨어지리라.

살로메 : 왕과 왕비는 누구의 충고도 들을 수 없어.
　　　　그것이 로마의 법이고 로마의 통치 아래에 있는 백성이 따라야
　　　　하거늘. 하물며 들짐승에 불과한 네가 떠드느냐?

요한 : 하나님의 법이 로마의 법 아래에 있느냐?
　　　하나님의 법은 이 세상의 어느 법보다 높다는 걸 알아라.

살로메 : 백성은 통치자를 존경해야 해.

요한 : 하지만 이 땅의 모든 인간은 하나님을 공경해야 한다.

클라디우스 : 요한, 진정하게!

요한 : 하나님의 법을 두려워할 줄 모르는 백성은 축복받은 이 땅을 밟을

　　　　　자격조차 없다. 너의 더러운 신발을 벗어라.
　　　　　새로운 살 냄새를 풍기는 너의 몸뚱어리를 씻어라.

살로메 : 내게 그런 식으로 말하지 마!

요한 : 이 땅에 새로운 탐욕과 죄악을 몰고 온 너의 그 눈동자는
　　　영원히 꺼지지 않는 불구덩이에 던지우게 되리라.

살로메 : 내게 명령하지 마!

요한 : 화가 있을진저…. 너는 탐욕 덩어리 헤로디아의 더러운 피를 그대로
　　　이어받은 딸 살로메구나!

살로메 : (깜짝 놀라며) 아니, 어떻게 그걸 ?

요한 : 바빌론의 딸아, 썩, 내 앞에서 모습을 감춰라.
　　　눈시울에 금분을 칠한 금색 눈으로 날 쳐다보지 말아라.
　　　꽃향기를 뿌리며 달빛을 흐리게 하는 그대의 요염한 태도는
　　　뭇 남성을 죄악의 구렁에서 헤매게 할 것이니. 명심하라.
　　　회개하는 자만이 영생의 길로 인도될 것이로다.
　　　독사의 자식아. 네 어미에게 일러라.
　　　회개치 아니하면 심판의 도끼날에 찍히우게 되리라고 말이다.

　　　(요한이 퇴장한다.)

클라디우스 : (요한이 나간 쪽을 향해) 요한! 요한!

　　　　　(그러다가 다시 살로메에게) 왜 하필이면 이럴 때 나타났소?
　　　　　갈릴리에 오자마자 이런 일이 생기다니….

살로메 : (요한이 퇴장한쪽을 보며)
　　　　클라디우스, 난 갈릴리에 온 것을 제우스 신께 감사드려요.
　　　　인간 중에 진실한 인간의 만남을.

클라디우스 : (정작 알아채지 못하며) 살로메!

살로메 : 수없이 지껄여도 정작 해야 할 말은 못하고 들어야 할 말은
 듣지 못하는 사람들.
 자기의 몸만 사리며 윗사람 눈치 보기에 바쁘거나
 자신이 하는 짓은 모두가 옳은 짓인 줄 알고 천방지축 날뛰는
 인간들이 로마에 얼마나 많아요?
 그런데 감히 저런 이야기 할 수 있는 사람은 로마엔 없어요.
 이 땅의 분봉 왕을 향해 간부라고 질타하는 용기.
 나의 어머니, 헤로디아를 향해 독사의 자식이라고
 거침없이 이야기할 수 있는 그 담대함.
 클라디우스! 그 용기와 담대함은 과연 어디서 나온 걸까요?

클라디우스 : 하나님을 믿기 때문이요.
 그에겐 하나님이 있으므로 그런 말을 할 수 있는 거요.

살로메 : (그제야 클라디우스를 보며) 하나님이라고요?

클라디우스 : 그렇소!

살로메 : 그렇지 않아요! 하나님을 믿기 때문이 아니라
 저 사람의 인품에서 나오는 외침이에요.

클라디우스 : 인품이라고? 그래, 그 친구는 인품도 있소.
 하지만 내 말도 틀리진 않을 거요.

살로메 : 이봐요, 지금 그 사람은 뭘 하는 사람이죠?

클라디우스 : 봤잖소. 지금 본 그대로가 전부요.

살로메 : 이름은 뭐예요?

클라디우스 : 살로메, 당신은 관심 가질 필요 없소. 갑시다.

살로메 : (신경질적으로) 이름이 뭐냐고 묻잖아요!

클라디우스 : ….
        요한이요. 이곳 사람은 그를 세례요한이라 부르지. 이젠 됐소?
        어서 갑시다. 당신 어머니가 계신 곳이 얼마 남지 않았소.

살로메 : (혼자 넋이 나간 듯) 요한… 세례요한….
        갈릴리에 오자마자 처음 만난 사람이 당신이란 것이
        무척 행운이라는 생각이 드는군요.
        뜨거운 정열로 가득 차 있고 이마와 가슴에 흘러내리는 땀방울은
        당신의 울분을 그대로 보여주는 것 같아.
        잃어버린 새끼를 찾아 울부짖는 사자의 울음처럼 거침없이
        속에 있는 말을 끄집어내 상대방에게 쏟아붓는 그 열렬함.
        기상 높고 담대하고 늠름함은 어디에서고 찾아볼 수 없었던 모습.
        요한, 당신의 입에서 나오는 그 말에 분노하고 피가 끓어야 하는
        내가 왜 이렇게 감동하고 있는지 모르겠어요.
        한마디도 듣기 좋은 말이 없는데…
        왜 내가 이렇게 황홀해지는지….
        지금 이 순간… 요한! 그대의 퀭한 눈이 떠오른다.
        그대의 밤송이 같은 머리를 쓰다듬고 싶구나.
        아니야. 상앗빛 고른 치아를 가진 그 입에 입 맞추고 싶다.
        요한….

        (음악과 함께 조명 서서히 어두워지고
        조명 밝아지면 헤롯이 피곤한 듯 기대어 앉아있다.
        이때 헤로디아와 안토니우스가 빠른 걸음으로 등장한다.)

헤로디아 : 안토니우스, 폐하 앞에서 네 입으로 직접 말해보렴.
        네가 보고 들은 그대로를. 한 마디라도 보태거나 빼면 네 목을
        그냥 두지 않을 거야. 어서 말해.

헤롯 : (귀찮은 듯) 이봐, 헤로디아. 들을 필요 없어, 나도 모두 알고 있는 얘기야.

헤로디아 : 헤롯, 그렇게 하늘 무서운 줄 모르고 주절거리는 미치광이를
왜 내버려 두시는 겁니까? 당신과 절 보고 뭐라고 하는 줄 아십니까?
그 미치광이 요한이 사람들을 모아놓고 우리더러 간부라고 했다고요.
오, 기가 막혀. 소돔과 고모라 시대가 다시 온다고?
이봐, 안토니우스!

안토니우스 : 예?

헤로디아 : 뭘 하고 있는 거야? 어서 얘기하지 못해?
한 마디라도 빼놓고 얘기하면 내 손으로 죽여버리고 말테다.
어서 말해!

안토니우스 : 예, 말해드리겠습니다.
전 지금 요단 강 가에서 수많은 사람을 모아놓고 설교하는
요한의 이야기를 듣고 왔습니다.
얼굴은 마치 이십 년간 씻지 않은 것처럼,
봉두난발을 한 채 사람들에게 떠드는데 모습만 봐도
마치 병에 걸린 돼지와도 같았을 뿐만 아니라….

헤로디아 : 내용을 얘기하랬잖아! 내용을!

안토니우스 : 예, 그 미친 친구가 떠든 내용을 말씀드리자면
헤롯 왕께선 요사스런 여인의 품에 파묻혀서
도덕이고 계명이고 내 팽개치고 정신을 못 차리고 있는데
그 요사스런 여인이란 바로 헤로디아 왕비를 가르키는 것입니다.
헤로디아 왕비는 권력에 눈이 어두워 남편을 버리고 헤롯 대왕을
따라 로마에서 이곳까지 기어온 간부라고 떠들어 대는 걸.
저의 이 뚫린 귀로 분명히 들었습니다.

헤로디아 : 들으셨죠? 도대체 그 미치광이가 뭔데 우리를 이토록 비난하는
겁니까? 헤롯께서는 그런 얘기를 듣고서도 어떻게 참으실 수가
있습니까? 헤롯, 당신의 가문은 인내심으로 휘장을 하셨군요.

그렇지만 그것이 앞으로 어떤 일을 저지를지도 모른다고요.

헤롯 : 이봐, 헤로디아. 요한은 누구보다도 내가 더 잘 알아.
하지만 요한은 말하는 것처럼 미치광이도 아냐.
놀랍게도 그가 얘기한 건 모두 틀림없는 사실이잖아.
그리고 군중들이 모여들고 있는 건 꿀벌들이 꽃향기를 맡고
달려드는 것과 같지.

헤로디아 : 헤롯, 도대체 그게 무슨 말씀이에요?
당신이 그 미치광이의 편을 들다니, 이럴 수가 있어요?
사실이라뇨? 그럼 헤롯, 도덕성이고 뭐고 모두 내팽개쳤다는게
사실이란 말이어요? 내가 헤롯 당신과 결혼한 것이 권력에 눈이
어두워서 사랑도 없는 결혼을 했단 말이군요.
천하에 용감한 당신이 요사스러운 여인과 결혼했단 말이어요?

헤롯 : (고개를 흔들며) 그만, 그만, 제발 좀 그만해!
왜 하나만 알고 둘은 모르는 거야.

헤로디아 : 모르다뇨? 제가 뭘 모른다는 거예요?

헤롯 : 헤로디아, 그 요한이 설교하는 자리에 얼마나 많은 사람이 있었던 줄
알아?
(안토니우스에게) 이봐!

안토니우스 : 예.

헤롯 : 요한이 설교하는 그 자리에 모여든 사람이 얼마나 되더냐?

안토니우스 : 요한이 한 곳에서만 설교한 것이 아니었습니다.
첨엔 요단 강 저쪽에서 설교하더니.
오후가 돼서는 아래쪽으로 옮겨서 설교했는데
가는 곳마다 사람들이 벌떼처럼 모여들었습니다.
제가 미처 세어보진 않았지만….

헤롯 : 됐어, 가봐.

(안토니우스가 퇴장한다.)

바로 그거야, 헤로디아.
내가 만약에 요한을 지금 잡아들이면
한동안 요한을 따르던 자들이 가만히 있을 것 같아?
그땐 반란이 일어나는 거야. 알아? 반란!
그러잖아도 날 불신하는 사람들이 많은데
요한까지 잡아 그의 목을 치면 소요가 안 일어날 것 같아?
내가 염려하는 건 바로 그거야, 알겠어?
그리고 난 솔직히 요한이 두려워. 그는 보통 사람이 아니야!
우리같이 왕족의 피를 이어받은 것이 아니라
신성한 신으로부터 능력을 받은 그런 인간이라고.

헤로디아 : 그렇다고 그 미치광이를 내버려 두시겠다는 건 아니겠죠?
밤에 잠이 와요? 당신을 원망하고 저주하고 독설을 퍼붓는
미치광이가 있는데도?
난 잠을 이룰 수가 없어요. 헤롯, 난… 그놈이 살아있는 한,
밥을 먹을 수도 없고 잠을 잘 수도 없다고요.
헤롯, 제발 부탁이에요. 요한의 입을 다물게 해 주세요, 제발….

(헤로디아가 눈물로 호소한다. 그러다가 벌떡 일어나서)
좋아요, 헤롯. 당신이 못하면 내가 가서 잡아 오겠어요.
그래서 그 미치광이의 입에다 진흙을 한주먹 쳐 넣어버리겠어요.
아니면 시지프스의 바위를 그에게 안겨주겠어요.

(하면서 나가려 할 때 살로메와 클라디우스가 등장한다.
서로 마주친)

오! 살로메, 귀여운 내 딸.

(다가가 끌어안으며)

살로메, 정말 보고 싶었단다.
내가 널 얼마나 보고 싶었는 줄 아니?
이 엄마가 얼마나 곤경에 처해 있는 줄 알아?
살로메, 난 지금이라도 속이 터져 죽어버릴 것만 같단다.
오, 살로메.

헤롯 : (살로메에게 다가가며) 아름다운 딸! 네가 살로메구나.

살로메 : (물끄러미 헤롯을 쳐다본다.)

헤롯 : (황홀한 듯 살로메의 얼굴에 손을 갖다 대며)
이제까지 이렇게 보드라운 피부를 만져 본 적이 없어.
눈이 부시도록 아름답구나!
널 안아 본 남자가 이 세상에서 가장 행복한 자일 거야. 그렇지?

살로메 : 날 쳐다보는 눈동자가 다른 남자와 다를 게 없군요.

헤롯 : 오, 살로메. 너무너무 아름다워서 그랬어!
살로메가 나의 궁전 안에 들어오는 그 순간부터
갈릴리에 떠 있는 태양이 무색해지는 것 같았지.
아냐, 이런 표현도 부족할 정도야. 역시 아름다워!

　　(살로메의 몸매를 음미하듯 쳐다본다.
　　이때 클라디우스가 끼어들며)

클라디우스 : 헤롯 왕이시여, 로마 장교 클라디우스, 헤롯 왕을 돕기 위해
명령을 받고 살로메 공주와 함께 로마에서 지금 막 도착했습니다.

헤롯 : 수고했네, 클라디우스.
고마워, 지금 난 한 사람이라도 내 편이 필요했던 차야.
난 지금 이러지도 못하고 저러지도 못하고 있는 마당이야.
도대체 어찌해야 좋을지 모르겠네.

클라디우스 : 무슨 일이십니까?

헤롯 : 이곳에 독사 같은 이빨로 독을 내뿜으며 나를 공격하는 놈이 있어.

클라디우스 : 그럼 체포해서 처형하면 간단하지 않습니까?

헤롯 : 안돼! 그자는 유대인들에게 추앙받는 선지자이며, 솔직히 말해서
그자의 한 마디 한 마디가 거짓이 없는 진실한 것이기에 고민이지.
사실 나도 그자를 두려워하거든.

클라디우스 : 도대체 누구기에 헤롯 왕께서 두려워하십니까?

헤롯 : 그건 자네 친구 요한일세.
사실 그대를 이번에 부른 것도 자네와 요한이 가깝기 때문이지.
그러니 자네가 요한을 만나 더 이상 쓸데없는 소릴 지껄이지 말라
고 부탁하게.

(헤로디아와 살로메는 조명에서 사라진다.)

클라디우스 : 사실 이곳으로 오는 길에 요단 강에서 설교하는 요한을
이미 만났습니다.

헤롯 : 그래, 얘기는 해 봤나?
자네 말을 듣던가?

클라디우스 : 요한은 반간을 꿈꾸는 자가 아닙니다.
민족주의자도 아니고 정치에 욕심이 있는 자도 아닙니다.
그는 다만 신앙의 양심에 따라 이 땅에 도덕성을 회복하자고
외치는 자일 뿐입니다.
왕께서도 잘 아시겠지만, 신앙으로 무장된 자들은
그 어떤 무기로도 무찌를 수가 없습니다.
요한은 누구보다도 제가 잘 압니다.
지금 요한의 행동에 대해선 저의 충고를 듣지 않으려 할 것입니다.

헤롯 : 그럼 이를 어쩜 좋단 말인가?

클라디우스, 그렇다고 무조건 내버려 둘 수도 없는 노릇이
아닌가? 계속해서 수많은 사람을 모아놓고
나와 헤로디아를 비방한다면 난 이제 어떻게 되겠는가?
그렇다면 난 헤로디아의 요구대로 해 줄 수밖에 없어.

클라디우스 : 헤롯 왕이시여!
절대로 요한을 잡아들인다고 문제가 해결되는 것은 아닙니다.
이제까지 요한의 설교를 들은 사람이 한둘이 아닌데,
요한의 입을 다물게 한다고 민심이 가라앉겠습니까?
요한을 잡아들이는 것이 최선책이 될 순 없습니다.

헤롯 : 요한이 자네 친구라고 변호하는 건가?

클라디우스 : 전, 지금 요한과 헤롯 왕 모두를 위해서 말씀드리는 것입니다.

헤롯 : 아, 복잡해! 복잡해 미치겠어.
차라리 누가 나 대신 요한을 멀리 데려가 버렸으면 좋겠어.
내 눈에 안 보이는 먼 곳으로 말이야.

(조명 꺼지면 반대쪽 조명이 밝아진다.
그곳엔 헤로디아와 살로메가 있다.)

살로메 : 어머니, 저도 요한이 요단 강에서 설교할 때
많은 사람이 모여드는 것을 보았어요.
그리고 그의 설교도 들었죠.

헤로디아 : 그래, 그걸 들었구나.
그 미치광이가 날이면 날마다 그렇게 소릴 질러대고 있으니,
이 어미가 어찌 맘 편할 날이 있겠니?
이곳엔 그런 미치광이가 많아. 어찌 감히 왕과 왕비를 공공연하게
비난하고 멸시한단 말이냐.
그놈부터 잡아서 입을 틀어막아야 해. 죽여야 한다고.

살로메 : 어머니, 요한을 잡아들이겠다는 생각은 버리세요.

헤로디아 : 아니! 살로메, 너 그게 대체 무슨 소리야?

살로메 : 세례 요한의 이야기는 단순한 비난이 아니었어요.
통치자라면 통치자다운 도덕성을 가지란 것은 당연한 게 아녜요?
오히려 그런 얘기를 하지 못하는 인간들이 지저분한 인간들이고
그런 얘기를 듣지 못하는 사람이 잘못된 게 아녜요?
어머니가 여기에 오신 것부터가 단추를 잘못 끼운 거예요.
어머닌 이곳에 오셔야 할 분이 아니에요.
아버지가 분명히 로마에 계셨고 어머닌, 아버지의 아내셨어요.
그리고 안티바는 아내가 있는 사람이었다고요.

헤로디아 : 안티바는 내 남편이야.

살로메 : 큰아버지가 나의 아버지가 될 수 있나요?
그것이 이 나라의 전통이고 관례인가요?

헤로디아 : 살로메, 네가 이럴 수가….

살로메 : 어머니, 로마로 도로 돌아가세요.
어머니가 불러서 제가 온 거라고 생각 마세요.
전 어머니를 모시러 온 거예요.

헤로디아 : 그만두지 못하겠니? 내 나라는 여기야.

살로메 : 어머닌 변했어요. 저를 그네에 태우고 밀어주시던
그 어머니의 눈이 아니라, 이젠 헛된 욕망에 불타고 권력과 사랑의
탐욕에 눈이 먼 어머니의 모습이라고요.
어머니를 비난하는 사람을 죽이지 못해 분노와 격분에 불타오르
는 저주의 눈빛. 어머닌 그걸 못 느끼세요?

헤로디아 : 살로메!

그래, 네 말이 맞다. 난 지금 분노를 삭이지 못해 밤마다 헐떡거리며
잠 못 자는 탐욕 덩어리가 되어 버렸다.
하지만 내가 오늘 이 순간까지 얼마나 참고 버텨온 줄 알아?
널 로마에 놔두고 떠나면 이곳까지 난 이를 악물고 찾아온 사람이야.
분봉 왕의 아내가 되고 싶어서, 영주의 아내가 되고 싶어서,
가정도 내팽개치고 여기까지 달려온 내가
그 벌레 같은 유대인들의 손가락질에 주저앉아 버릴 수 있겠니?
살아남기 위해서 몸부림치고 발버둥 치다가 보니까
이렇게 분노의 화신이 되고 저주의 눈빛으로 변해버렸다.

살로메 : 어쨌든, 요한은 안돼요.

헤로디아 : 너, 왜 그래?

살로메 : 요한은 보통 유대인이 아녜요. 아니, 보통 남자가 아녜요.
어머니도 요한을 직접 보시면 제가 왜 그러는지 아실 거예요.
이마 위로 내려온 검은 머리카락, 붉은 두 눈 속 뜨거운 불길,
그리고 상아 같은 이 사이에서 나오는 그 목소리….

헤로디아 : 살로메, 너, 그 미치광이를 사랑하고 있구나.
이 어미의 철천지원수를 사랑하고 있어.

살로메 : 어머니, 어머니가 모든 욕심을 버리고 로마로 돌아가시면
모든 문제는 해결되는 거예요.
그럼 더 이상 요한은 어머니를 비난하지도 않고
어머닌 더 이상 분노의 밤을 지새우지 않아도 된다고요.
어머니가 여기 계시는 한 요한은 그 외침을 중단하지 않을 거예요.
요한을 분노케 말아요. 그래서 절대로 좋아질게 없다고요.

(이때 어느샌가 헤롯이 등장해 이 모든 것을 지켜보고 있다.)

헤롯 : 살로메.

(헤로디아와 살로메 고개를 숙인다.)

아름다운 얼굴, 아름다운 목소리.
하지만 무척이나 위험한 생각을 하고 있어.
요한에 관한 문제는 이곳 갈릴리의 문제지,
네가 상관할 일이 못 된다.
너처럼 아름다운 여자가 신경 쓸 인물이 못 된다고⋯.
내 말 알아듣겠니? 살로메?

살로메 : 하지만 요한은⋯.

헤롯 : 살로메, 더 이상 너의 입에서 요한이란 이름이 나오지 않는 게 좋겠다.
살로메! 여러 가지 일로 지쳐있는 날 위로해 주지 않겠니?
난 너의 위로만 있으면 돼.
(가까이 가려 할 때)

헤로디아 : (은근히 치미는 듯) 헤롯!

헤롯 : 살로메는 당신 딸이지만 이젠 내 딸도 되지 않소?

(이때 클라디우스가 등장하여)

클라디우스 : 티베리우스 황제는 헤롯께서 통치에 여념이 없는 줄 알고
계신데, 꼭 그런 것만은 아닌가 보군요.

(헤롯과 헤로디아 깜짝 놀란다.)

역시 살로메에겐 향기가 있구려, 왕까지도 그 냄새를 아니 말이오.

헤롯 : 말이 지나치구먼, 클라디우스!

클라디우스 : 제가 티베리우스 황제께 다시 돌아갈 날이 있다는 걸
모르십니까?

(그러자 헤롯은 할 말이 없는 듯 흠흠 거리다가 헤로디아와 함께
퇴장한다. 무대에 살로메와 클라디우스만 남아 있다.

살로메가 클라디우스를 한동안 노려보다 획 돌아서서 나가려 한다.)

클라디우스 : 살로메.

살로메 : …. (그냥 지나치려 한다.)

클라디우스 : 살로메!

살로메 : 왜 내게 거짓말을 했죠?
어머니가 곧 돌아가실 것처럼 말했으면서 그렇지 않잖아요.
당신은 늘 그런 식인가요?
당신의 목적을 위해서라면 거짓말도 서슴없이 해대고….
도대체 날 이곳으로 끌고 와서 뭘 보여주려고 그런거예요?
밤마다 살 냄새 나는 향연으로 눈에 초점을 잃은 안티바와
소유욕에 흐느적거리는 어머니의 꺼지지 않는 불구덩이 속에서
도대체 뭘 보라고 날 데려온 거냐고요.
증오스러운 인간. 그러고서도 날 갖고 싶어 하는 저 지지멸렬한
눈동자. 그런 식으로 날 쳐다보지 마라! 이 더러운 인간아!

클라디우스 : 맞았어! 살로메. 난 당신을 갖고 싶소.
당신이 춤추는 그 모습을 처음 본 순간,
난 당신을 내 여자로 만들고야 말겠다는 생각으로 가득 차 버렸소.
당신이 그렇게 냉정하면 할수록 내 맘속엔 그런 생각들이
더욱 집요하고 구체적으로 다가온단 말이야.
차라리 당신의 춤추는 모습을 보지 않았다면
이렇게까지 사랑을 구걸하지 않았겠지.
하지만 당신의 춤은 나를 사로잡아 버렸어.
살로메, 당신을 놓치고 싶지 않았소.
그래서 더욱더 당신과 함께 이곳에 오길 원했던 거요.
절대로 당신을 바보로 만들려고 거짓말을 한 것이 아니라
당신을 놓치지 않으려고 했던 거요.

살로메 : 내 춤을 보고 자기를 사로잡았다고 하는 얼빠진 남자가
당신뿐인 줄 알아요?
그리고 그 남자들한테 눈길을 주었다면
당신 같은 인간은 아직 차례도 오지 않았을 거예요.
그따위 얘기로 내 앞을 가로막지 마세요. 난 이제까지 누구의
소유도 되지 않았고 그렇게 되지도 않을 거예요.
날 가지려거든 그런 식으론 안돼!

클라디우스 : 언제나 자신만만한 그 말투!
하지만 반드시 고분고분해질 날이 올 거야.

살로메 : 당신 정도로는 안 돼!

클라디우스 : 그럼 헤롯 왕 앞에선 그 콧대가 꺾여지겠소?
당신을 쳐다보는 헤롯 왕의 눈초리도 심상치 않던데….

살로메 : 한 번도 마주 대하지 못한 요한조차 두려워하는 헤롯과
비교하다니… 겨우 그 정도 갖고 날 유혹해?

클라디우스 : …그래…. 당신의 마음속엔 요한이 들어있군.
로마의 수많은 남자로도 만족지 못한 살로메가 기껏 요한을….

살로메 : 당신과 요한은 차원이 달라. 그걸 알기나 해?

클라디우스 : 요단 강에서 당신이 요한을 만났을 때부터 심상치 않았어!
그 어미에 그 딸….

살로메 : 뭐라고?

클라디우스 : 역시 요한이 문제의 핵심이군. 문제는 요한이야.

　　　　　(돌아서서 나가려 할 때)

살로메 : 어딜 가?

클라디우스 : 문제를 해결하러! (퇴장하려 한다.)

살로메 : (등 뒤에다) 요한에게 가지마!

　　　　(클라디우스가 멈춰선다.)

　　　　요한을 불러들이면 그땐 용서하지 않아.

　　　　(클라디우스 돌아선다.)

　　　　다 알고 있어!

　　　　(살로메가 퇴장한다. 혼자 우두커니 서 있는 클라디우스.
　　　　이때 헤롯이 등장)

헤롯 : 맞아, 자네가 맞은 거야. 살로메는 요한을 사랑하고 있어.
　　　요한을 생각하며 이야기하는 그 눈빛.
　　　그래, 살로메는 요한을 사랑하는 거야.
　　　내 말이 맞지? 클라디우스.
　　　하지만 사랑은 싸움에서 이기는 자만이 차지할 수 있는 것.
　　　사랑에 이겨보지 못한 남자는 전쟁에서도 이길 수 없는 거야.
　　　이길 수 있는 싸움에선 이겨야지, 안 그런가?

클라디우스 : 헤롯 왕이시여! 그렇지 않습니다.
　　　　살로메는 나의 마음을 흥분케 하는 여자가 틀림없지만 그건
　　　　살로메를 바라본 모든 남자가 갖는 그런 감정과 다를 바 없습니다.
　　　　별것 아니죠. 하지만 헤롯 왕이야말로 살로메를 진정 사랑하시는 것
　　　　아닙니까? 진실한 왕께서 진실한 사랑의 감정을….

헤롯 : (감격해서) 클라디우스, 정말 그렇게 생각하나?

클라디우스 : 헤롯 왕께선 싸울 필요조차 없는 것 아닙니까?
　　　　요한만 문제가 되지 않는다면….

헤롯 : 클라디우스, 그럼 자네가 요한을 맡아주겠나? 자네가 날 도와주게.

클라디우스 : 요한은 친구입니다.
저에게 어려운 결단을 떠넘기지 말아주십시오.

헤롯 : 그러니까 부탁을 하는 게 아닌가?
이건 자네에게 문제를 떠넘기려는 게 아닐세.
헤로디아는 지금 갈 데까지 가 있어.
이제 곧 있으면 나에게 부탁하지 않고
자기 임의대로 요한을 잡아들여서 처형시킬지도 몰라.
요한을 자네가 데리고 가 있게. 어때?

(헤롯이 퇴장하고 클라디우스가 배시시 웃으며)

클라디우스 : 헤롯 왕도 별것 아니군.

(조명이 꺼진다.)

(무대가 밝아지고 세례를 베풀고 있는 요한)

요한 : 여러분이 진심으로 하나님께 회개한다면 이제 그 증거를 보여 주어야
하오. 그것은 바로 물로 세례를 받는 것이오.
세례를 받아야 비로소 여러분의 몸과 마음을 정결함을
입게 될 것이며 천국의 때가 다가온 그 날,
여러분은 하나님께 선택받게 될 것이오.

(요한의 앞에서 고개 숙인 사람들에게 세례를 주고 있는 요한
마임으로 이루어진다.)

난 여러분에게 회개하게 하려고 물로 세례를 주지만
내 뒤에 오시는 이는 나보다 능력이 더 많은 분이라
나는 그의 신을 벗겨드릴 자격도 없소.
그는 성령과 불로 여러분에게 세례를 베풀게 될 것이오.

손에 키를 들고 타작 마당의 곡식을 깨끗이 가려 알곡은 모아
곳간에 들이고 쭉정이는 꺼지지 않는 불에 태우실 것이오.

(이때 로마 병사들과 함께 나타나는 클라디우스)

클라디우스 : 요한,

(하지만 요한은 계속해서 세례를 베푼다.)

난 자네를 믿어왔어.
내가 로마에 있을 때 자네를 둘러싼 끝없는 질타와 비난의 소리
를 들었지만 자네는 분명히 그따위 소리에 굴복하지 않으리란 걸
말이야. 내가 그렇게 자네를 믿을 수 있었던 것은 지난날 자네가
나에게 보여 주었던 그 순수한 열정 덕분이지.
진정으로 하나님의 나라를 사모하고 점점 타락하는 이 세상을
걱정하며 진심으로 회개하고 도덕을 회복하는 길만이 구원을
얻게 되리라고 이야기해왔던 자네의 생각은 나도 동감일세.
하지만 지금의 자네가 하는 방식은 옳지 않아.
허가도 없이 사람을 끌어모으는 것도 불법이고
혐오스러운 복장으로 사람들 앞에 서는 것도 마찬가지야.
지금 내 말 듣고 있는 건가?
자네가 날 생각한다면 이렇게 사람들을 끌어모으고
헤롯과 헤로디아에게 향한 비난도 좀 그만해야 할게 아닌가.
다른 사람을 위해서가 아니라 날 위해서 말이야.
자네는 왜 그렇게 못 해주는 건가? 왜? 왜?

요한 : 클라디우스, 헤롯과 헤로디아는 간부야.
바빌론의 자식들! 독사의 자식들이라고!
권력 있는 그들이라고 해서 회개하지 않고 천국에 가는 길이 없네.
그건 자네도 마찬가지야. 간부의 녹을 먹고 사는 불쌍한 클라디우스,
진정으로 자네를 위해서 하는 얘길세.
자네도 회개하고 세례를 받게나.

클라디우스 : 요한, 정말 이럴 건가?

요한 : 클라디우스, 심판의 때가 가까이 왔네.
　　　모두가 회개하지 아니하면 이 땅은 소돔과 고모라가 될 거야.
　　　그런데 내가 어찌 입을 다물고 가만히 있어야겠나.

클라디우스 : (괴로운 듯) 요한….

(하지만 요한은 계속해서 세례를 베푸는 마임을 한다.)

날 원망하지 말게.

(클라디우스는 할 수 없다는 듯이 밖을 향해)

이 자를 잡아 가둬라!

(그러자 장엄한 음악과 함께 무대는 어두워진다.
다시 밝아지며)

헤롯 : (씩씩거리며 등장) 아니, 누가 요한을 잡아들이라고 했어?
　　　요한을 잡아들이면 어떤 일이 생기는 줄 몰라?

클라디우스 : (뒤쫓아 들어오며) 왕께서 그러셨잖습니까?
　　　저보고 책임져 달라고요.
　　　그 애긴 요한을 잡아들이라는 얘기가 아니었습니까?

헤롯 : 그렇다고 바로 잡아들이면 어떡해?
　　　자네가 언제부터 내 말을 그렇게 잘 들었나?

클라디우스 : 도대체 무슨 얘긴지 모르겠습니다.
　　　잡아들이지 말라는 얘깁니까?
　　　잡긴 잡되 조금 여유를 주다 잡아들이라는 얘깁니까?

헤롯 : 아, 나도 몰라. 나도 몰라. 이건 내 책임이 아니라고.

클라디우스 : 이제 와서 발뺌하시면 어떡합니까?
그러니까 저에게 떠넘기지 말라고 하셨잖습니까?

(이때 헤로디아가 즐거운 듯 비명을 지르며 등장한다.)

헤로디아 : 오, 헤롯. 드디어 저의 소원을 들어주셨군요.
요한을 잡아들이셨다니 말이에요.
썩은 이가 빠져 버린 것처럼 너무너무 시원하고 통쾌해 죽겠어요.
이제야 사는 맛이 난다니까요.

헤롯 : (괴로운 듯) 이봐, 헤로디아 제발 이러지 마. 이건 사건이야. 사건!
이봐, 클라디우스. 사람을 시켜서 어서 빨리 밖의 민심을 살피도록 하고 요한이 있는 감옥엔 절대로 접근하지 못 하게 해.
내 허락 없인 아무도 말이야. 어서!

(헤롯이 씩씩거리며 퇴장하면 헤로디아도 그 뒤를 이어 기분 좋은 표정을 지으며 따라 나간다. 그 장면을 지켜보던 클라디우스는 입에 미소를 머금으며 몸을 돌리는데 반대쪽에서 살로메가 놀란 듯 뛰어나온다.)

살로메 : 지금 어딨어요? 요한을 어디에 가두었느냐고요!
가증스러운 인간!

(이때 무대 뒤에서 들리는 요한의 외침 "회개하라 천국이 가까이 왔노라")

살로메 : (요한의 소리가 나는 쪽을 한번 보고 다시 클라디우스에게)
요한과 당신은 어릴 적부터 친구라고 하지 않았어요?
그런데 저렇게 친구를 가둬 둘 수가 있는 거예요?

클라디우스 : 살로메….

살로메 : 누가 시킨 거예요? 우리 어머니예요? 아니면 헤롯이에요?

클라디우스 : 살로메, 내 얘기를 들어 보시오.
그건 어디까지나 요한을 위해서 그런 거요. 내 말을 믿으시오.

살로메 : 뭐라고?

클라디우스 : 언젠가는 당신의 어머니가 요한을 잡아들이고 말 거요.
그렇게 되면 요한의 목이 떨어지는 건 시간 문제요.
하지만 이곳에 잠시 있다가 어느 정도 시간이 지나면
요한을 멀리 보내는 것이 낫지 않겠소?

살로메 : 뻔뻔스런 인간.
당신이 헤롯과 짜고 요한을 잡아들인 걸 모두 알고 왔어.
그런데 이렇게 구구한 변명만 늘어놓는 비열한 인간.

(그렇게 노려보다가 휙 돌아서 나가려 하자)

클라디우스 : (살로메의 팔을 붙잡고)
그따위 건방진 말을 감히 로마에서도 나에게 하는 자가 없었어.
하지만 오늘은 내가 참지.
그건 당신을 차지하고 싶기 때문이란 걸 알아둬.
당신도 날 사랑해 준다면 요한을 내보내주겠소.

살로메 : (노려보다가) 넌, 내 상대가 될 수 없어.

(휙 돌아서 나가면 조명이 꺼진다.)

(다시 무대가 밝아지면 무대 한가운데 요한이 서 있다.
잠시 후 헤롯이 등장하며 요한을 힐끗 보고는 의자에 앉는다.)

헤롯 : 소문으로만 듣던 요한을 이렇게 직접 보게 되니 영광이군.
어떻소? 당신도 날 이렇게 가까이서 보는 것은 처음일 텐데.
우린 한 번도 가까이서 본 적도 없고 한마디 대화를 나눈 적도
없지만 나와 당신 사이엔 수많은 이야기가 오고 갔으니 말이야.

아니, 사실은 나보다 당신이 나에 대해 많은 말을 하고 다니지
않았나? 그것도 아주 공공연하게 말이야.

요한 : 물론 당신과는 한 번도 대화를 나눠 본 적이 없지만,
난, 당신의 행실을 너무도 자세히 알고 있다. 그것도 아주 낱낱이….

헤롯 : 난, 이 나라의 왕이다. 백성은 왕에게 공손해야 한다는 걸 모르는가?

요한 : 나의 말은, 나의 입을 빌려 나오는 하나님의 명령이거늘.
누구 앞에서 공손해야 한단 말인가?

헤롯 : 좋아, 당신이 아주 자세히 알고 있단 게 어느 정도를 얘기하는 거지?

요한 : 당신은 헤롯 대왕과 사마리아 사람 말다스 사이에서 태어났고
이십칠 년 전 동생 빌립과 함께 당신의 형 아켈라오를 몰락시켰고,
십육 년 전 나바테아왕 아레타스 4세의 딸과 결혼했소.
그런데 당신은 당신의 아내가 분명히 살아 있음에도
이 년 전 로마에 갔을 때 당신의 동생 빌립의 아내에게 반해
헤로디아를 이리로 데리고 온 것이 아니오?

헤롯 : 음…. 당신 말대로 아주 소상히 알고 있구만.
왜 그렇게 남의 내력에 관심을 두지?

요한 : 이 나라의 왕은 모든 백성의 모범이 되어야 하지 않겠소?
하지만 당신은 통치자로서 인간적인 도덕은 물론 우리가 믿고 있는
모세의 율법까지도 어겼다는 사실을 기억해야 하오.

헤롯 : 요한, 절대로 흥분하지 말게나.
좋아, 그럼 당신이 말한 그 모세의 율법이란 대체 어떤 것이지?

요한 : 형제가 동거하는데 그중 하나가 죽고 아들이 없거든
그 죽은 자의 아내는 나가서 타인에게 결혼하지 말 것이며,
그 남편의 형제가 그에게로 들어가서 그를 취하여 아내로 삼아

그의 남편의 형제 된 의무를 그에게 다 행할 것이라고 하였소.
이 율법을 놓고 볼 때 당신의 형제 빌립은 죽지도 아니하였거니와
남편이 있는 동생의 아내를 강제로 빼앗아 자기의 아내로 삼았으니.
이것은 우리가 믿고 있는 모세의 율법에 크게 반하는 일이 아니고
무엇이란 말이오.

헤롯 : 그 율법엔 형제가 죽었을 때 형제의 아내가 지켜야 할 도리를
　　　이야기 한 것뿐이지. 형제가 살아 있음에도 아내를 취한 것이
　　　죄가 된다고 하지는 않았잖는가?

요한 : 어리석은 자들을 위해서 모세의 율법은 그것까지도 말씀하셨소.
　　　모세 선지자는 율법을 통해서 누구든지 그 형제의 하체를 범하면
　　　그들이 저주를 받으리라 말씀하셨소.
　　　이것이 우리가 믿는 모세의 율법이오.

헤롯 : 왜 우리가 당신네 유대 민족의 조상인 모세의 율법에 따라서 행동을
　　　해야 한단 말인가?

요한 : 당신네가 우리의 땅에서 우리 백성을 다스리고 있기 때문이오.
　　　그리고 모세의 율법은 이 땅 위의 모든 민족, 모든 백성이 따라야
　　　하는 것이오.

헤롯 : 난 이 나라의 왕이야. 이 나라 안에 있는 모든 것도 내 소유야.
　　　왕이 이 나라의 것을 가졌기로서니. 그게 무슨 문제인가?
　　　왕이 여자 하나를 내 맘대로 가졌기로서니. 그게 무슨 큰 문제가
　　　되는가? 설령 그것이 문제가 된다 하더라도 이 땅에 널려 있는
　　　허다한 잘못들에 가려 질 수 없을 정도인가? 요한, 당신이 목숨을
　　　걸고 외쳐야 할 만큼 용서받을 수 없을 정도란 말인가?

요한 : 윗물이 맑아야 아랫물이 깨끗해지는 법.
　　　왕이 죄를 짓고도 회개치 않는데 어찌 백성이 따르겠소.

헤롯 : 아주 복잡하고 까다롭군.

오늘은 내가 왕이란 게 몹시 괴로워.
차라리 내가 당신이라면 오히려 편할 것 같아.
이보게, 요한. 난 다른 사람들과는 다르게 당신을 생각해.
난 당신을 특별히 여기고 있으며 당신을 두려워하고 있다는 것이
나의 솔직한 심정이다. 당신이 곳곳에서 사람들에게 공공연히
나와 헤로디아를 비난하고 있다는 걸 모두 알아.
요한, 내가 당신을 두려워하는 것처럼 당신도 날 두려워 할 순 없나?

요한 : 헤롯 왕이시여, 내가 두려워하는 분이 있다면 단 한 분.
그것은 바로 우리의 여호와 한 분일 뿐이요.

헤롯 : 이곳에 있는 로마인들은 나와 같지 않아.
당신을 죽이고 싶어 하는 자들도 수두룩해.
내가 아무리 그대를 좋아한다고 해도
당신을 도와줄 능력엔 한계가 있단 말이다.
요한, 진정으로 당신을 위해 하는 얘긴데. 당신의 목숨을
생각해 보아라.

요한 : (돌아서면서) 내 목숨은 나의 것이 아니라 하나님의 것.
그리고 내가 구원의 확신을 가진 이상
난 죽어도 살 것이며 살아도 영원히 살게 될 것이오.
그뿐만 아니라 죄악의 구렁텅이 속에서
음란과 탐욕의 세월을 보내고 있는 자들에게
회개의 방법을 알려주며 하나님 앞에서 거듭나는
세례를 베푸는 일을 계속하는 것이 나의 의무이자 사명이오.
이 땅의 그 누구도 진정으로 회개치 아니하면
하나님의 심판을 면치 못하게 되리니 모두 회개해야 하오.
진정, 진정으로 하나님의 때가 다가왔다는 사실을 명심하시오.

헤롯 : (혼잣말로) 끝까지 나를 이기려 하고 있어. 아주 끈질길 정도로….
(화가 난 듯 빠르게 퇴장하며) 이 자를 다시 가두어라.

(그와 동시에 무대는 장엄한 음악과 함께 어둠으로 변해 버린다.
다시 밝아지면서 무대엔 살로메가 혼자 앉아 옷을 매만지고 있다.
이때 슬그머니 들어오는 헤롯)

살로메 : (인기척 소리에 놀라) 누구야? 누구냐니까?

헤롯 : 살로메, 나다. 헤롯이다.

살로메 : (몸을 움츠리며) 가까이 오지 말아요.

헤롯 : (더 가까이 가며) 날 피하지 말아라. 살로메.

살로메 : 가까이 오지 말라고 했잖아요.

헤롯 : 살로메, 내 가슴이 지금 얼마나 뛰고 있는 줄 아니?
살로메, 모두 너 때문이야.
네가 보기에 내가 맘만 먹으면 얼마든지 사랑에 빠져 살 수 있을
것처럼 보이겠지만 난 사실 그렇질 못해.
난 아직도 가슴이 뜨거워지는 사랑을 해보지 못했어.
내 주변엔 수많은 사람이 있지만 난 역시 외로운 사람이야.
사랑의 갈증으로 가득 찬 사람이라고. 내 말 알아듣겠니?
자, 살로메 나를 따뜻한 눈으로 바라봐 주겠니?

(손에든 작은 상자를 살로메의 손에 쥐여 주며)
이건 너에게 주는 선물이다.
이것이 맘에 들지 않으면 다른 걸 줄 수도 있어.
네가 원하는 것이라면 무엇이든지, 얼마든지 말해라. 살로메.

살로메 : 우리 어머니를 이곳으로 오게 해서 결국은 백성들에게
멸시나 받고. 우리 어머니는 온통 분노와 저주로 가득 찬
여인으로 만들더니. 이젠 나까지 끌어들이려고.
자신의 정욕을 위해 권력을 이용하는 더러운 통치자.

헤롯 : 통치자에겐 항상 적이 있기 마련이다.
　　　　백성들이란, 아무리 잘해 주어도 늘 불만이 있기 마련이지.
　　　　그러기에 늘 외롭고 늘 두려운 것이 바로 통치자의 자리야.
　　　　살로메, 나 역시 늘 외롭고 두려워.
　　　　모두 내 편인 것 같지만, 사실은 그렇지 않아.
　　　　그중엔 내가 죽기만을 바라고 있는 자들도 있지.
　　　　살로메, 네가 나의 마음을 위로해 줄 수 없겠니?
　　　　나의 편이 되어 줄 수 없어?

살로메 : (무엇인가를 한참 생각하더니)
　　　　그럼 부탁이 한 가지 있는데, 들어 주실래요?

헤롯 : (그러자 기쁨이 가득한 얼굴로)
　　　그래? 그게 뭔데. 어서 말해 봐라. 살로메.

살로메 : ….

헤롯 : 살로메, 왜 말을 못해? 그 부탁이 뭔지 어서 말해 봐.

살로메 : 요한을 풀어 주는 거예요.

헤롯 : (소스라치게 놀라며) 살로메!

살로메 : 왜요? 싫으신가요?

헤롯 : 살로메, 그…그건….

살로메 : 요한은 애당초 이곳에 올 사람이 아니었잖아요.
　　　　그냥 그가 있던 곳에서 그가 해온 대로 외칠 수 있게
　　　　내버려 둬야 했을 사람이라고요.

헤롯 : 그건 안된다. 살로메. 요한은 그동안 입만 열면 로마를 비난해 왔어.
　　　그중에서도 나와 살로메의 엄마를 가장 원색적으로 비난해 왔지.
　　　그걸 알기나 하고 그런 소릴 하는 거야?

살로메 : 모두 알고 있어요. 직접 듣기도 했고요.

헤롯 : (격앙된 목소리로) 그런데도 요한을 변호하는 이유가 도대체 뭐지?

살로메 : 변호하는 것이 아니라 진실을 거짓의 외투로
덮어씌우지 말라는 거예요.

헤롯 : 지금 나한테 요한을 사랑한다고 고백하는 건가?
사랑해선 안 될 사람을 사랑하고 있군.

살로메 : 제발, 요한을 죽이지 말아 주세요.
요한을 살릴 방법이 있다면 뭐든지 하겠어요. 제발, 제발….

헤롯 : (어이가 없는지 뒤로 비틀거리며)
살로메, 네가 이럴 수가. 나한테 이럴 수가….

(이때 밖에서 성난 군중들의 외침 소리가 들려온다.)

헤롯 : (우왕좌왕하며) 도대체 이건 또 무슨 소리야.
밖에 아무도 없어? 이게 무슨 소리야?

(그러자 헤로디아가 깜짝 놀란 표정으로 뛰어들어온다.)

헤로디아, 이게 무슨 소리요?

헤로디아 : 헤롯이시여.
지금 밖에 유대 백성들이 몰려와 요한을 잡아들였다고
아우성을 치며 난리를 부리고 있습니다.
헤롯, 이제 어떻게 되는 건가요? 우린 이제 어떻게 되는 거냐고요?
헤롯, 아무 일도 없겠죠? 그렇죠?
(두 손으로 얼굴을 감싸 쥐며 두려운 듯) 아… 아….
미치겠어. 왜들 이러는지… 미쳐 버릴 것만 같아….

헤롯 : 이렇게 될 줄 알았어. 이렇게 될 줄 알았다고.

저 유대인들의 성난 목소리를 들어 봐.
이게 모두 당신이 원하던 거야. 그렇지?
이제 시작이야. 이제부터 시작이라고.
(화가 나서 씩씩거리며 퇴장해 버린다.)

헤로디아 : (사실 무서우면서도 그 감정을 애써 감추고 살로메에게 다가가
두 어깨를 감싸며) 살로메, 조금도 걱정할 필요 없다.
유대인들은 처음엔 저렇게 아우성치다가 조금만 시간이 지나면
잠잠해 질 거야. 원래 그런 민족이니까 상관할 필요 없다.

살로메 : (헤로디아를 끌어안으며) 어머니, 돌아가요. 로마로 돌아가자고요.

헤로디아 : 난 이제 돌아갈 곳이 없어. 내 나라는 여기야.
그런데 왜 로마로 돌아가란 말이니?

(이때 또다시 들리는 군중들의 함성소리)

살로메 : 어머니, 저 소리가 들리지 않으세요?
저 소리는 요한을 풀어 달라는 소리와 함께
어머니 보고 돌아가라는 소리라는 걸 왜 모르세요?

헤로디아 : 아무리 그래도 소용없어. 그런다고 내가 눈 하나 깜짝할 것 같아?
저까짓 갈릴리 사람들의 떠드는 소리에 겁먹을 나였다면
처음부터 오지도 않았어. 그 누구도 날 여기서 쫓아내지 못해.
아무도, 아무도!

살로메 : (헤로디아에게서 한 발자국 떨어지며) 좋아요. 그럼, 할 수 없어요.

헤로디아 : 그게 무슨 소리야. 살로메?

살로메 : (뚫어지게 바라보며) 제가 헤롯 앞에서 춤을 추겠어요.

헤로디아 : (매우 놀라며) 춤을 추다니? 네가 지금 제정신으로 하는 소리야?

살로메 : 내일이 헤롯의 생일이죠?
제가 헤롯의 생일 잔칫상 앞에서 춤을 추겠어요.

헤로디아 : 살로메, 그건 절대로 안 된다.
네 춤은 단순한 춤이 아니야. 너의 춤엔 마력이 담겨 있어.
네 춤을 보는 남자들은 누구든지 정신을 잃고 말아.
그래서 안 된다는 거야.

살로메 : 헤롯이 제게 그랬어요. 나의 춤을 보고 싶다고요.
나의 춤을 보여 주면 어떤 선물이라도 준다고 했어요.
이 나라의 절반이라도 달라고 하면 준다고 했다고요.

헤로디아 : 이 나라는 내 나라야. 내 것은 모두 너의 것이 될 수도 있는데
그게 무슨 소리야. 도대체 네가 부족한 것이 뭐냐?
얘기해. 모두 줄 테니까. 춤은 절대로 춰선 안 돼.

클라디우스 : (어느새 등장해서) 살로메, 그건 당신의 어머니 말이 맞소.
당신이 헤롯 앞에서 춤을 춘다면 그건 여자에 굶주린 늑대 앞에
알몸으로 다가가는 것과 다를 바 없다는 걸 알아야 하오.

살로메 : 이건 당신이 나설 일이 아녜요.

헤로디아 : 도대체 어쩌려고 이러니?

살로메 : 이게 마지막 방법이에요.
제가 춤을 추는 대신 헤롯에게 부탁할 거예요.

클라디우스 : 그 부탁이란 게 대체 뭐요?

살로메 : (휙 돌아 나가며) 당신은 알 필요 없어요.

헤로디아 : (살로메가 나간 쪽을 향해) 살로메, 살로메!

(그러다가 클라디우스에게)

클라디우스, 이젠 어떻게 되는 거지?
살로메가 헤롯 앞에서 춤을 추게 되면….

클라디우스 : 제가 얘기했잖습니까?
살로메의 매혹적인 춤을 본 남자치고 그녀를 끌어안고 싶은 충동이
생기지 않는 남자는 한 사람도 없을 겁니다. 나도 그랬으니까….

헤로디아 : (거의 울상이 되어) 안돼. 헤롯은 내 남편이야. 헤롯, 헤롯!
(뛰어나간다.)

클라디우스 : (텅 빈 무대에서 혼잣말로 중얼거리며)
뭔가 잘못되고 있어. 틀림없이 뭔가 잘못되고 있는 거야.

(무대는 또다시 어두워진다.)

(다시 밝아지면 헤롯이 피곤한 듯 앉아있다.
이때 헤로디아가 들어와 헤롯에게 다가가며)

헤로디아 : 아니, 헤롯! 왜 여기 이러고 계시는 거예요?
오늘이 무슨 날인 줄 모르세요?
당신 생일을 축하하려고 궁전 안이 온통 법석인데. 당신은….

헤롯 : 헤로디아, 그따위 생일이 나에게 무슨 위로가 된단 말이오.

헤로디아 : 왜요? 무슨 고민이 있는가 보죠?
걱정하실 필요 없어요. 이젠 제가 위로해 드릴게요.

헤롯 : 지금 살로메는 어딨지?

헤로디아 : (기분이 나쁜 채) 제가 어떻게 알아요?
(하지만 억지로 웃으며) 헤롯, 저는 요즘 밤에 잠이 너무 잘 와서
살결이 매우 고와지는 것 같고, 아주 젊어지는 것 같아요.
보시겠어요?
(헤롯의 손을 자기의 얼굴에 끌어당기며) 어때요? 내 말이 맞죠?

헤롯 : (귀찮은 듯) 헤로디아! 살로메가 지금 어딨느냐고!

헤로디아 : 도대체 살로메는 왜 찾는 거예요? 당신이 살로메한테 무슨 볼일이
있다고 살로메, 살로메, 계속해서 살로메만 찾는 거냐고요.

헤롯 : 아비가 딸을 찾는게 뭐가 이상해?

헤로디아 : 살로메가 당신 딸이에요? 살로메는 내 딸이에요.
내가 낳고 내가 키운 내 딸인데, 당신이 뭔데 자꾸 살로메를
찾는 거냐고요.

헤롯 : 어딨는지 모르면 그만이지. 웬 말이 이렇게 많아?
(귀찮은 듯 손을 내저으며) 알았어, 알았어, 알았으니까 나가 있어.

헤로디아 : 헤롯, 도대체 나에게 무슨 불만이 있는 거죠?

헤롯 : 당신이야말로 나에게 무슨 불만이 있는 거야?
요한을 잡아달라고 해서 요한의 입을 틀어막았잖아.
그런데 이젠 또 뭐가 부족한 거야?

헤로디아 : (화가 치밀지만 애써 억누르며)
난 당신을 괴롭히려고 그러는 게 아니에요.
(헤롯에게 다가가며) 당신을 위로해 드리려고 그러는 거라고요.
내가 그랬잖아요. 이 보드라운 살결 좀 만져 보세요.

헤롯 : 헤로디아, 날 혼자 내버려 두는 게 날 위로하는 거야.
그러니까 제발 나가 있어.

헤로디아 : (또 다시 화가 치밀지만 애써 억누르며 한동안 감정을 삭이듯
물끄러미 쳐다보다가 뒤돌아서 숄을 걷어 내린다.
그리고 옷을 벗으려 하자)

헤롯 : (일어나 소릴 지르며) 이봐, 옷을 갈아입으려면 당신 방에서
갈아입으라고! 여긴 왕의 방이야! 왜 하필 여기서 풀럭거리며

정신 사납게 이러는 거야! 나가! 나가라고!

헤로디아 : (그제야 부들부들 떨며) 아니, 헤롯! 이럴 수가!
당신이 이럴 수가 있어요? 내가 누구예요?
당신의 사랑 하나만 바라보고 남편도 버리고 딸도 버리고
머나먼 여기까지 쫓아 온 저예요.
수많은 사람의 비난과 질시의 손가락질을 받으면서도
오로지 당신 하나만 바라보고 하루하루 살아가는 난데,
당신이 어떻게 이럴 수가 있어요?

헤롯 : (코웃음 치며) 뭐라고? 사랑 하나만 바라보고 여기까지 왔다고?
웃기는군! 날 속이려고 표정 하나 바꾸지 않고 거짓말을 떠들어 대?
헤로디아, 당신은 무서운 여자야.
자기의 욕망을 위해선 물불 가리지 않는 여자야.
자기의 욕망에 조금이라도 걸리적거리면 뭐든지 치워 없애야만
직성이 풀리는 아주 무서운 여자야.

헤로디아 : 뭐라고요? 내가 무섭다고요?
전엔 내 허벅지만 봐도 어찌할 줄 몰라 하던 당신이,
이젠 내가 무섭다고요?
도대체 이유가 뭐예요? 그렇게 변한 이유가 뭐냐고요?

헤롯 : 아냐, 난 변하지 않았어. 하나도 변한 게 없어.
이제야 당신을 제대로 보게 된 거야.

헤로디아 : 아니에요. 당신은 살로메가 이곳에 온 뒤로 변한 거에요.
당신이 조금 전 살로메를 찾았던 것도 아버지로서 딸을 찾는 게
아니고 다른 의미로 찾은 거예요. 내 말이 맞죠? 그렇죠?

헤롯 : 의미는 무슨 의미?

헤로디아 : 남자가 여자를 찾는 그런 의미….

헤롯 : 그만두지 못해?

헤로디아 : 더 얘기해 볼까요? 살로메가 이곳에 온 뒤로 당신은 내 방에
한 번도 찾아오질 않았어요. 이젠 나 같은 늙은 여자는 눈에 차지
않는다는 거군요? 그렇죠? 하지만 가만있지 않을 거예요.
그 아이에게 손끝 하나 대지 못하게 할 테니, 두고 보라고요.
(휙 돌아서서 나간다.)

헤롯 : 이봐, 헤로디아, 헤로디아.
(그러다가 주저앉으며) 젠장, 이젠 늙은 여우가 다 됐어!

(무대 암전)

(무대 다시 밝아지면 감옥 안에는 요한이 지팡이를 짚고 서서
하늘을 향해 기도하고 있다.
그런 요한에게 달려가 다짜고짜 끌어안는 살로메)

살로메 : 요한, 잠시만 기다리세요. 내가 당신을 구해 드릴게요.
당신은 내 생애 만난 남자 중에 가장 솔직한 남자였어요.
당신이야말로 이 세상을 가장 당당하게 살아가는
진실한 인간이에요.
요한, 난 이제까지 당신 같은 남자를 만날 수 없었어요.

(그러다가 얼굴을 쳐다보며)
요한, 제발 눈을 뜨고 날 좀 봐 주세요.
그리고 당신의 우아한 입술을 통해
저에게 뭐라고 한마디만 해 주세요.
제가 당신을 위해서 춤을 추기로 했어요.
넋 빠진 인간들 앞에서 가장 끈적끈적하게 춤을 출 거예요.
모두 당신을 위해서요. 아시겠어요? 요한?

(요한은 여전히 두 눈을 감고 기도만 하고 있다.)

요한, 그 불꽃같은 눈동자로 날 봐 주세요.
제가 이렇게 애원하고 있잖아요.

(살로메는 아주 열렬히 요한 가슴과 목덜미에 키스 해댄다. 하지만
아무런 반응도 보이지 않는 요한. 그러다가 요한은 살로메를 떨쳐내며)

요한 : 이 요사스런 간부의 딸아!
네 어미의 피를 그대로 이어받아 너마저 간부가 되려 하느냐.
어미가 회개치 않으면 자식이라도 회개해야 하거늘.
어찌 네 어미와 다를 바 없는 짓거리를 하려 하느냐?

(살로메는 뒤로 나가 떨어지지만 또다시 달라 붙어 가슴에 파묻혀
애무를 한다.)

살로메 : 요한, 당신을 사랑해요. 당신을 위해서라면 무슨 일이라도
하겠어요. 큐피드의 화살은 이미 제 가슴에 박혔어요.
날 밀쳐내지 말아주세요. 아…요한, 요한….

요한 : (또다시 밀쳐내며) 사탄의 자식, 소돔의 딸.
온갖 음행과 타락의 길을 걸어가는 사탄의 자식.
내 곁에서 떨어져라!
가서, 네가 꾸미고자 하는 일을 어서 가서 저질러라.
네 맘대로 하고 싶은 짓거리를 어서 가서 하란 말이다.
내 목을 원하느냐? 내 피를 원하느냐? 무얼 원하느냐?
이 사탄의 딸아.

살로메 : (그러자 살로메는 너무 질린 듯 벙벙한 표정을 짓더니)
아무리 그래도 인간은 어쩔 수 없는 인간인 것을….
당신은 언제까지 그런 식으로 신의 가면을 뒤집어쓰고
날 대하려는 거예요? 인간이 신의 흉내를 낸다고 신이 될 줄 알아요?
좋아요. 당신이 끝까지 그런다면,
내 방법으로 당신을 차지하고 말 거예요.

살로메 139

아주 지극히 인간의 모습이 되는 그 순간,
난 당신을 갖고야 말 거야.
두고 보세요. 당신을 꼭 차지하고 말 테니….
(하면서 뛰쳐나간다.)

(무대 한가운데 멈춰선 살로메.
아주 심오한 결심을 한 듯 두 다리를 벌리고 서서 숄을 걷어 내린다.
이때 힘차게 나오는 음악 소리.
그 음악 소리에 맞추어 살로메는 서서히 춤을 추기 시작한다.
음악이 흐를수록 살로메의 춤은 격정에 이르고 어느샌가 곁에 다가온
헤롯과 헤로디아는 살로메의 춤에 매료된 듯 입을 벌리고 있다.
음악에 맞춰 춤을 추는 사이 반라가 돼버린 살로메
헤롯은 술에 취해 넋이 나간 듯 쳐다본다.
헤로디아는 헤롯의 그런 표정을 보고 흐뭇해한다.
순간 음악이 멈추자, 살로메는 헤롯의 코앞에 다리를 갖다 댄 채
멈춰 선다.)

헤롯 : 으하하…. 너무너무 훌륭하구나, 너무너무 아름다워, 살로메!
오, 나의 귀여운 딸.

(살로메는 아무런 움직임도 보이지 않은 채 굳은 표정이다.)

너의 춤을 보고 있노라니 정신을 잃어버릴 것 같아.
내 생애에 이렇게 기쁜 생일잔치는 처음이야. 처음! 으하하….

살로메 : 제가 춤을 추면 어떤 소원이든지 들어주신다고 했죠?

헤롯 : 소원? 그렇지. 무엇이든지 들어준다고 했지. 말만 해 봐라, 살로메.
네 소원이라면 이 나라의 절반이라도 떼어주마.
내가 내 입으로 약속한 것을 지키지 않을까 봐서 그러느냐?
그래, 네 소원이 뭐냐?

살로메 : (살로메는 대답하지 않고 한동안 무대에 정적이 감돈다.

그러다가) 요한의 목을 제게 주세요.

(순간 쿵 하는 소리와 함께 여기저기서 우왕좌왕하는 소리가 들린다.)

헤롯 : (정신을 가다듬더니) 살로메, 지…지금 뭐라고 했지?

살로메 : 요한의 목을 제게 주세요. 제가 원하는 선물은 그것입니다.

헤로디아 : (웃으며) 살로메, 과연 넌 내 딸이구나.
　　　　　이 어미에 대한 너의 사랑을 이제야 알겠다.

클라디우스 : 살로메, 당신 정말 미쳤구려.

헤롯 : 오, 살로메, 제발 오늘만큼은 나에게 그런 농담을 말아 줘.

살로메 : 농담이 아녜요. 헤롯은 이토록 무서운 농담을 들어 보신 적이
　　　　있나요?

헤롯 : 아, 살로메. 네가, 네가 요한의 목을 원하다니….
　　　살로메, 그건 안된다.

살로메 : 왜요? 왜 저에게 줄 수 없죠?
　　　　그럼 헤롯께서는 자신의 입으로 한 약속을
　　　　스스로 지키지 못하는 분이란 말인가요?

헤롯 : 약속? 약속이라고?

헤로디아 : 그래요, 약속했잖아요.
　　　　　살로메의 춤을 보여준다면 어떤 선물이라도 준다고
　　　　　약속을 하셨으니까. 그 약속을 지키세요.
　　　　　왜 머뭇거리시는 거예요? 왜? 왜?

헤롯 : 이봐, 요한의 목을 달라는 얘기는 요한을 처형하라는 얘기야.
　　　말뜻을 제대로 파악하라고.

헤로디아 : 살로메의 소원은 요한을 처형하는 거예요.
　　　　　제가 왜 그걸 몰라요?
　　　　　살로메의 요구대로 어서 빨리 요한을 처형시키세요.
　　　　　그게 왕께서 살로메를 위해 하실 일이라고요.

헤롯 : (고민스러운 듯 고개를 돌려 클라디우스를 본다.
　　　　클라디우스, 헤롯과 눈이 마주치자 고개를 슬며시 돌린다.)
　　　　클라디우스, 이를 어쩌면 좋은가?

클라디우스 : (그제야 헤롯을 쳐다보더니 서서히 가까이 가며)
　　　　　　헤롯이시여, 요한이 바로 이 자리에서 헤롯께 뭐라고 얘기했죠?
　　　　　　요한은 헤롯 왕을 두려워하지 않습니다.
　　　　　　요한은 헤로디아 왕비를 두려워하지도 않고
　　　　　　살로메도 두려워하지 않았습니다.
　　　　　　그가 두려워하는 것은 번뜩이는 로마 군인의 칼날이 아니라,
　　　　　　바로 하나님 뿐이라고 했습니다.
　　　　　　이 땅의 그 누구도 두려워하지 않는 그 담대함과 용기는
　　　　　　저 역시 로마에서조차 보지 못했습니다.
　　　　　　세례 요한의 입에서 나왔던 한 마디 한 마디는
　　　　　　우리가 귀담아들어야 할 말들뿐이었습니다.
　　　　　　통치자는 한 마디 한 마디에 책임을 다해야 하는 것처럼,
　　　　　　헤롯의 약속도 역시 신중하셨어야 했습니다.

헤롯 : 이제 와서 그런 얘기가 무슨 소용 있어?
　　　　요한을 처형해야 돼 말아야 돼?

헤로디아 : 헤롯이시여, 그게 무슨 말씀이십니까?
　　　　　왜? 무엇을? 두려워하시는 겁니까? 고민하실 일이 아녜요.
　　　　　어서 빨리 요한의 처형을 분부하시라고요.
　　　　　왕께서 주저하시면 제가 명령을 할까요?

헤롯 : 살로메의 요구대로 해 주어라!

(또 다시 음악이 시작된다.
아까보다 더 정열적으로 춤을 추기 시작하는 살로메.
헤롯은 아직 정신이 안 든 듯 괴로운 표정으로 앉아 있고
헤로디아는 그런 헤롯을 훔쳐보며 웃고 있다.
안토니우스가 로마 병사와 함께 감옥으로 간다.
여전히 살로메는 춤을 추고 있는데 감옥에서 처절한 비명과 함께
번개 치는 소리가 들리지만 음악 소리에 묻혀 잘 들리지 않는다.
그런 사이에 하얀 보자기로 덮은 쟁반을 들고 들어오는 안토니우스
춤을 추다가 그것을 본 살로메는 음악과 함께 춤을 멈춘다.
무대엔 또다시 정적이 감돌고
뭔가 이상한 예감이 드는 듯 천천히 다가간 살로메가
조심스럽게 흰 보자기를 들추는 순간, 자지러질듯한 비명과 함께
두 손으로 얼굴을 가린 채 뒤로 비틀거린다.
헤롯 역시 끔찍한 비명을 지른다.
헤로디아는 통쾌하면서도 공포에 찬 이상야릇한 미소를 짓는다.
장엄한 음악과 함께 어두워진다.

하늘에서 내려온 작은 빛이 한가운데 어슴푸레 비치면
그곳엔 살로메가 아무렇게나 엎드려 있다.
서서히 몸을 들어 좌우를 살펴보다가 그제야 정신이 든 듯
사방을 둘러보다가 감옥으로 뛰어간다.
감옥에 어슴푸레 조명이 들어오면 그곳엔 주인 잃은 지팡이가
꽂혀 있다. 그 지팡이를 집어 들고 소리 없는 오열을 터뜨릴 때
하늘에서 소리가 들려온다. 살로메는 하늘을 쳐다본다.)

음성 : 하나님이여! 주의 인자를 따라 내게 은혜를 베푸시며
주의 많은 긍휼을 따라 내 죄악을 지워 주소서
나의 죄악을 말갛게 씻으시며 나의 죄를 깨끗이 제하소서
무릇 나는 내 죄과를 아오니 내 죄가 항상 내 앞에 있나이다
내가 주께만 범죄하여 주의 목전에 악을 행하였사오니

주께서 말씀하실 때에 의로우시다 하고
주께서 심판하실 때에 순전하시다 하리이다
내가 죄악 중에서 출생하였음이여
어머니가 죄 중에서 나를 잉태하였나이다
보소서 주께서는 중심이 진실함을 원하시오니
내게 지혜를 은밀히 가르치시리이다
우슬초로 나를 정결하게 하소서 내가 정하리이다
나의 죄를 씻어 주소서 내가 눈보다 희리이다….(시편 51편)

두 남자의 잘못된 우정과 사명감
일어나 빛을 발하라

등장인물

사울
베기엘
스데반
가말리엘
안나스
알렉산더
길르앗
헤스론
요수아
안니웃
한네스
요나
아나니아
바나바
요셉
실라
간수

베스도
아그립바
베니게
그외 사람들

작가 노트

　예수의 부활과 승천 이후 성경에서 가장 극적인 삶을 산 사람 중에 바울 만한 인물이 또 있을까? 유대인이면서도 로마의 시민권을 가진 특수한 신분이었고 당시 최고의 학자였던 가말리엘 밑에서 수제자로 공부하면서 천막을 만들어 판매하는 사업까지 겸비했던 그는 예수를 추종하는 자들을 향한 분노와 적개심을 서슴없이 보여 왔다. 그 결과 예수를 증거했던 스데반을 여론을 선동해 돌에 맞아 죽게 한 후 다메섹까지 전파된 예수 추종자들을 찾아가 심판하려 했지만 그 과정에서 예수님의 모습을 직접 목격하는 놀라운 일을 경험하게 된다. 그 후에 그는 모두가 알다시피 예수를 사랑하는 사람으로 변모하지 않았던가? 이 일들은 사도행전에서 자세하게 기록하고 있으며 많은 설교자에 의해 소개되었다.

　성경에 등장하는 유명한 인물을 소재로 희곡을 쓸 때 작가는 많은 고민을 하게 된다. 모두가 다 아는 사실의 나열은 독자나 관객의 흥미를 유발하기 쉽지 않다. 그래서 뭔가 새로운 이야기를 찾아내야 하고 또 역사적 사실과 어긋나지 않은 픽션을 만들어내 사실과 픽션을 적절히 조화시키는 게 작가의 몫이다.

　그렇다면 사울의 극적인 삶을 보면서 이런 궁금증을 가져 볼 수 있지 않을까? 사울이 예루살렘 성문 밖으로 스데반을 끌고 가 여론을 선동해 순교하게 한 후 다메섹으로 향할 때 과연 혼자 갔을까? 사울은 그 당시 자기의 사명을 감당하기 위해 다메섹으로 향할 때 혼자가 아닌 분명 누군가와 함께 가지 않았을까? 이 희곡은 이런 의문에서부터 시작한다.

적극적이며 강한 성격이기는 하지만 자기 손에 직접 피를 묻히지 않고 목적을 달성하려는 주도면밀한 사울과 이미 결혼해서 아이까지 있는 가장으로 사울과 오랜 친분을 가진 이이자 우유부단하고 두려움이 많지만 사울의 말이라면 거부하지 못하는 성격의 친구 베기엘이라는 가상의 인물이 희곡에 등장한다.

이 희곡은 성격이 상반되는 두 남자를 통해 쓰여지는 사도 바울의 일대기 대서사극으로 구성된다. 그렇게 믿고 의지했던 사울에게 배신을 당했다고 느낀 베기엘이 복수를 하기 위해 끝까지 바울을 추적한다는 것과 사울이 여론을 선동해 살해한 스데반의 아내를 다메섹 가는 길에서 만난다는 설정은 물론 픽션으로, 성경에 등장하는 역사적 사실과 작가의 상상이 더해지는 팩션(Fact + Fiction) 드라마이다.

이 희곡은 1987년에 쓰였고 같은 해 6월 26일부터 7월 1일까지 세종문화회관 별관에서 공연되었다.

당시 바울은 탤런트 한인수, 친구 베기엘은 탤런트 임동진, 스데반은 탤런트 윤덕용 등이 맡아 열연하는 등 초호화 캐스팅과 매머드 급의 무대장치로 많은 크리스천 관객뿐 아니라 일반 관객까지 극장으로 불러 모아, 기독교 연극의 대중화에 불을 붙이는 계기가 되기도 했으며 이 공연 작품은 당시 기독교 문화대상 연극부문에서 대상을 수상하기도 했다.

기성 극단으로서 탄탄한 실력을
갖춘 '춘추'는 지난 해 6월 말에
성극 「일어나 빛을 발하라」를
선보였다

크리스찬 타임즈 17

다락방

(등잔의 기름이 다 타버려 시꺼먼 그을음을 내며 가물거리는
등잔불을 사이에 두고 비밀 회의를 하듯 가말리엘과 사울,
그리고 베기엘이 조심스럽게 서로의 눈치만 바라보며 앉아 있다.
모두 이제까지 심각하게 토의 한 듯 자못 숙연해 있다.)

가말리엘 : (무리 중에서 일어나 걸어 나오며) 그렇게 서둘 문제가 아니야.

사울 : 선생님!

가말리엘 : 시간이 해결해 줄 걸세.
자칫 잘못하다가는 우리가 도리어 하나님을 대적하는 무리로
몰릴 것이란 말이야.

베기엘 : 하나님을 대적하자는 것이 아닙니다.
우린 바로 하나님을 위해 싸우자는 것입니다.

가말리엘 : 그게 위험하다는 거야.

사울 : 율법엔 나무에 매달려 죽은 자는 모두 저주받은 자라고
기록되어 있지 않습니까?
예수가 바로 나무에 매달려 죽은 자입니다.

가말리엘 : 그것과 이건 아무런 상관이 없어.

사울 : 십자가에 매달려 죽은 예수를 사람들이 메시아라고 부르는데
어찌 상관이 없다고 하십니까?

베기엘 : 가말리엘 선생님. 이런 예수를 메시아라고 부르는 것을 보고도
우리가 얼마나 더 잠잠해야 한다는 것입니까?
안일하게 지켜보고만 있다고 해서
하나님이 기뻐하시지는 않으실 것 아닙니까?
예수는 십자가에 못 박혀 죽었습니다.

그런 죄인을 메시아라고 부르는 것을 보시고도
선생님께선 어찌 그리 남의 일같이 생각하시는 겁니까?

사울 : 선생님께서 이제까지 제게 가르치셨던 율법은 그럼,
무엇이란 말입니까? 로마인들 앞에서 이스라엘 백성이 조롱을
당하고 멸시를 당하는 꼴을 보고도 선생님께선 가만히 있으란
말씀입니까?
선생님, 전 유대 민족이기도 하지만 로마 시민입니다.
아무도 제게 조롱을 할 사람은 없습니다.
하지만 제 몸속에 흐르는 피는 유대 민족의 피입니다.
하나님의 대 반역자 예수를 메시아라고 부르는 놈들 또한
예수보다 나을 것이 없습니다.

가말리엘 : (그제야 지그시 감았던 눈을 뜨고 몸을 돌려 사울에게)
이보게 사울, 난 자네에게 많은 율법을 가르쳤네.
하지만 예수를 따르는 사람들도 내가 자네에게 가르쳤던
그 율법을 똑같이 신성하게 여기고 행하지 않는가?
예수는 율법을 무시하였고 우리의 전통을 저주하였지만,
그의 제자들은 율법과 전통에 순종하고
매일 성전에서 예배하고 있지 않은가?

사울 : 그들이 성전에서 예배를 드리는 것은 사실입니다.
하지만 그들의 예배란 이방인이 자신의 신앙을 위하여 하는 것과
다를 바 없습니다.

가말리엘 : 하나님의 뜻을 기다리세.
만일 그들의 하는 행동이 진정 하나님의 뜻이라면,
그들이 하는 일을 방해하는 것은 옳지도 않거니와
방해해서도 안되며···.

사울 : 선생님···.

가말리엘 : 만일 그들이 하는 일이 하나님의 뜻에 거역 되는 일이라면,
자기들이 아무리 애를 써도 되지 않을 것이며
또 우리가 말리지 않아도 하나님께서 친히 심판하실 것일세.

사울 : 하나님께선 우리를 사용하시려는 것입니다.

가말리엘 : 자네가 어찌 하나님의 뜻을 아는가?

사울 : 가말리엘 선생님께선 그들이 하는 말을 들어 보셨습니까?
그들은 언제나 그 저주받은 죄인, 예수를
하나님의 거룩한 아들이라고 떠들어 댑니다.
그들은 그 능욕 받은 예수를 이스라엘의 왕이라고 떠들어 대면서
로마인의 눈앞에서 이스라엘의 하나님을 욕되게 하고 있습니다.
어찌 이스라엘의 하나님이 이처럼 비방을 받고
우리가 낯을 들고 다니지 못하게 할 수 있겠습니까?

가말리엘 : 그들에게 싸움을 거는 것은 로마놈들 앞에서
우리끼리 서로 싸우는 것과 다름없어.

사울 : 우리라뇨? 어찌 저희와 그놈들을 한데 묶어서 말씀하시는 것입니까?

가말리엘 : 일단은 그 예수 제자들의 운동을 더 주시하면서
두고 보는 것이 좋겠다.

베기엘 : (주먹을 쥐며) 예수…. 그놈들은 잠깐 타다가 꺼질 젖은 막대기가
아니라 이제 막 불이 붙어 활활 타오르려는 기세로
우리의 정통성을 태워 버릴 장작더미입니다.

사울 : 그들이 관습적으로 율법을 지키기는 하지만
율법이 그들의 신앙에 그다지 중요한 것은 아닙니다.
만일 예수 교도들이 세력을 잡게 된다면
우리의 율법은 여지없이 그 존엄성을 잃고 마는 것입니다.

베기엘 : 가말리엘 선생님. 우리는 한시바삐 그들의 불길을 막아야 합니다.
우리마저도 그 불길을 막지 않는다면 우리 역시 모두 다 하나님에
대하여 반역자라는 소리를 면할 수 없게 됩니다.

가말리엘 : (아무 말 없이 숄을 걸친다.)
(나가려다 뒤를 돌아보며) 율법은 나의 율법도 누구의 율법도 아니다.
다만 하늘에 계신 아버지 하나님의 것일 뿐.

(이 말을 마치고는 조용히 나가 버린다.)

사울 : (가말리엘이 나간 쪽을 향해)
선생님, 선생님을 존경합니다. 하지만 이제까지 이야기한 것은
그 누구를 위해서가 아니었습니다.
저도 역시 오로지 하나님의 영광을 위하는 것뿐입니다.
(밖을 향해 소리를 지른 후 천천히 몸을 돌려
탁자 앞에 쓰러지듯 앉는다.)
베기엘, 문을 걸어 잠가라.

베기엘 : (문의 빗장을 걸어 잠그고 사울의 앞에 앉는다.)

사울 : 베기엘, 우리가 해야 한다.
아무도 하려 하지 않는 것. 어쩌면 하나님께서도
우리가 하기를 바라시기 때문에 이렇게 만드시는가 보다.
아무도 하지 않기에, 그 예수 교도들은
우리가 반드시 뿌리를 뽑아야 한다.
하나님의 영광을 위하여, 로마인들 앞에서
이스라엘의 하나님이 조롱을 당하지 않도록,
예수 교도들을 뿌리 뽑는 일에 우리의 모든 것을 바치자.

베기엘 : (아무 말 없이 문 쪽으로 걸어나간다.)

사울 : (조용히) 베기엘!

베기엘 : (그 자리에 멈춰 선다.)

사울 : 하나님의 영광을 위해서이다. 넌 두렵지도 않으냐?
　　　하나님께서 내가 네게 준 고난의 잔은 어찌하고 왔느냐 하고
　　　물으시면 넌 어찌 대답하려 하겠는가?

베기엘 : (그제야 뒤를 돌아보며)
　　　사울! 난, 너와 함께 율법을 공부했지만 남을 정죄할 수 있을만큼
　　　많이 알지 못해. 무엇 때문에 예수 교도들이 반역자인지
　　　율법적으로 확실히 알지도 못하고 구체적으로
　　　어떻게 예수 교도들의 거센 불길을 막아야 하는지도 몰라.

사울 : (뛰어가서 베기엘의 손을 덥석 잡으며)
　　　베기엘! 그건 문제가 되지 않는다. 다만 내 곁에 네가 있다는 것,
　　　그리고 네 곁에 내가 함께 있다는 것이 큰 힘이 될 수 있어.
　　　그리고 우리의 곁엔 하나님이 계시다.

　　　(조명 암전)

산헤드린 공회

사울 : 자네가 먼저 돌을 던지게나.

베기엘 : 로마인의 승낙 없이 스데반을 정죄할 수는 없지 않은가?

사울 : 우리가 죽이자는 게 아니야.

베기엘 : 그럼?

사울 : 대제사장과 여러 사람의 신경을 거슬러 그들이 격분을 내도록
　　　우리는 옆에서 부추기기만 하면 되는 거야.
　　　그렇게 여러 사람이 동시에 우발적으로 일을 저질러 놓으면

　　　　　　로마인들 어쩔 도리가 없는 것 아니겠는가?
　　　　　　우리는 그저 우발적인 사고가 일어나도록 계획만 하는 셈이지.

베기엘 : 만일 여러 사람이 동요를 하지 않으면 어떡하지?

사울 : 그땐 자네가 먼저 소리를 지르고 돌을 던지란 말이야.

베기엘 : (놀라며) 내가?
　　　　　왜 하필 내가 먼저 돌을 던져야 하는 거야? (싫은 눈치)

사울 : 다른 이들은 던지고 싶어도 그럴 용기가 없다고.

베기엘 : 난 이제까지 누구도 피 흘리게 해본 적 없어.
　　　　　그런데 어떻게….

사울 : 남들이 흥분하지 않을 땐 자네가 열을 내며 흥분하는 거야.
　　　　그래서 옆에 있는 사람도 맘 놓고 흥분해서
　　　　자발적으로 돌을 던지게 해. 그럼 되잖는가.

베기엘 : 난 어째 영….

사울 : (베기엘을 내보내며)
　　　　지금 티베르티논의 회당에 가면 스데반이 있을 거다.
　　　　이리로 끌고 와라.
　　　　내가 여기서 대제사장을 만나고 있을테니
　　　　그 사이에 데리고 와야 한다. 시간을 잘 맞춰서….

베기엘 : 끌고 오는 것도 좋고 다 좋은데, 돌을 던지는 것만은….

사울 : (베기엘의 손목을 잡으며) 베기엘, 이건 범죄가 아니다.
　　　　마음을 굳게 하고….

　　　　　(베기엘이 못마땅한 표정으로 나가자 걱정되는 듯 뒷모습을 바라본다.
　　　　　이때 무대 밖에서 인기척 소리가 들리면 옷깃을 여미고 제자리로 간다.)

일어나 빛을 발하라　157

사울 : (안나스와 알렉산더가 들어오는 것을 보고) 안나스 대제사장이시여!

안나스 : 가말리엘은 잘 있겠지?

사울 : 예, 저는 안나스 대제사장께 스데반이라 하는 예수 교도 한 사람을
　　　송사하고자 찾아왔습니다.

안나스 : 대충 얘기는 듣고 나왔네만,
　　　　난 골치 아픈 일은 될 수 있는 한 만들고 싶지 않아.

사울 : 그는 예수가 메시아라고 온 사방을 다니면서 떠들어 댈 뿐만 아니라
　　　예수는 유대의 메시아며 만민의 메시아가 된다고
　　　 떠들어 대고 있습니다.

안나스 : 예수를 메시아라고 하는 미친놈들은 이전에도 많이 있었네.
　　　　그런 것쯤은 실수라고 생각하고 용서해 준 걸
　　　　자네도 알고 있지 않은가?

알렉산더 : 그뿐인가? 예수가 죽었다가 살아난 것을 봤다는
　　　　　정신 나간 놈들도 있어서 그놈들 역시 허깨비를 보고
　　　　　그러는 것이려니 하고, 적당히 혼을 내서 쫓아낸 적이 몇 번 있지.

사울 : 하지만 스데반의 주장은 그것뿐만이 아닙니다.

안나스 : 그놈은 예수가 날개를 달고 하늘을 날아다니기라도 한다는 건가?

사울 : 스데반은 모세의 율법, 그리고 성전과는 아무런 상관없이
　　　직접 사람을 하나님께로 인도할 수 있다고 합니다.
　　　대제사장이시여! 이렇게 스데반이 성전을 경멸히 여기는 것은
　　　무엇보다도 우리 유대인의 애국심을 모욕하는 것입니다.
　　　성전이야말로 우리 유대인의 소망의 상징입니다.
　　　이스라엘 하나님의 영광을 드러내는 유일한, 눈에 보이는
　　　증거입니다.

메시아가 오신다면 이 성전으로 홀연히 오셔서
그곳에서 하나님의 왕국을 건설하실 것입니다.
그런데 그러한 성전을 무시해 버린다는 것은
우리 유대인의 지위와 국민 전체의 소망을
여지없이 짓밟아 버리는 것이 아니고 무엇이겠습니까?

(이때 밖에서 소란스러운 소리가 들린다.)

밖의 소리 : 이런 놈은 죽도록 두들겨 패야 해.
지옥 불에 던져서 땔감으로 쓰라고 하나님께 얘기할 거야.
제사장께 끌고 가자.

(잠시 후에 여러 사람의 손에 의해 강제로 스데반이 끌려 들어온다.)

알렉산더 : 웬 소란들이냐?

베기엘 : (맨 앞에서 씩씩거리며) 안나스 대제사장이시여!
도저히 이놈을 보고만 있을 수 없어서 이렇게 무례를 범하게
되었습니다.

안나스 : 그놈이 어떤 놈이냐?

베기엘 : 이놈은 마땅히 죽어야 할 죄인이라고 생각합니다.

알렉산더 : 흥분하지 말고.

베기엘 : 이놈이 하나님께 대하여 불경스런 말을 한 것을 여기에 서 있는
모든 사람이 다 맹세하고 증언할 수 있습니다.

길르앗 : 그렇습니다. 이 사람의 말이 맞습니다. 저도 분명히 들었습니다.
하늘에 두고 맹세하라면 하겠습니다.

안나스 : 너의 이름이 무엇이냐?

스데반 : 스데반이라 합니다.

안나스 : 스데반?

스데반 : 그렇습니다.

안나스 : 마침 잘 됐군. 이제까지 네 얘기를 하던 참이다.
(길르앗에게) 이 친구가 뭐라고 떠들어댔는지 보탬없이 얘기를
해봐라.

길르앗 : 저 말입니까?

안나스 : 그래.

길르앗 : 예, 하겠습니다. 이놈은 몇 번이나 계속해서 성전 뜰과 회당에서
율법을 욕하는 말을 했습니다. 지금도 회당에서 이놈의 말을
듣다가 도저히 참지 못해서 이리로 끌고 온 것입니다.

안나스 : 뭐라고 말을 했는데?
(헤스론에게) 이번엔 자네가 얘기해봐.

헤스론 : 나사렛 사람 예수라고 있지 않습니까?
얼마 전에 바로 이 법정에서 재판받고 빌라도 총독의 허락을 받아
십자가에 못 박혀 죽은 자 말입니다.

안나스 : 그래서?

헤스론 : 그 예수라고 하는 죄인이 장차 이 성전을 헐고
또 모세로 말미암아 우리에게 전하여 내려온 거룩한 규례를
폐하리라고 떠들어대는 것을 우리가 이 뚫린 귀로
똑똑하고 분명하게 들었습니다.

안나스 : 그래 이 사람의 말이 사실인가?

스데반 : 그렇습니다. 제가 이 사람들의 말처럼 이야기한 것은 사실입니다.

안나스 : 무슨 뜻에서 그렇게 얘기했지? 그 말엔 또 다른 뜻이 있는가?

길르앗 : 뜻은, 무슨 뜻이 있겠습니까? 아무것도 없습니다.
그냥 아무 뜻 없이 떠들어 대며 많은 사람을 혼동케 하려는
것 입니다.

안나스 : 자네는 조용하게.
(스데반에게) 네 이야기를 직접 들어야겠다.
이 사람들에게 얘기했던 이야기를 내게도 해봐라.

베기엘 : 더 들을 것도 없습니다.
저놈의 말은 오히려 우리를 더욱 노하게 할 뿐입니다.

안나스 : 이 사람을 정죄하기에 앞서 당사자의 이야기를 들어야
그 죗값에 따라 정죄할 것이 아닌가?

스데반 : 안나스 대제사장이시여! 그리고 여러 형제들이여!
제가 조금 전에 회당에서 이 사람들에게 한 이야기를 하겠습니다.
성전은 별다른 곳이 아닙니다.

길르앗 : 저것 보십시오.

(안나스가 손짓으로 막는다.)

스데반 : 하나님께서 아브라함에게 말씀하신 땅은 지금 이곳이 아니고
메소포타미아였으며 요셉이 이스라엘 백성의 구원자가 된 것은
애굽에서였습니다. 모세 또한 애굽에서 교육을 받았고
이스라엘 백성의 구원자로 미디안에서 부름을 받았습니다.
모세가 하나님께 율법을 받은 곳도 바람만 부는 황량한 시내광야
에서 였습니다. 다시 말해서 하나님은 어느 특별한 땅의 하나님만이
아니시고 온 우주의 하나님, 안 계신 곳이 없는 하나님이십니다.

베기엘 : 그렇다면 성전을 모독하는 이유는 뭔가?

스데반 : 모독이라뇨? 우리의 조상들이 성전이 건축되기 전에는
하나님을 몰랐습니까?

아닙니다. 광야에 있을 때는 장막 속만이 그들의 유일한 예배 장소였습니다. 장막 속이라 하더라도 그들은 충분히 예배드릴 수 있었기 때문입니다.

안나스 : 그럼 장막 속도 성전이란 말이냐?

스데반 : 물론 한때는 성전이 하나님을 경배하기에 알맞은 장소였습니다.

사울 : (끼어들며) 한때만이 아니다.

스데반 : 하지만 나중에 사람들은 이 성전을 우상으로 만들었습니다.

안나스 : 우상이라고?

스데반 : 성전 건물을 이루고 있는 나무와 돌덩이를
하나님으로 생각한다는 것입니다.
이사야 서에 '하나님은 사람의 손으로 만든 집안에
거하시지 않는다'라고 기록된 말씀을 읽어 보시지 않으셨습니까?
하나님은 어느 집안에 계실 분이 아니십니다.
하나님의 보좌는 하늘이라 해도 부족합니다.
온 우주라도 능히 하나님을 감쌀 수 있겠습니까?
하물며 어찌 사람의 손으로 만든 집에만 하나님이 계시겠습니까?

베기엘 : 그렇게 하나님에 대하여 우리보다 많이 알고 있다면
어찌하여 율법을 어겼는가?

스데반 : 이 율법 또한 이스라엘 백성에게는 우상에 불과합니다.
율법을 거룩한 것이라고 존중히 여기기는 하지만
실상 이스라엘 조상이나 현재 이스라엘 백성은
이 율법을 지키지 않았습니다.

안나스 : (깜짝 놀라며) 율법을 지키지 않았다니…?

길르앗 : 뭐야? 안나스 대제사장이시여!

이놈은 우리를 가리켜 욕하고 있는 것입니다.

사울 : 우리는 일주일에 이틀씩이나 금식을 하고 십일조까지 바치며
율법을 지키려 애쓰며 사는데 어찌하여 너는 우리에게 율법을
지키지 않는다고 하느냐?

스데반 : 마음은 무덤 속의 송장처럼 썩어 있으면서도
겉으로는 거룩한 체 하는 사람들.
당신들도 당신의 조상같이 끝까지 성령을 거역하려 하십니까?

사울 : 네가 무얼 믿고 그렇게 말을 함부로 해대느냐?
금식이 어찌하여 외식이고 십일조가 어찌하여 외식이란 말이냐?
넌 외식하는 맘으로 며칠씩 음식을 먹지 않고
십일조를 바칠 수 있겠느냐?

스데반 : 온몸에 금테를 두르고 빛나는 예복을 입고 다니길 좋아하며
남에게 보이려고 일부러 기도를 오래 하는 것이
진정으로 하나님을 경외하는 것이란 말이오?
잠시 금식을 해도 얼굴에 회칠을 하고
머리를 풀어헤치며 많은 사람에게 티를 내려고 하는 것이?
형식과 체면으로 하나님을 섬기는 자들….

사울 : 그만두지 못하겠어?

스데반 : 당신들은 스스로 율법을 의지하여 하나님을 자랑하고,
그의 뜻을 알고, 무엇이 제일 훌륭한가를
율법의 교훈으로 분간할 줄 알고, 눈먼 자의 길잡이요,
암흑 속에 있는 자들의 빛이요, 어리석은 자들의 교사요,
어린이들의 선생이라고 자처합니다.

사울 : 그뿐 아니라 지식과 진리의 구체적인 모습이 율법 안에 있다고 확신
하고 있다.

스데반 : 그렇다면 당신들은 남을 가르치면서
왜 당신 자신은 가르치지 못합니까?
당신들은 우상을 미워하면서
왜 당신 자신은 신당 물건들을 훔칩니까?
당신들은 율법을 잘 알면서 왜 당신 자신은 율법을 어기어
하나님을 욕되게 하는 것입니까?
당신들 때문에 하나님의 이름이 이방 사람들 가운데서
비방받고 있습니다. 겉모양만 하나님의 백성이라고 해서
마음과 귀마저 할례 받았다고 생각한다면
당신들은 커다란 망상 속에서 살아가고 있다는 것을 깨달으십시오.

사울 : 우, 우린 아브라함의 자손, 모세의 후손이다.

스데반 : 아브라함의 자손, 모세의 후손?
(어이가 없는 듯) 길가의 돌들도 아브라함의 자손, 모세의 후손이
될 수 있습니다.

알렉산더 : 길가의 돌이라니? 우리가 그럼 길가의 돌보다 못하다는 말이냐?
네 말은?

스데반 : 목이 곧아 교만하고 마음과 귀로 할례를 받지 못하고
몸으로만 할례를 받는 자들이여!
당신들의 조상들이 행한 죄악을 기억하고 있소?
일찍이 메시아가 오시리라 예언한 이사야 선지자를
톱으로 썰어 죽이고, 예레미아 선지자를 저주하더니….
이젠 그 후손들이, 선지자들이 죽어 가며 예언했던
메시아가 왔는데도 십자가에 못 박아 죽여 버렸소.
당신들은 그 의인을 잡고 죽이는데 앞장을 섰으니
당신들이 천사가 전한 율법을 지키지 않은 것이 아니고 무엇이겠소.
회개하시오. 회개하지 않으면 당신들과 당신들 자손 위에
하나님의 저주가 내릴 것이니….

길르앗 : (흥분해서) 아, 아니, 저놈이….

헤스론 : 하나님을 모독하는 놈이다!

베기엘 : 저런 놈은 돌로 쳐 죽여야 합니다!

       (모두 옷을 벗어 사울 앞에 던지고 돌을 던지기 시작한다.)

       저놈의 머리를 부숴 버립시다.

       (스데반은 그 자리에 쓰러진다. 모두 기세가 등등하여 돌을 던진다.
       스데반은 얼굴에 피가 흐르는데도 돌을 던지는 사람들을 향해
       눈물 섞인 호소를 한다.)

스데반 : 내게 돌을 던져도 좋고 내가 돌 속에 묻혀도 좋소.
       내 몸이 갈기갈기 찢어져도 좋고 피가 모두 빠져 말라 죽어도 좋소.
       하지만 여러분, 회개하시오.
       내가 이렇게 죽어 여러분이 회개하고 예수를 그리스도로 믿기만
       한다면 내 한몸은 어떻게 죽어도 좋습니다.
       예수는 우리의 죄를 위하여 속죄양이 되어 십자가에 못 박혀
       죽으셨는데, 내가 어떻게 죽든 무슨 상관이 있습니까.
       여러분! 예수야말로 우리의 죄를 구원해 주실 메시아이십니다.

베기엘 : 네놈이 아직도 정신을 차리지 못했구나.
       정신 나간 놈은 정신 나간 놈들끼리 통한다더니.
       예수도 미쳤고 너도 미쳤다.

길르앗 : 죽여! 죽여!

       (또다시 모두 돌을 던진다.
       일어서려던 스데반은 그 자리에 고꾸라진다.
       머리는 헝클어지고 온몸은 피로 얼룩진다.)

스데반 : 으으…으으으….

베기엘 : 여러분! 우리는 개인감정이나 사소한 일로
　　　　 이 사람에게 돌을 던진 것이 아닙니다.
　　　　 이건 어디까지나 하나님을 모욕했기 때문에 하나님의 뜻을 따라
　　　　 우리 모두 유대 민족, 하나님의 거룩한 백성들을 대표해서
　　　　 돌을 던진 것입니다.

모두 : 옳소. 그렇습니다.

길르앗 : 저런 놈을 죽인 것은 잘한 일입니다.
　　　　 제가 하나님이라도 저런 놈은 당장에 벼락을 내릴 거요.
　　　　 재수가 없으니 어서 갑시다.

　　　　 (모두 손에 들었던 돌을 스데반에게 마지막으로 던지고, 손을 털며
　　　　 사울 앞에 던졌던 옷을 주워들고 퇴장한다.)

　　　　 (무대엔 쓰러진 채로 신음하는 스데반과 사울, 베기엘만 남는다.)

베기엘 : (사울에게 천천히 다가간다.)
　　　　 내가 돌을 던졌다. 이 손으로, 한 번도 남을 피 흘리게 한 적 없는
　　　　 이 손으로 사람에게 돌을 던졌다.

사울 : 하나님의 영광을 위해서다.

베기엘 : (대들 듯) 하나님의 영광을 위해 사람을 죽여?
　　　　 하나님이 자신의 영광을 위해서라면
　　　　 사람을 이렇게 무참히 죽여도 좋다고 하셨나?
　　　　 우리의 하나님이 그런 하나님이야?

스데반 : (괴로운 듯) 주 예수여, 나의 영혼을 받아 주옵소서.
　　　　 저들은 아무것도 모르고 행한 죄입니다.
　　　　 예수여, 당신은 이 벌레만도 못한 우리의 죄를 대신하여
　　　　 십자가를 지셨는데, 왜 저들은 그런 당신을 외면하고
　　　　 핍박을 하는지 모르겠습니다.

하지만 나의 육체를, 주를 위해 증거하다 주께로 가오니.
나의 영혼을 받아 주옵소서….

사울 : (달려가 스데반의 멱살을 잡고 흔들며)
도대체 네놈이 찾는 예수가 누구야!
그놈이 도대체 누구길래 돌에 맞아 죽어가면서까지 예수를 찾으며
너의 영혼을 받아 달라는 거야?
예수가 누구야? 예수가 누구야? 그놈이 대체 누구냐고?

스데반 : (환하게 웃으며) 저기, 저 하늘을 보시오.
하늘이 열려있고 하나님의 오른편에 인자가 서 있는 것이 보입니다.
예수가 저기 서 있습니다.
예수여…. 나의 영혼을 받으옵소서….

(이 말을 마치고 스데반은 힘없이 고개를 떨군다.)

(사울은 스데반이 가리킨 곳을 바라보며 뒷걸음질 치다가
베기엘과 부딪친다. 사울과 베기엘은 마주 본다. 둘의 시선이 묘하다.
베기엘이 사울을 노려보다가 사울의 뺨을 후려갈기면 조명 암전)

다시 맨 처음 그 다락방

(사울이 탁자에 등잔을 올려놓고 유심히 바라보고 있다.)

스데반의 목소리 : 주여, 저들의 죄를 저들에게 돌리지 마옵소서.
저들은 아무것도 모르고 행한 죄입니다.
저들의 죄를 저들에게 돌리지 마옵소서.

사울의 목소리 : (스데반의 말이 의아한 듯 다시 되뇌면서)
저들의 죄를 저들에게 돌리지 마옵소서!
무엇이 스데반으로 하여금 그런 말을 하게 했을까?

어떻게 사람으로서 자기를 죽이는 자들을 위하여
기도할 수 있을까? 스데반이 하나님 오른편에 서 있는 것을
보았노라 하던 그 예수도 죽을 때 이러한 모양으로
죽었다는 말이 참말인가?
예수가 죽을 때에 했다는 말은 무엇인가?
'아버지 저 사람들을 용서하여 주옵소서. 저들은 자기들이
무슨 일을 하는지 알지 못하옵니다.'가 아니었던가?
스데반을 돌로 쳐죽인 무리도 자기네가 하는 짓을
모르고 하는 것일까? 스데반의 얼굴, 그 얼굴….
하나님을 모욕하는 자가 어떻게 그처럼 눈에서
황홀한 빛을 낼 수 있는 것일까?
만일 그가 진정으로 나쁜 사람이었다면,
어떻게 그렇게 평온히 죽을 수가 있을까?
무엇이 그로 하여금 예수가 하나님 오른편에 있다는 것을
확신하게 하였으며 숨이 끊어질 때
자신의 영혼을 그에게 의지할 수 있게 한 것인가?

(시간이 흐를수록 머리를 쥐어뜯으며 괴로워하는 사울.
이때 스데반의 목소리가 울리며 무대를 진동하자
사울은 깜짝 놀라 허공을 바라보며 뒤로 물러선다.)

스데반의 목소리 : 하늘이 열려있다.
하나님 오른편에 서 있는 예수가 보인다.
오, 예수여. 나의 영혼을 받으시옵소서.
예수여, 이 죄를 저 사람들에게 돌리지 마옵소서.

(사울은 겁에 질린 듯 소리를 지르며 구석으로 몸을 숨기려 한다.)

사울 : 으으으…아…!

(조명 암전)

(무대 밝아지면 무대는 그대로이다.)

(베기엘이 탁자 앞에 앉아있고 사울은 술병과 잔을 들고 들어온다.)

베기엘 : 사울! 난, 간밤에 한숨도 자지를 못했어.

사울 : 왜? 고민거리라도 있나?

베기엘 : 고민이 아니라….

사울 : 그럼, 뭣 때문에….

베기엘 : 온갖 잡념에…. 아니, 이건 잡념이 아니라 악몽이었지.

사울 : 악몽이라고?

베기엘 : 어제 우리가 돌로 쳐죽인 스데반 말이야.

사울 : (뭔가 집히는 듯) 가만.

베기엘 : …?

사울 : 악몽이었다고?

베기엘 : 그래, 악몽. 밤새도록….

사울 : 어떤식으로?

베기엘 : 스데반이 죽으면서 한 말, 자네도 기억하지?

사울 : 주여, 저들의 죄를 저들에게 돌리지 마옵소서….

베기엘 : 그래, 그 소리가 밤새도록 내 귓전에서 떠나질 않고, 얼굴이 피범벅이 되어도 입가에는 기쁨으로 가득찬 웃음을 지으며 하늘을 바라보고 하나님이 보인다고 중얼거리던 그 모습이…

사울 : 베기엘!

베기엘 : 으응?

사울 : 실은, 나도 밤새도록 꼭 그와 같은 꿈을 꾸었다.

베기엘 : 사울, 난 몹시 자부심을 가졌었다. 하나님께 감사도 드렸고.
감히 성전을 모욕하고 하나님의 이름을 망령되게 하는 놈들은
모두 죽여 없애야 한다는 마음은 지금도 변함이 없어.
그런데 왠지 그 스데반은….

사울 : 이보게. 베기엘, 우리의 믿음이 연약해진 탓이야.
사탄이 스데반을 통해서 간밤에 우리를 시험한 것이지.

베기엘 : 정말 그럴까?

사울 : 스데반이 하나님을 모욕한 것은 더 이상 재고할 여지도 없어.
그는 이스라엘의 하나님을 부인한 거야.
그런 모욕적인 말을 우리마저 그대로 듣고만 있었다면,
베기엘 자네나 나 또한 하나님의 반역자가 된다는 사실을 기억하게.
그 저주받은 반역자는 성전을 대적하여 말했지 않은가?
지상에서 하나님이 사시는 곳이 성전이 아니고 어디란 말이냐?
메시아께서는 성전에 홀연히 나타나실 것이다.
그때가 되면 로마의 모든 산이, 마게도냐의 모든 강물이
우리 이스라엘의 시온 성을 향해 충성을 다할 것이 아닌가?
베기엘, 믿음을 굳게 하게나.
우리는 하나님을 위하여 예수라고 하는 반역자를 추종하는
얼빠진 놈들을 이 땅에서 쓸어 없애 버려야 한다.

베기엘 : 사울, 고마워. 자네는 나의 부족한 믿음을 일깨워 주는구만….
어젯밤의 그 악몽이 오늘 나에게 새로운 용기와 큰 사명감을
갖게 하는 것 같아.

사울 : 감히 하나님을 대적하다니….
　　　　내가 이 땅에서 죽어 없어질 때까지 하나님을 위하여
　　　　하나님께 대적하는 모든 무리를,
　　　　그리고 예수라고 하는 그 반역자를 추종하는 모든 무리를
　　　　모두 없애 버리겠어. 그것이 남자이건, 여자이건,
　　　　그리고 어린아이건, 노인네건, 모두 끌어내어 그들의 등짝을
　　　　후려갈겨 시뻘건 피가 줄줄 흐르게 하겠어.

베기엘 : 사울, 꼭 죽여야 하는가?

사울 : 인정 때문에 하나님의 영광을 외면할 순 없어.
　　　　엘리야도 하나님의 이름으로 팔백 오십 명의 바알의 선지자들과
　　　　아세라의 선지자들의 목을 칼로 잘라 버린 것을 자네는 모르는가?
　　　　엘리야의 선지자에겐 하나님이냐 바알이냐 였다면
　　　　우리에겐 하나님이냐 아니면 저 악행자 예수냐 인거야.
　　　　이 다윗 성에 있는 예수를 믿는 모든 놈을 어떠한 방법으로든지
　　　　하나도 빼놓지 말고 전부 죽여 없애야 한다.
　　　　이것이 바로 나의 일이다. 하나님이 내게 맡기신 소명.

　　　　(베기엘의 손을 덥석 잡으며) 베기엘, 나를 도와라.
　　　　이건 나를 위한 일이 아니라 바로 하늘에 계신 하나님의 영광을
　　　　위해서이다.

베기엘 : 사울, 잠시 나의 믿음이 연약해졌나 보다.
　　　　이 목숨이 다할 때까지 나의 모든 것을 바쳐
　　　　자네와 함께 하나님의 영광을 위하여 일하겠네.

사울 : 고맙다, 베기엘. 이 모든 것을 하나님께서 지켜보고 계실 것이다.
　　　　쉬운 일이 아닐거야. 예루살렘에서 예수 교도들의 운동을
　　　　진압시키는 것만으로 쉽사리 잠잠해질 것이 아니야.

베기엘 : 이 운동은 각처로 걷잡을 수 없이 퍼지고 있다는군.

예루살렘에서 뿔뿔이 흩어져 도망간 예수 교도들이
그곳에서 도를 전파한다는 얘기를 들었어.

사울 : 다메섹까지 그 이단이 퍼졌다더군.

베기엘 : 벌써 다메섹까지? 다메섹이라면 닷새나 걸리는 먼 거리인데….

사울 : 만일 예수의 이단이 그 먼 이방 도시까지 전파되었다면
한없이 퍼져나갈 것 아닌가?

베기엘 : 어떡하지?

사울 : 가야지. 땅끝까지라도 찾아가서 누구를 막론하고
예루살렘으로 끌고 와서 죽여 버려야 해.

베기엘 : 그러려면 먼저 그곳 다메섹의 주권자, 아레다에게
허락을 받아야 하지 않겠나?

사울 : 그렇지. 그래서 하는 얘긴데. 베기엘, 자네는 대제사장을 찾아가게나.

베기엘 : 찾아가서?

사울 : 대제사장께서도 우리의 일을 허락하신다면,
다메섹에 있는 관원에게 몇 장의 편지를 써달라고 하게나.

베기엘 : 만약에 안 된다고 하면 어떡하지?

사울 : 왜?

베기엘 : 그건 대제사장의 권한 밖일 수도 있잖아.

사울 : 유대인은 어디서고 대제사장의 종교적 권위를 인정하고 있지 않은가?
대제사장께서 서명한 편지 한 장이면 그곳 회당의 관리들은
그대로 인정할 것이 틀림없어.
그리고 다메섹의 주권자, 아레다는 로마의 국권으로 처리하고

있으니까 그는 반드시 대제사장의 명령을 준수하여
예수 교도들을 우리에게 넘길 것이다.
그냥 대제사장의 명의만 빌리기만 하면 되는 거야.
편지만 써달라고 하게나. 난 그동안 사람을 불러 모을 테니까.
그렇게만 해 주신다면 저 어리석은 갈릴리 사람들을
감언이설로 혼동시키는 저주받을 인간들을
모조리 사슬로 묶어 대제사장 앞에 잡아 오겠다고 전해라.
난 그동안 사람들을 불러 모을 테다. 지금.

베기엘 : 지금?

사울 : 그래, 지금.
예수 교도들이 다른 곳으로 더 퍼지기 전에 빨리 불을 꺼야 한다.

베기엘 : 사울, 난 며칠 후에 떠났으면 하는데….

사울 : 왜?

베기엘 : 저…. 우리 어머니가 편찮으셔서, 많이….
그리고 우리 집사람한테도 얘기를 해두는 게 좋을 것 같은데….
우리가 다메섹에 가면 시일이 오래 걸릴 것 아닌가?

사울 : 베기엘, 염려하지 말아라. 하나님의 영광을 위해 하는 일이니,
반드시 하나님께서 보호해 주실 것이다.
너의 어머님도, 그리고 네 부인도…. 난 그렇게 확신하고 있다.

베기엘 : (고개를 숙인 채 아무 말이 없다가 일어서서 나가려 할 때)

사울 : 그리고 베기엘, 자넨 편지를 받게 되면 그 즉시 편지를 갖고
먼저 다메섹으로 출발하게.

베기엘 : (놀란 듯) 자네와 함께 가는 것이 아니고?

사울 : 아니다. 너와 내가 함께 간다면 대제사장께서 허락하지 않으실 거다.

일어나 빛을 발하라

베기엘 : 그건 또 왜?

사울 : (머뭇거리며) 자넨 유대인이고…. 난 로마 시민이다.

베기엘 : 그렇다고….

사울 : (O.L) 그리고….
　　　만약에 자네와 내가 함께 여러 사람을 이끌고
　　　예수 교도들을 잡으러 다메섹으로 간다는 것을
　　　　그곳에 있는 예수 교도들이 미리 알아 버리면
　　　우리가 도착하기도 전에 그들은 모두 도망치고 말 것이다.
　　　그러니 넌 먼저 가서 기다리려.
　　　난 직가란 마을에 있는 유다의 집으로 갈 것이다.
　　　그곳에 도착해서 동태를 미리 살펴보다가 적당한 때에
　　　내가 널 부르겠다. 넌 그때 날 만나면 되는 거야.
　　　대제사장의 편지와 함께 말이야. 알겠나?

베기엘 : (걱정되는 듯) 꼭 날 불러야 하네…. 다메섹에서 말이야.
　　　난 그곳에 아는 사람이 아무도 없어.

사울 : 걱정하지 마라. 내가 너의 뒤를 곧 따라갈 것이다.

　　　(다시 베기엘이 고개를 떨구고 힘없이 걸어갈 때)

사울 : 베기엘!

베기엘 : (그 자리에 선다.)

사울 : (탁자의 술잔을 들어 보이며) 자, 이 잔에 나의 피와 너의 피를 섞자.

베기엘 : …?

사울 : 어떠한 일이 있어도 너와 나의 굳은 약속,
　　　　그리고 이 세상 끝까지 예수 교도들을 모두 잡아 없애 버리겠다는

우리의 변하지 않을 결심의 표시로….
마지막으로 우리의 우정을 위하여….
우리의 피가 섞인 포도주를 마시는 거다.

(베기엘이 사울을 쳐다보며 잔을 받아들면서 조명 아웃)

베기엘의 집

(짐을 챙긴 듯 보따리를 들고 나오다 그의 부인 안니웃과 마주친다.)

안니웃 : 여보….

베기엘 : (머뭇거리며) 으응...

안니웃 : 어디 가세요? 멀리?

베기엘 : 여보, 내가 잠시 집을 떠나 있어도 되겠소? 아주 잠시일 것이오.

안니웃 : 어딜 가시려는데요? 갑자기….

베기엘 : 저…다메섹에 좀 다녀오려고.

안니웃 : 왜 갑자기 다메섹은…?

베기엘 : 잠깐 볼일이 있어서 그래. 걱정하지 말고…. 곧 다녀오리다.

안니웃 : 혼자 가시는 거예요?

베기엘 : 응, 혼자. 갈 때는 혼잔데 가서 사울과 만나기로 했어.

안니웃 : 그 친구분하고요?

베기엘 : 그래. 별일이 아니니까 걱정하지 말고 기다려.
내 곧 다녀오리다.

안니웃 : 얼마나 오래 걸리는데요?

베기엘 : (머뭇거리다가) 가봐야 알 것 같아.

안니웃 : 무슨 일이에요? 왜 말을 못하시는 거예요.

베기엘 : 그게 아니고, 여보….

안니웃 : 예수 교도들을 핍박하러 가는 길이죠?

베기엘 : 여보….

안니웃 : (다그치듯) 그렇죠?
사울이란 친구분하고 함께 가는 것은 분명 그것 때문일 거예요.
여보, 부탁이에요. 가지 말아요.
친구도 좋지만, 예수 교도들을 핍박하는 일엔 함께 가지 마세요.

베기엘 : 여보, 당신이 몰라서 하는 소리야.

안니웃 : 당신은 스데반도 죽였어요. 돌을 던져서….
아무리 하나님의 대적자라 하지만
아무런 대항도 하지 않는 사람에게 어떻게 돌을 던질 수 있어요?
그리고서도 당신이 하나님의 편이에요?
하나님이 사람들을 돌로 쳐 죽이라고 시켰던가요?
그러더니 이제는 먼 곳까지 쫓아다니면서
그들을 괴롭히겠다는 거 아녜요?
이젠 어떻게 죽이시려고 그래요?
돌에 매달아 바다에 던질 거예요? 아니면 불에 태워 죽일 건가요?
로마놈들이 우리 민족을 노예로 끌고 가
구경거리로 사자 우리 속에 던지는 것처럼
당신도 그러려고 그러시는 건가요?
제발 그러지 마세요.

베기엘 : 아무것도 모르고 설쳐대는 예수 교도들 때문에
애매한 우리까지 로마인들에게 얻어맞잖아.
나도 이러고 싶지 않아. 정말이야. 하지만 어떻게 해?
지난번에 예수의 제자라고 하는 베드로가 로마인들이 잔뜩 모여
있는 곳에서 이스라엘의 왕은 예수라고 떠들어댔어.
그 뒤부터 우리가 얼마나 로마놈들한테 맞았는지 알아?
당신도 봤잖아. 우리 형님이 그놈들에게 트집 잡혀
지금 옥에 있는 것 알잖아.
예수 교도들은 그렇게 아무데서나 막 떠들어대고 있어.
그놈들을 진정시켜야 해.

안니웃 : 지난번에 죽은 스데반의 부인이 돌에 맞아 죽은 남편 시체를 붙
들고 얼마나 눈물 흘리며 울던지….
여보, 스데반의 부인은 전부터 잘 알고 지내던 사람이에요.
그런데 우리가 종교 문제로 서로 싸워야 한다니요….

베기엘 : 여보, 염려하지 말고 기다려 줘. 내 금방 다녀오리다.

안니웃 : (울먹이면서) 당신은 어떻게 그토록 철이 없습니까?
어머니께서 지금 몹시 편찮으신 것을 알면서도
어떻게 먼 곳을 떠나시겠다는 건지 모르겠어요.

베기엘 : 울지마. 금방 다녀온다고 했잖아. 빨리….

안니웃 : 아무리 빨리 다녀온다고 해도 가는 데만 엿새가 걸리는
먼 곳인데…. 그동안 어머니께 무슨 일이라도….

베기엘 : 여보, 사울이 뭐라고 했는지 알아?
하나님의 영광을 위해서 일하는 자는
하나님께서 지켜 보호해 주신다고 했어.
그 친구 나보다 훨씬 똑똑하고 율법도 많이 알잖아.
그 친구가 그렇게 얘기했으니까 분명 하나님이 지켜 주실 것이야.

안니웃 : 가지 마세요. 여보.

베기엘 : 벌써 약속까지 했어. 사울하고 다메섹에서 만나기로.

안니웃 : 꼭 당신이 가야 돼요?

베기엘 : 불을 꺼야 해. 온 이스라엘 땅에 번지는 예수 교도들의
거센 불길을 사울과 내가 끄기로 했어.
여보, 이건 내가 안 해도 누군가 해야 할 일이야.
왜 그런 줄 알아? 하나님께서 원하시기 때문이야.

안니웃 : 어머니가 당신을 찾으시면….

베기엘 : 잠시 어디 갔다고 해.

안니웃 : 가지 마세요. 여보, 부탁이에요.

베기엘 : (손을 놓고 뒷걸음치며) 가야 해. 여보, 미안해. 내 빨리 올게.

안니웃 : (그 자리에 쓰러지며 오열한다.)
여보, 가지 말아요. 하나님의 영광도 좋지만… 여보….

(오열하며 조명 암전)

다메섹으로 가는 길

(무대가 밝아지면 헤스론과 길르앗, 요수아가 더위에 지친 듯
손으로 얼굴과 목덜미의 땀을 닦아내며 짜증 섞인 모습으로
걸어가고 있다.)

헤스론 : 무슨 놈의 날씨가 이렇게 뜨겁담.

길르앗 : 아직도 다메섹에 도착하려면 하루는 더 가야 할 거야.

요수아 : 우리가 지금 다메섹으로 무얼 하러 가는지를 아는가, 자넨?

헤스론 : 그걸 모르고 쫓아왔겠나?

길르앗 : 예수를 쫓는 그 반역자들을 잡으러 가는 길 아닌가?

요수아 : 난 그런데 왠지 괜히 쫓아 왔다는 생각이 들어.

길르앗 : 왜?

요수아 : 글쎄, 무엇 때문인지 확실히 알 수는 없지만,
왠지 불안한 마음이 들고… 또….

길르앗 : 또?

요수아 : 해서는 안 될 일을 하는 것 같아서 말이야.

헤스론 : 자네, 지금 무슨 소리를 하는 건가?
그놈들은 모두 잡아다가 본때를 보여주어야 한다고.
난 잘은 모르지만, 그 사울 선생이 하는 얘기를 들어 보게나.
그놈들은 예수라고 하는 그 작자를
하나님의 아들이라고 했다지 않나?
세상에 그렇게 미련하고 어리석은 놈들이 또 어딨겠어.

요수아 : 자네, 스데반이 돌에 맞아 죽는 것 봤나?

헤스론 : 그럼, 나도 그 미친놈한테 돌을 마구 던졌는걸.

요수아 : 얼굴이 온통 피범벅이 되고 옷은 갈기갈기 찢어져
곧 죽게 됐는데도 조금도 두려워하지 않는 그 얼굴.
사방에서 날아오는 돌을 맞아 가면서도 끝까지 기쁨이 넘치던
그 얼굴이 난 잊히지 않아. 어째서 예수 믿는 사람들은 그렇게
핍박을 받으면서도 신앙을 단념하지 않는 것일까?
어째서 이 예수 종교가 그처럼 박해를 받는데도

마치 전염병 퍼지듯 번져 나가는 것일까?
그 종교가 과연 하나님의 종교가 될 수 있을까?
내가 지금 다메섹으로 가는 일이 옳은 것일까?
내가 지금 하나님과 대항하여 싸우고 있는 것이지 않을까?

헤스론 : 당치도 않은 소리.
우린 어디까지나 하나님을 위하여 싸우러 가는 길일세.

요수아 : 헤스론, 자네는 그 예수라고 하는 사람을 만나 본 적이 있는가?

길르앗 : 난 만나 본 적이 없어.

헤스론 : 나도 내 생애에 그런 나쁜 놈을 만나지 않은 것이
하나님께 얼마나 감사한지 모르겠어.

요수아 : 예수라고 하는 그분은 과연 어떤 분이셨을까?

헤스론 : 잘난 체 하며 가난하고 무식한 사람들 틈에서
제일 똑똑한 척했던 놈일 거야. 뻔한 것 아니겠어?

길르앗 : 맞아. 율법에 대해선 전혀 알지도 못하고 말이야.

요수아 : 하지만 예수가 인자하고 겸손하며
조금도 이기심이 없는 관대한 사람이라고 하지 않는가?

헤스론 : 어허, 이 사람 안 되겠구만.

요수아 : 바리새 교인들이 실수한 것이 아닐까?
결국, 하나님이 보내신 분을 죽인 것이 아닐까?

(이때 어느샌가 사울이 이들의 뒤에 버티고 서서)

사울 : 예수가 메시아일 수는 없어. 결코.

(모두 깜짝 놀라 허둥댄다.)

사울 : 만일 예수가 메시아였다면 하나님께서 그를 죽게 하셨을리가 없지!
　　　　메시아가 죽임을 당하다니, 말이 되나?
　　　　메시아가 그런 식으로 죽는다면,
　　　　난 애당초 하나님 따위는 믿지도 않았을걸.

요수아 : 사울 선생님! 실은 저도 그렇게 생각했습니다.
　　　　하지만 유대 성경에 기록되기를,
　　　　메시아는 반드시 고난을 받으리라고 하지 않았습니까?
　　　　성경에 '도살장으로 끌려가는 양과 같이
　　　　그는 자기 영혼을 죽음 앞에 부었다'라고 하신 말씀도
　　　　그 예수라고 하는 사람의 운명과 신기하게 일치됩니다.

사울 : 요수아! 선지자들이 그 말씀을 기록할 때는 메시아를 일컬어서
　　　　말한 것이 아니었다. 그러니 예수를 그런 식으로
　　　　성경의 아무 구절에나 갖다 붙이지 말아라.

요수아 : 저도 스데반의 얼굴에 돌을 던졌습니다. 그런 사람은 돌에 맞아
　　　　죽어도 좋다고 생각했기 때문이죠. 그런데….

사울 : 그런데?

요수아 : 돌에 맞아 죽으면서도 광채가 나던 그 얼굴.
　　　　'나는 하늘이 열린 것을 보노라'
　　　　'주 예수여, 나의 영혼을 받으소서'
　　　　'주여, 이 죄를 저들에게 돌리지 마옵소서'
　　　　사울 선생님, 이러한 말들은 성자가 아니면 감히 할 수가 없는
　　　　말입니다. 차라리 스데반이 그런 말을 하지 않으면,
　　　　그렇게 죽지 않았더라도 제가 이런 생각일랑은
　　　　하지도 않았을 것입니다.

사울 : 그럼 ,자네도 예수가 부활했다는 그 말 같지도 않은 말을 믿는가?
　　　　그 어처구니없는 소리, 터무니없는 소리…. 모두가 거짓말이야.

일어나 빛을 발하라

요수아 : 하지만 예수를 믿던 신자들이 십자가에 못 박혀 죽은 뒤에
　　　　다시 살아난 것을 보았다고 하던데요?

사울 : 어리석은 놈들. 없는 것이 어떻게 보인다는 거야.

길르앗 : 허깨비를 본 게 아니야?

헤스론 : 꿈속에서….

사울 : 그들은 예수가 살아나기를 너무도 간절히 원했으니까.
　　　 그의 살아있는 형상이 그들의 마음속에 나타나서
　　　 사실인 듯 보였겠지.

헤스론 : 그들에겐 그게 무리도 아닐 겁니다.

사울 : 죽은 것은 어디까지나 죽어 없어진 거야. 알아듣겠어?

요수아 : 한 두 사람이 아닙니다.

사울 : 죽었던 예수를 살아있는 모습으로 본 사람이?

요수아 : 여러 사람이 모두 착각을 일으킨다는 것도 말이 안 되지 않습니까?
　　　　예수의 시체를 묻어 두었던 무덤엔
　　　　아무것도 없었다는 소문도 있습니다.
　　　　그것에 대해선 바리새인들도 인정하고 있습니다.

길르앗 : 그것 때문에 빌라도의 신경이 보통 날카로워진 것이 아니라고
　　　　하더구만….

헤스론 : 무덤을 지키던 병정들이 뇌물 때문에 빌라도가 노할 것도
　　　　무릅쓰고 예수의 제자들의 말을 들어 주었다고
　　　　생각할 수도 있는 것 아닙니까?

길르앗 : 혹시 바리새 교인의 지도자들이 딴생각이 있어서
　　　　예수의 시체를 잃어버렸다고 이야기를 꾸며낸 것이 아닐까?

헤스론 : 그래, 아마 그럴지도 몰라.

사울 : (갑자기 생각이 떠오른 듯) 가만있자.
　　　　가말리엘 선생께서도 내가 하자는 일에 찬성하기를 주저했어.
　　　　그냥 예수 교도들의 운동이 어떻게 진전되어 가는지
　　　　두고 보자고만 했지. 왜 그랬을까?

요수아 : 사울 선생님! 생각 좀 해보십쇼. 전 예수 교도도 아닙니다.
　　　　예수라고 하는 사람을 만나 본 적도 없습니다.
　　　　하지만 저에겐 계속해서 의문이 생깁니다.
　　　　도대체 앞뒤가 맞지를 않아요.
　　　　사울 선생님께서도 막연히 생각만 하실 것이 아니라
　　　　제 의문을 좀 속 시원히 풀어 주십시오.
　　　　사울 선생님, 스데반이 죽을 때 한 말은 대체 누구에게
　　　　한 말입니까?
　　　　'주 예수여, 나의 영혼을 받으소서'라고 한 말은
　　　　도대체 누구에게 한 말입니까?

길르앗 : 사람이 너무 흥분하면 환상이 나타날 수도 있는 거야.
　　　　그런 환상으로 나타난 허깨비에게 말한 것일 거야.

요수아 : 그런데 어째서 스데반은 예수가 자기의 영혼을 받을 것이라고
　　　　상상할 수 있었을까요?
　　　　스데반이 예수를 마지막으로 봤을 땐,
　　　　아무도 어찌할 수 없는 송장에 지나지 않았을 것입니다.
　　　　그런데 살아있는 예수를 보지 않았다면, 어떻게 자기의 영혼을
　　　　예수가 받으리라고 상상할 수 있었겠습니까?

사울 : (신경질적으로) 아니야, 도저히 있을 수 없는 일이야.
　　　　예수가 살아났다니 말도 안 되는 소리야.
　　　　자네 왜 자꾸 나에게 그런 식으로….

(다시 진정하려는 듯)
아, 아니야…. 미안하네. 내가 왜 자네한테 이런 말을 할까?
지금 내가 몹시 긴장해서 그런 것 같아.
내가 다메섹에 무엇 때문에 가는지 아는가?
다메섹에 있는 모든 예수 교도들을 잡아다가 혼내주기 위해서지.

(자기도취 되어) "친애하는 아레다 총독이시여!
예루살렘에서부터 시작된 예수 교도들의 전도 활동이
벌써 다메섹까지 이르렀다는 이야기는 들으셨겠지요.
그것은 곧 다메섹에 정치적인 혼란과 민심의 교란까지도
충분히 예견할 수 있는 것입니다.
그리하여 예루살렘의 모든 유대인은 이 예수 교도들의 이단 종파를
뿌리 뽑기 위해 노력할 것을 이미 결의하였습니다.
이에 제가 그곳 다메섹에 있는 예수의 추종자들을 찾으려 하오니
부디 협조하여 주시길 바랍니다."

으흐흐, 바로 이거야.
난 하나님을 대적하는 모든 무리를 쓸어 없애 버리기 위해
지금 다메섹으로 가는 것이다.
감히 예수가 하나님의 아들이라니….
다시 한번 확실히 말해두는데, 결코 아니다.
자, 이제 조금만 더 가면 다메섹 성이 보일거다.
이제 쉴 만큼 쉬었으니 가던 길을 계속 가야지.
한시라도 빨리 가서 그놈들을 잡아야 해.
한시라도 빨리 그곳에 도착해야 다메섹이
그 이단 종파로 물들기 전에 그들을 몰아내기 쉬울 거야.
그리고 베기엘이 지금쯤 벌써 도착해서, 우리를 기다리고 있을 거다.
자, 짐들을 꾸리고 출발하자고.

(일행 모두 짐을 꾸리고 떠나려 할 때, 멀리서부터 우르릉하는 소리가
작게 들리더니 갑자기 하늘 한 구석에서 강한 빛이 순간적으로 비쳤

다가 사라진다. 모두 눈을 찡그린다.)

헤스론 : (눈을 찡그리며)
이게 뭐야? 갑자기 멀쩡한 하늘에 천둥이 왜 치는 거야?

길르앗 : 쉴 때는 멀쩡하던 하늘이 왜 우리가 떠나려니까 천둥이 치는거야?
자네도 봤지? 그 강한 빛을….
마치 강하게 하늘에서 내려와 우리만 비추는 것 같았는데….

사울 : 자, 이젠 괜찮으니 어서 가자고.

길르앗 : 사울 선생님께서도 그 빛을 보셨습니까?

사울 : 그래, 보긴 보았는데 별것 아닐 거야. 그러니 어서 가자고.

(일행이 다시 떠나려 할 때 조금 전 보다 더 크게 천둥소리가
무대를 진동한다. 모두가 깜짝 놀라 하늘을 보며 허둥대다가
무대 밖으로 도망간다. 커다란 무대에 사울은 나가지도 못한 채
빛에 사로잡혀 그 자리에 쓰러지고 만다.)

하늘 소리 : 사울아~.

사울 : (눈을 찡그리며) 누, 누구야?

하늘 소리 : 네가 왜 자꾸 날 핍박하느냐?

사울 : (옆에 있던 막대기를 움켜잡으며) 대체 누구야? 어떤 놈이야?

하늘 소리 : 나는 네가 그렇게도 핍박하는 예수다.

사울 : (깜짝 놀라며) 예…수? 당신이 정말 예수란 말이오?

하늘 소리 : 네가 왜 그렇게도 날 핍박하느냐?
내가 너에게 무얼 보여주어야 속이 후련하겠느냐?

사울 : (O.L) 그만! 예수는 분명히 죽었다.
　　　두 손에 못이 박혔고 십자가에 매달려 죽었다.
　　　그런데 어떻게 당신이 예수라고 할 수 있단 말이야?
　　　누구의 장난이야? 대체 무슨 짓이야?

하늘 소리 : 나의 두 손엔 아직도 못 자국이 있고 피가 마르지 않았다.

사울 : 그런데 어떻게 죽지 않고 지금 내 앞에….
　　　(머리를 흔들며) 아냐, 허깨비야.
　　　이보게! 요수아, 길르앗, 헤스론. 자네들 모두 어딨는 거야?
　　　내가 너무 긴장하고 흥분한 거야. 지금.
　　　그래서 내 눈에 착각이 일어난 거야.
　　　당신은 예수가 아니야.
　　　예수는 죽었어. 예수는 분명히 죽었다고….

하늘 소리 : 네가 지금 보고 있는데도 자꾸 죽었다고 하느냐.

사울 : 아냐. 예수는 죽었어. 죽었다고. 죽었어.
　　　마귀의 장난이야. 나의 믿음을 시험하려고 하는
　　　사탄의 장난이라고.
　　　예수는 죽었어. 사람을 십자가에 못박아 매달아서 죽였는데
　　　어찌 살아날 수 있단 말이냐.
　　　예수는 인간이었어. 인간. 그런데 예수가 어떻게 살았다는 거야.
　　　넌 허깨비, 허깨비라고….
　　　(두손을 모으고) 오, 하나님. 나와 함께 하소서.
　　　내가 사탄의 간교함에 넘어가지 않게 하소서.

하늘 소리 : 사울아! 스데반이 나의 곁에 있다.
　　　네가 돌을 던져 죽게 했던 스데반이 나의 곁에 있다.
　　　스데반이 왜 너희들이 던지는 돌에 맞아 죽었는지를 너는 아느냐?
　　　스데반은 내가 하나님의 아들이란 것을 알았기 때문이다.
　　　사울아, 어서 깨달아라.

내가 예수 그리스도, 살아계신 하나님의 아들이다.

사울 : (고개를 떨구며) 예수 그리스도? 살아계신 하나님의 아들?
그럼, 난 뭐야? 난 이제까지 무얼 믿었던 것일까?
내 인생에 온 정열을 다 쏟아서 최선을 다한다고 한 짓이
결국 모두 헛된 것이었단 말인가?

(다시 고개를 들어 빛을 향해)
당신이 진정 살아있는 예수란 말이오?

하늘 소리 : 내가 지금 네 앞에 있지 않으냐? 네 눈에 보이는 그대로이다.

사울 : 예…수…. 내게 무슨 일이십니까?

하늘 소리 : 내가 너에게 이르려 하는 것은 너로 하여금 나의 일꾼으로 삼아
네가 나를 지금 본 것과 또 앞으로 네게 보여줄 일에 대하여
나의 증인이 되게 하려는 것이다.
나는 너를 이 백성과 이방 사람 가운데서 빛으로 돌아서고,
사탄의 세력에서 하나님께로 돌아서게 하고,
또 죄 사함을 받아 나를 믿는 믿음으로 거룩하게 된 사람들 가운데
참여하게 하려는 것이니라.

사울 : 내가? 예수의 증인을? 왜 하필 내가?

하늘 소리 : 사울아, 너는 나를 믿느냐?
두려워 말라. 내가 너와 함께 영원히 있으리라. 가라.

사울 : 어디로 말입니까?

하늘 소리 : 다메섹 성으로 들어가라.
그리고 네가 처음부터 가려고 했던 요나의 집으로 가서 기다려라.
그러면 네가 해야 할 일을 일러 줄, 아나니아라고 하는 사람이
너를 찾아올 것이다.

사울 : 지금 말입니까?

하늘 소리 : 가라. 네 발로 일어서라.

    (빛이 사라진다.)

    (사울은 자리에서 일어나려 하지만 다리에 힘이 없어
    비틀거리다가 쓰러진다.)

사울 : 아무것도 보이지 않아. 아무것….
    그 강한 빛이 사라진 후 내 눈에는 아무것도 보이질 않아.
    온통 어둠뿐이야. 요수아, 헤스론, 길르앗 모두 어딨느냐?
    요수아, 네 생각이 옳았다.
    네 생각대로 예수는 죽은 것이 아니었다.
    요수아. 요수아…. 눈물이 흐르려 하구나.
    이제까지 눈물을 흘리며 울어 본 적이 없는 나인데.
    왜 이렇게 갑자기 걷잡을 수 없을 정도로
    눈물이 흘러내리는지 모르겠다.
    왜 이렇게 물밀 듯한 슬픔이 북받쳐 오는 것일까?
    난 이제까지 헛된 짓을 해왔던 거야.
    요수아. 요수아…. 어딨느냐?

    (사울이 앞이 안 보여 허우적거리고 있을 때, 한네스가 들어와
    이를 발견한다.)

사울 : (인기척을 듣고는) 누구요? 요수아?
    거기 누구 있소? 누구 있으면 대답 좀 해보시오.
    난 아무것도 보이질 않으니 누구 거기 있으면 날 좀 도와주시오.

한네스 : (다가가지는 못하고) 앞이….

사울 : 아무것도 보이질 않습니다.
    갑자기 이렇게 되었습니다. 나를 좀 도와주십시오.

한네스 : 사울이시죠? 다소에 사는.

사울 : 맞습니다. 내가 사울입니다. 그런데 어떻게 나를….

한네스 : ….

사울 : 나를 아십니까?

한네스 : 당신은 바리새인이에요. 예수 교도들만 보면 모두 죽이려 하는
　　　　 가말리엘 스승의 제자이고….

사울 : 맞습니다. 어떻게 그렇게 자세히….

한네스 : 스데반을 기억하시죠?

사울 : 예?

한네스 : 며칠 전 당신이 시킨 사람들이 던진 돌멩이에 맞아 죽은….

사울 : 스데반…. 맞습니다. 내가 죽였습니다. 난 나쁜 놈입니다.

한네스 : 스데반은 제 남편이에요. 당신이 우리 남편을 죽인 거예요.

사울 : 부인, 절 죽여주십시오. 전 죽어야 할 놈입니다.

한네스 : 깨닫고 있나요? 자신의 행위를…. 저는 당신을 죽일 수 없어요.
　　　　 우리 주님께서도 죄인을 정죄치 않으셨으니까요.

사울 : 전 스데반이 외치는 소리를 하나도 듣지 않았습니다.
　　　　하지만 지금은 그렇지 않습니다.

한네스 : 그렇지 않다니요?

사울 : 조금 전 빛 가운데서 예수님을 만났습니다.
　　　　그분이 제게 나타나 자신이 하나님의 아들이라 말씀하셨습니다.

한네스 : 당신네는 믿지 않았잖아요.

사울 : 난 보았습니다. 그 분이 죽지 않고 살아있는 모습을….
　　　　난 그것도 모르고 스데반을 향해 돌을 던지게 했습니다.
　　　　스데반은 내가 죽인 것입니다. 내가 죽어야 했을 것을….
　　　　내 인생의 정력을 쏟아 최선을 다한 것이
　　　　모두 헛된 것이었다는 것을 깨달았습니다.
　　　　죽어 없어졌다고 생각했던 예수를 경배하는 무리를 잡으려 애쓰며
　　　　살아계신 하나님께 대적했던 내가 악독한 놈이었습니다.
　　　　하나님께 충성을 다하겠노라고 무진 애를 쓴 것이
　　　　결국 하나님을 향한 대적 행위가 아니었습니까?
　　　　당신의 남편에게 사정없이 던진 돌은 결국 살아계신
　　　　하나님의 아들, 예수에게 던진 것이었습니다.
　　　　고문당하던 희생자들의 신음이 메시아의 마음을 아프게 하는 줄도
　　　　모르고…, 내가 그랬습니다. 내가 메시아의 등짝을 채찍으로 피가
　　　　터지도록 후려갈겼고, 내가… 이 두 손으로 메시아의 얼굴에 돌을
　　　　던졌던 거야. 메시아의 얼굴에 피가 흐르는데도 난 바보같이
　　　　하나님께 감사하다고 했던 어리석은 놈이야.
　　　　그래, 정녕 십자가에 돌아가신 예수는 하나님의 아들이었어.
　　　　이보시오. 날 좀 도와주십시오. 난 다메섹으로 가야 합니다.
　　　　예수 교도들을 잡으러 가는 것이 아니고
　　　　주께서 가라고 하셨습니다.

한네스 : 앞이 아무것도 보이질 않습니까?

사울 : 예. 온통 어둠뿐입니다.

한네스 : 당신은 나의 남편을 죽인 사람이고
　　　　수많은 성도를 학대한 사람이에요.
　　　　난 당신을 구렁텅이로 데리고 갈 수 있고,
　　　　언덕에서 떠밀 수도 있어요. 그래도 날 쫓아오시겠어요?

사울 : 아무래도 좋습니다. 이제 나의 영혼은 나의 것이 아닙니다.
당신이 어떻게 하든지 간에 상관하지 않겠습니다.
이젠 두려운 마음이 없어요.
주님이 나와 함께 하시겠다고 약속을 하셨습니다.
하지만 난 다메섹으로 가야 합니다.
부탁입니다. 절 도와주십시오.

한네스 : (옷의 끈을 풀어 한쪽 끝을 사울의 손에 쥐여주며)
이 끈을 놓지 마세요.

사울 : 고맙소.

(둘이 조심스럽게 나가며 조명 암전)

요나의 집

(사울이 넋이 빠진 듯 허공을 바라보며 우두커니 앉아 있다.)

사울의 목소리 : (녹음으로 처리하면 좋음)
예수, 그분은 아직도 살아계신다.
마치 지금 내가 살아있는 것처럼.
그는 지금 요셉의 무덤에 계신 것이 아니야.
또 그의 시체가 도난당한 것도 아니야.
나는 이제까지 내 생각만이 옳다고 생각했다.
율법을 지키고, 아니 지켰다기 보다는 지키느라고 애썼지.
나는 남보다 아주 뛰어났고 율법도 잘 지켜서
스스로 자랑으로 삼았을 뿐 아니라
하나님께서 당연히 내게 구원을 주시리라 믿었다.
하지만 이제까지 난 영혼의 장님이었다.
난 율법을 지키지 않는 무리보다, 하나님 앞에서 조금도 나을 것이 없는 놈이야. 내가 예수를 부인하다니….
그는 그 자리에서 당장 나를 죽여 버릴 수도 있었다.
나는 그의 능력 앞에서 죽은 사람이나 다름없이 넘어져 있었다.
그분 또한 내가 자기를 대항하여 싸우고 있는 줄 알면서도
나를 불렀어. 나는 그를 죽도록 미워했다.
그의 제자들을 괴롭히며 그들을 하나님의 모독자라고 했어.
그런데 나를 사랑하다니…. 나를… 나를….

(이때 요나가 그릇을 들고 들어온다.)

요나 : 사울 선생, 드실 것을 좀 가져왔으니, 잡숴 보시지요.

사울 : ….

요나 : (사울의 귀에 대고) 사울 선생, 이걸 잡수시고 기운 좀 차리셔야죠.
그 먼 길을 오셨으니 이렇게 안 되실 수가 있겠습니까?
어서 잡수십시오. 그럼 기운이 회복될 겁니다.

사울 : (고개를 돌리며) 싫소. 지금은 아무것도 먹고 싶은 생각이 없소.

요나 : 그래도 뭘 좀 드셔야 힘이 생기고 거동을 할 수 있지 않겠습니까?
지금 몰골이 마치 죽은 사람처럼 몹시 흉합니다.

사울 : 혹시 날 찾아온 사람은 없었습니까?

요나 : 없었는데요? 누가 이리로 오기로 했습니까?

사울 : 아나니아라고 하는 사람이 이리로 올 겁니다.
그 분이 오면 내게 알려주십시오.

요나 : 아니? 아나니아라면 사울 선생이 잡으려는
그 예수 교도들의 제자가 아닙니까?
그 아나니아는 명단에서 제일 첫 번째인데,
지금쯤 사울 선생이 이곳에 와 계신 걸 벌써 알고

선생을 피해 꼭꼭 숨어 있을텐데….

사울 : 아니오. 그가 날 찾아올 것이오. 예수께서 그렇게 말씀하셨소.

요나 : 그렇다고 그 아나니아라고 하는 사람이 제 발로 걸어 들어올까요?
　　　호랑이 굴에 말입니다.

　　　(이때 밖에서 문을 두드리는 소리가 들려온다.)

아나니아 : (밖에서) 안에 누구 없습니까?

　　　(둘은 깜짝 놀라며 문 쪽을 바라본다.)

요나 : (문으로 다가가며) 누, 누구시오? 당신은?

아나니아 : 나는 다소에서 온 사울이라는 사람을 찾고 있습니다.
　　　당신 댁에 그런 사람이 있습니까?

요나 : (그제야 문을 열어주며) 예…. 그런데….

아나니아 : 나는 야곱의 아들, 아나니아라고 합니다.

사울 : (깜짝 놀라며) 아나니아?

아나니아 : 내가 그 사울이란 사람과 이야기할 것이 있는데
　　　만나게 해 주십시오.

사울 : (소리가 들리는 쪽으로 가며) 아나니아. 내가 사울이요.
　　　(넘어진다.) 내가 당신이 찾고 있는 사울이란 말이오.

요나 : (이 말을 듣고 사울에게 다가가려는 아나니아의 팔을 붙들며)
　　　지금 사울 선생은 마치 귀신들린 사람처럼 되었습니다.
　　　음식에 전혀 입도 대지 않고, 헛소리를 하는 듯합니다.
　　　그리고… 앞을 보지 못합니다.

아나니아 : (주저하다가 다시 용기를 내어 천천히 사울에게 다가간다.)

사울 : (넘어져 허우적거리며) 이보시오. 아나니아. 내가 사울이오.
　　　사울이 여기 있는데 어디 있는 거요. 내가 사울이외다.

아나니아 : (천천히 사울의 손을 잡으며) 사울 형제.

사울 : 형제? 지금 나보고 형제라고 했습니까?

아나니아 : 예. 사울 형제.

사울 : 당신이 정말 아나니아 맞소?

아나니아 : 예. 제가 아나니아 맞습니다.

사울 : 난 당신을 만나면, 제일 먼저 감옥에 처넣으려고 했던 사람이요.
　　　그런데 나보고 형제라니….
　　　내가 어떻게 당신의 형제란 말이요.

아나니아 : 하나님 안에서는 누구든지 모두가 한 형제입니다.

사울 : (아나니아를 덥석 끌어안으며)
　　　날 용서하시오, 내가 죽일 놈이었소. 난 벌레만도 못한 죄인이외다.
　　　예수를 부인하고 수많은 예수 믿는 자들을 학대했던
　　　난 죄인의 앞잡이요.

아나니아 : 하나님은 당신의 죄를 모두 용서해주실 겁니다.
　　　실은 나는 당신을 보러 오기가 몹시 두려웠습니다.
　　　당신이 예루살렘에서 예수를 믿는 사람들에게
　　　얼마나 악한 일을 많이 하였는지 잘 알고 있습니다.
　　　그리고 당신이 예수를 믿는 사람들을 모조리 옥에 가둘 수 있는
　　　권한을 갖고 이곳에 온 것도 잘 알고 있습니다.
　　　하지만 내가 잠자고 있을 때, 비몽사몽 간 주님께서
　　　제게 나타나 당신에게 가라고 명령하셨습니다.

그래서 온 것입니다.

사울 : 당신 말대로 난 이곳에 예수를 믿는 사람들을 모조리 잡으러
 왔습니다. 내가 이곳에 올 때 주님을 만나지 못했더라면
 아마 그렇게 했을 것이 분명합니다. 난 이렇게 용서받을 수 없는
 죄인입니다. 아마도 하나님께서 그 벌로 나의 눈을 보이지 않게
 하신 것 같습니다.
 앞이 안 보이는게 당연합니다. 벌을 받는 중이니까요.
 난 이제까지 눈으로 보고 있었지만, 영혼의 눈은 장님이었습니다.

아나니아 : 사울 선생. 주님께선 당신을 유대인이나, 이방인이나,
 적은 자나, 큰 자를 막론하고 모든 사람들에게
 예수의 도를 전할 사도로 택하셨습니다.
 그러니 너무 염려하지 마십시오.
 하나님께서 당신의 육과 영혼의 모든 눈을
 뜨게 하여 주실 것입니다.

사울 : 당신의 그런 말을 들으니 힘이 절로 솟는 듯합니다.

아나니아 : 사울 형제. 세례는 예수를 메시아로 믿는다는 우리의 신앙을
 공공연히 고백하는 것인데, 이 의식에 참례하시겠습니까?

사울 : 예, 하겠습니다.

아나니아 : (사울이 무릎을 꿇으면, 약간 떨리고 격앙된 목소리로)
 나는 하나님의 메시아, 곧 죽었다가 다시 살아나셨고
 또한, 다시 오실 예수의 이름으로 당신에게 세례를 주노라.

사울 : 아 - 멘.

 (천천히 고개 들며 앞이 보이는 듯) 당신이 아나니아?

 (두리번거리며) 그리고 탁자?

눈이 보입니다. 앞이 보여!

(힘찬 음악과 함께 조명 암전)

(무대가 밝아지면 무대엔 아무도 없다.)

(잠시 후 문을 조심스럽게 두드리는 소리가 들린다.)

베기엘 : (조심스럽게) 계시오? 아무도 없습니까?

(다시 문을 두드린다.)

요나 : (등장해서 문가로 가며) 누구요?

베기엘 : 난 다소에서 온 사울이라는 사람을 찾고 있습니다. 여기가 요나의 집 맞습니까?

요나 : (문을 열며) 제대로 찾아오긴 했습니다만….

베기엘 : 왜요? 지금 여기에 없습니까?

요나 : 조금 전에 떠났는데요….

베기엘 : (놀라며) 떠나다니요? 어디로 말입니까?

요나 : 글쎄요. 그건 저도 잘…. 하여튼 전도 여행을 떠나야겠다고 하는 것 같더군요.

베기엘 : 전도 여행이라니요?

요나 : 당신은 아무것도 모르시나 보죠?

베기엘 : 전 사울에게 무슨 일이 있었는지 아무것도 모릅니다. 무슨 일이 있었는지 자세히 말씀 좀 해 주십시오.

요나 : 그러지요, 우선 여기 좀 앉으시죠.

(둘은 앉는다.)

　　　　사울 선생이 예루살렘을 떠나 이곳으로 예수 교도들을 잡으러 오는
　　　　도중에 이곳에서 얼마 떨어지지 않은 언덕에서 잠시 쉬고 있었는데
　　　　갑자기 하늘에서 눈을 뜨지 못할 정도로 강한 빛이 내려와
　　　　하늘을 쳐다봤더니. 글쎄, 그 빛줄기의 끝에 예수가
　　　　떠억허니 버티고 서 있더라지 뭡니까?

베기엘 : 예수라고요? 예수는 죽었지 않습니까?

요나 : 글쎄, 제 얘기를 끝까지 잘 들어 보시라니까요.
　　　　그런데 그 예수라고 하는 양반이 사울 선생에게
　　　　'네가 왜 그렇게 나를 핍박하느냐. 너를 나의 증인으로 삼아야겠다.
　　　　너는 지금부터 많은 사람에게 내가 죽지 않고 살아난
　　　　하나님의 아들인 것을 알려주어라.' 하고 사라졌다지 뭡니까?
　　　　그 빛이 사라진 후 사울 선생은 눈이 멀어
　　　　이곳까지 손으로 더듬으면서 왔다고 하더군요.

베기엘 : 눈이 멀다니요? 앞이 전혀 안 보인단 말인가요?

요나 : 글쎄, 그렇다니까요.
　　　　이곳에 온 후로도 몇 날 며칠 씩이나 아무것도 잡수지 않고
　　　　그냥 허공만 멍하니 바라보며 마치 귀신에 씌인 사람마냥,
　　　　통 아무 말씀도 안 했어요. 그런데 바로 오늘 아침에 아나니아라고
　　　　하는 사람이 사울 선생을 찾아왔지요.

베기엘 : 아나니아? 아나니아가 왜요?
　　　　그 사람은 여기에 올 사람이 아닙니다.

요나 : 웬걸요. 저도 얘기는 대충 알고 있지만 그 사람은
　　　　조금도 두려워하는 기색없이 사울 선생을 찾아 왔습죠.
　　　　그 사람도 아마 예수라고 하는 사람이 꿈에 나타나
　　　　이곳으로 가보라고 시켰다나 봐요.

일어나 빛을 발하라

베기엘 : 그리고요?

요나 : 세례를 베풀더군요.

베기엘 : 세…례?

요나 : 세례를 받자 거짓말처럼 안 보이던 눈이 다시 보이게 됐죠.
　　　　예수를 믿겠다고….

베기엘 : 예수를 믿겠다고, 사울이?

요나 : 예수의 도를 전파하겠다고 가는 것 같던데….

베기엘 : 세상에 이럴 수가….

요나 : 왜 그러십니까? 당신은 누구십니까?

베기엘 : (고개를 흔들며 괴로운 듯) 말이 안 돼. 뭔가가 잘못 된 걸 거야.
　　　　사울이 제정신으로 그럴 사람이 절대로 아니야.
　　　　사울이 어떤 친군데…. 정말 사울이 맞습니까?

요나 : 아, 그렇다니까요. 제가 왜 사울 선생을 모르겠습니까?
　　　　다소 사람 아닙니까? 저하고도 전부터 잘 아는 사이입니다.

베기엘 : 아, 이럴 수가… 이럴 수가…. 사울이….
　　　　사울과 전 이곳 다메섹 성에서 만나기로 하고
　　　　제가 먼저 이곳에 도착했습니다.
　　　　먼저 와서 기다리고 있으면 곧 연락을 해주겠다고 했는데
　　　　목이 빠져라 기다려도 소식이 없길래 이렇게 직접 찾아 왔는데….
　　　　예수를 믿는 모든 미치광이를 죽여 없애겠다고
　　　　하나님 앞에서 사울과 나의 피를 포도주에 섞어 마셨는데….
　　　　이럴 수가…. 하나님 앞에서 맹세까지 해놓고서
　　　　이젠 온 유대 민족의 반역자인 예수의 앞잡이가 되다니….
　　　　그럼, 이제 난 뭐야? 난 뭐야? 나의 피는 누가 마신거야?

(땅에 주저앉아 울부짖으면 조명이 어두어진다.)

베기엘의 집

(베기엘이 힘없이 들어와 부인을 찾는 듯 두리번거리다 아무데나 힘없이 털썩 주저앉는다.)

(잠시 후 안니웃이 눈물을 닦으며 들어온다.)

베기엘 : (안니웃을 보고) 어머닌?

안니웃 : (말은 않고 입만 씰룩거린다.)

베기엘 : (심상치 않은 듯 큰 소리로) 어머닌?

안니웃 : (끝내 울음을 터뜨리며) 여…보.

베기엘 : (자기의 품에 쓰러지는 안니웃을 붙들고) 뭐야? 왜 말을 안 해?

안니웃 : 흑흑…. 당신이 조금만 더 있다가 가셨더라도….

베기엘 : (머리를 구석에 처박으며 소리를 지르고 주먹으로 땅을 치면서)
으아아!
(갑자기 고개를 벌떡 젖히고 입술을 깨물며)
사울, 그래. 이놈을 내 손으로 죽여 없애고야 말겠어.
모두 그놈 때문이야.
거룩하신 하나님의 대 반역자 예수의 신자가 되다니.
그런 민족의 대 반역자의 앞잡이는 반드시 내가 죽여 없애 버리겠어.
우리 어머니를 돌아가시게 한 놈.
나를 배반한 놈. 우리의 우정을, 우리의 민족을,
우리의 하나님을 배반한 놈. 땅끝까지라도 쫓아간다.
땅끝까지라도 쫓아가서 반드시 죽여 버리겠다.

일어나 빛을 발하라   199

(주먹을 불끈 쥐고 입술을 깨물며 조명 암전)

산헤드린 공회

      (베기엘이 침통한 표정으로 버릇처럼 손가락을 꺾으며
      초조한 듯 서성거리며 왔다 갔다 한다. 잠시 후 안나스가 들어온다.)

베기엘 : (무릎을 꿇으며) 안나스 대제사장이여!

안나스 : 왜 오늘은 자네 혼자 왔는가?
      그래, 다메섹에 가서 잡아 오겠다던 예수 교도들은 다 잡아 왔는가?
      설마 그렇게 큰소리를 탕탕치더니 한 사람도 못 잡아 왔다는
      소리는 하지 않겠지. 너와 함께 떠났던 사울은 어디 있느냐?
      아직도 다메섹에 있느냐?

베기엘 : (분에 못 이긴 듯) 사울은 하나님의 저주를 받을 것입니다.
      사울은 곧 죽을 것입니다.
      사울을 유대 온 민족의 이름으로 처단해야 합니다.

안나스 : 아니, 그게 무슨 소리냐? 갑자기.

베기엘 : (눈물 섞인 목소리로) 안나스 대제사장이시여!

안나스 : 그래, 부르지만 말고 어서 말을 해라.

베기엘 : 사울은 지금 예수의 앞잡이가 되었습니다.

안나스 : 뭐라고? 예수의 앞잡이가 돼?

베기엘 : 대제사장이시여! 사울은 저와 피를 나눠 마시면서까지 하나님 앞에
      맹세했습니다. 예수 교도들을 모두 잡아 오기로 말입니다.
      그런데 사울은 그 맹세를 무시하고 저 혼자 다메섹에 놔둔 채

예수의 도를 전파하겠다며 도망쳤습니다.

안나스 : (어이가 없는 듯 웃으며)
 허허허, 이보게, 자네가 사울을 잘 몰라서 하는 소린가 본데.
 사울은 절대로 그럴 사람이 아닐세.
 사울은 누구보다도 더 열성적으로 예수 교도들을 경멸해왔네.
 다메섹으로 간 이유도 그것 때문이 아닌가?
 사울은 내가 믿고 있는 인물일세. 그는 하나님의 훌륭한 일꾼이야.

베기엘 : 한때는 하나님을 위해선 목숨이라도 받칠 것같이 하며
 저를 속이더니 그 속마음엔 마귀가 들끓고 있었던 것입니다.
 제가 어떻게 감히 대제사장님께 거짓을 말하겠습니까?

안나스 : 사울은 지금 어디 있느냐?

베기엘 : 온 땅을 휘젓고 다니며 예수가 하나님의 아들이라고
 떠들어 대고 다닐 것이 분명합니다.

안나스 : (눈을 지그시 감으며) 사울이….
 그렇게 씩씩하고 용맹스럽던 사울이….

베기엘 : 대제사장이시여! 부탁입니다.
 그 사울을 제 손으로 잡게 해주십시오.

안나스 : 네가 어떻게 사울을? 너와 사울은 함께 행동하지 않았었느냐?

베기엘 : 사울은 저희 어머니까지 돌아가시게 한 놈입니다.

안나스 : 뭐라고?

베기엘 : 사울이 그렇게 급하게만 굴지 않았어도 저희 어머니는 돌아가시지
 않았을 겁니다. 어머니가 몹시 편찮으신 줄 알면서도
 사울의 말만 믿고 다메섹으로 갔는데….
 저희 어머니가 절 애타게 찾다가 돌아가셨답니다.

저희 어머님는 사울이 죽인 것과 다름없습니다.
피를 나누어 마시며 온 땅의 예수 교도들을 잡아 없애자
약속했지만 사울이 일방적으로 그 약속을 파기한 것입니다.
하지만 전 그렇지 않습니다. 아직도 하나님을 향한 저의 믿음은
변함이 없고 하나님을 대적하는 모든 무리를 잡아 죽이겠다는
저의 신념도 변함이 없습니다. 저를 이렇게 강하게 만든 것이
바로 사울이었는데 이젠 그놈이 바로 하나님의 대적이 되었으니
제가 앞장서서 잡아 오겠습니다.
안나스 대제사장이시여, 그놈을 빨리 잡아야 합니다.
늦어선 안 됩니다.

안나스 : 왜?

베기엘 : 그놈은 아는 것이 많습니다. 누구든지 그놈의 말을 들으면
설득당하지 않을 사람이 없을 것입니다.
비록 지금은 마귀에 씌었을지라도
그의 입에서 나오는 하나님을 대적하는 말 역시
　많은 사람을 설득시킬 것이 틀림없습니다.
그리고 오래전부터 그놈을 믿고 따랐던 사람들이 많습니다.
그 사람들마저 그놈의 말을 듣고 하나님의 대적자가 된다면
이건 정말 큰일이 아닐 수 없습니다.
한시라도 빨리 사울을 잡아, 전도 활동을 못 하게 해야 합니다.
이곳에 제 발로 찾아올 걸 기다릴 시간이 없습니다.

안나스 : 그래, 자네의 말을 듣고 보니 그런 것 같군.
하지만 내가 아직 사울을 만나보지 못했지 않은가?

베기엘 : 대제사장이시여! 이것이 무엇인지 아시겠습니까?

안나스 : 그건 사울과 자네가 부탁해 내가 아레다 총독에게 적은 편지가
아니냐?

베기엘 : 이 편지를 사울이 제게 가져오라고 시켰었는데
그놈은 정작 이 편지를 보지도 못했습니다.
그놈은 갈 때부터 이미 딴생각이 있었던 게 분명합니다.
그래서 저보고 먼저 가라고 한 것 같습니다.
대제사장이시여! 사울은 지금 이 시간에도 예루살렘 한복판에
많은 사람을 모아놓고 마귀의 말을 대변하며 떠들고 있을 것입니다.

군중씬

(사울이 많은 사람에게 설교를 하고 있다.)

사울 : 형제들이여! 내가 누군지 아십니까?
난 바로 여러분 모두를 잡아 죽이겠다고 벼르던 마귀의 앞잡이요,
영혼의 장님이었습니다. 하지만 이젠 그렇지 않습니다
하나님께서 나를 사로잡고 그의 증인으로 삼으셨습니다.
예수 그리스도야말로 하나님의 살아계신 아들이며
우리를 죄악에서 구원해주실 메시아이십니다.
여러분, 여러분도 이 사랑의 예수 그리스도를
만나 보지 않으시겠습니까?
난 하나님의 사랑을, 예수 그리스도의 사랑을
내 한 몸 죽어 없어지는 그 순간까지,
그 누가 나의 앞길을 막더라도 전할 것입니다.
나는 이 귀한 예수 그리스도의 사랑을 잠시라도 전하지 않으면
도저히 견딜 수가 없게 되었습니다.

다시 그 자리

베기엘 : 제가 가서 사울을 잡아 오게 허락해 주십시오.

사울을 잡기 전까지 저는 아무것도 할 수가 없습니다.
그놈을 잡기 위해선 어디든 따라가서 잡고야 말겠습니다.

안나스 : 흐음….

베기엘 : 도저히 억울하고 분통해서 견딜 수가 없습니다.

안나스 : 너 혼자 되겠느냐? 사울의 곁에 많은 사람이 있을텐데….

베기엘 : 저에게 힘이 센 청년 몇 명만 주십시오.

안나스 : 그래. 자네 말대로 사람을 보내주겠네.
하지만 사울을 다른 사람 모르게 데리고 올 순 없겠는가?

베기엘 : 아닙니다. 오히려 많은 사람이 지켜보아야 합니다.

안나스 : 아닐세. 아직도 많은 사람이 사울을 충실한 하나님의 사람으로
알고 있을 것일세. 그런 사울을 대제사장인 내가 잡아 왔다고
해보게. 그렇게 되면 많은 사람이 자세한 사실도 모르고
날 원망할 수도 있지 않은가?
그러니 사람이 없을 때 잡아 오도록 하게. 이건 나의 부탁일세.

베기엘 : 알겠습니다. 하지만 그놈이 혼자 있을 시간이 있겠습니까?
주위엔 항상 사람이 있을 텐데요.

안나스 : 내가 천부장에게 연락을 해서 사울을 부르도록 하겠네.
사울이 천부장에게 가면 도중에 자네와 함께할 사람들이 폭동을
일으키도록 유도하게. 그렇게 혼란스럽게 한 후 또 다른 사람들이
사울을 데리고 몰래 군중 속을 빠져나오도록 하게.

베기엘 : 알겠습니다.

안나스 : 한 치의 실수도 없게 하게나. 만약 사울이 납치되어 나에게 잡혀
온다는 사실을 다른 사람이 알게 된다면 내 입장이 곤란하게 될지도
모르니 말일세. 사울을 내가 직접 만나보기 전엔 믿을 수가 없어.

사울이 어떤 사람인데….

(조명 암전)

다락방

바나바 : 정말 큰일 날 뻔 했습니다. 천부장이 불렀을 때,
      이미 무슨 계략이 있었던 게 틀림없습니다.

사울 : 그들이 왜 나를 납치하려 했을까?

바나바 : 왜긴 왜겠습니까? 자기들을 배신했다는 것이겠지요.

사울 : 하지만 나를 그렇게까지 미워할 줄은 몰랐습니다.

바나바 : 참 아슬아슬하게 도망쳤습니다.
      까딱 잘못했다가는 여지없이 그놈들의 손에 끌려갈 뻔 했지요.

사울 : 그때까지 조용하게 내 말을 듣던 사람들이 왜 갑자기 화를 내며
      여기저기서 밀어붙였을까?

바나바 : 아닙니다.
      그때 밀어붙이던 이들은 분명 다른 사람들이었어요.
      그놈들은 사울 선생이 천부장에게 가는 길목을 지키고 있었던 게
      분명해요.

사울 : 아, 내가 그 사람들의 손에 끌려갔으면 어떻게 되었을까?
      날 가만두지 않았겠지…. 그들도 한때는 나와 함께 주님을 따랐던
      많은 성도를 핍박했었는데.
      내가 주님을 따르는 성도들을 핍박했을 때도,
      그들과 같이 미친 듯 날뛰며 채찍으로 때리고 죽였었는데.
      내가 얼마나 싫었을까?

스데반도 내가 죽인 거나 다름없습니다.
사람들을 선동해 돌을 던지게 했고 피를 흘리며 죽어가는
그 얼굴에 하나님의 저주가 내리기를 바랬습니다.
그걸 생각할 때마다 난 몹시 괴로움에 휩싸이곤 합니다.
난 수많은 성도를 죽인 죄인입니다.
난 감히 구원받을 수 없는 죄인임에도 불구하고
주님은 날 불러 주셨습니다.
그것도 더 많은 성도를 핍박하러 가는 길목에서
나를 부르셨습니다.
내가 돌을 던졌을 때 그것은 모두 주님을 향해 던진 것이었는데….

바나바 : 너무 상심하지 마십시오.
이젠 사울 선생의 영혼은 거듭나셨습니다.
모든 죄를 주님께서 용서하셨고 또 선생은 오늘 처음으로
　많은 사람에게 주님의 부활을 증거하지 않았습니까?
그것처럼 훌륭하고 위대한 사역이 어딨겠습니까?

사울 : 나는 무엇보다 나를 해치려는 사람들이 나의 말을 들으러 온 사람을
　나로 잘못 알고 해칠 것 같아 그게 염려가 됩니다.

바나바 : 그런 일은 없을 겁니다.
그들은 사울 선생의 얼굴을 모두 알고 있을 테니까요.

사울 : 자기 동족에게 미움을 받는 일이 참으로 견디기 어려운 것인 줄
　몰랐습니다.

바나바 : 그렇겠지요. 그런 줄 아시면서 왜 굳이 이곳에서 계시려는지
　모르겠습니다.

사울 : 예? 그건 무슨 말씀이십니까?

바나바 : 이곳엔 사울 선생을 해치려는 무리가 항상 득실거리고 있지
　않습니까? 이곳보다 더 멀리 가서 더 많은 사람에게 전하는 것도

하나님의 뜻이 아니겠습니까?

사울 : 그도 틀린 말은 아닌 것 같습니다.

바나바 : 하하, 죄송합니다.
몹시 피곤하실 텐데. 제가 공연한 말을 한 것 같습니다.
모든 건 사울 선생의 계획대로 하십시오.
하지만 전 어디까지나 사울 선생을 위해서 한 소리였습니다.

사울 : 고맙습니다. 바나바 형제.

바나바 : 오늘은 제법 사람이 많이 모인 것 같던데요.

사울 : 예. 오늘은 사람이 많아 힘이 샘솟는 듯했습니다.

바나바 : 사람들이 처음에는 얼마나 많은 의심을 했습니까?

사울 : 그도 그럴 만하지요.
얼마 전까지만 해도 난 그들에게 공포의 대상이었으니까요.

바나바 : 그러던 사람들이, 사울 선생이 다메섹으로 가는 길에서
있었던 일을 소상히 전하고 진실한 표정으로
주님의 말씀을 전하니까 차차 의심을 풀고 점점 다가와
사울 선생의 이야기를 듣지 않습니까?
그 광경을 볼 때 난 뜨거운 눈물이 흘렸습니다.
하나님께 너무너무 감사했기 때문이지요.

사울 : 우리는 우리의 역사를 되돌아볼 때 하나님의 무한한 사랑이 나타나
있음을 알 수 있고, 또 우리 조상들이 그 무한한 사랑을 도리어
외면한 것을 알 수 있습니다.
하나님의 무한하신 사랑은 그의 아들까지도 우리를 위하여
보내주셨지요. 그런데 나와 같은 예루살렘 사람들은 그 하나님의
아들을 죽였습니다. 그럼에도 하나님께서는 우리에게 자비를

　　　　　 베푸시고 예수로 말미암아 죄 사함을 받게 해주셨지요.
　　　　　 이 죄 사함은 유대 율법의 어디를 뒤져 보아도
　　　　　 찾아볼 수 없습니다. 그러므로 우리는 언제나 하나님의 사랑을
　　　　　 배척하지 않도록 경계해야 합니다.
　　　　　 바나바 형제, 만일 하나님의 이런 극진한 사랑을 배척했다가
　　　　　 선지자들이 우리에게 경고한 대로 '보라 멸시하는 사람들아
　　　　　 너희는 놀라고 망하리라' 한 말씀이 이루어질까 두렵습니다.

바나바 : 사울 선생의 말씀이 왜 이토록 저의 가슴에 와 닿는지
　　　　 모르겠습니다. 아마도 그래서 많은 사람이 사울 선생을 의심했다가
　　　　 곧 마음을 바꾸어 선생의 설교를 듣는 것 같습니다.
　　　　 제가 샘이 날 정도입니다. 하하하.

사울 : 바나바 형제.

바나바 : 예.

사울 : 앞으로 나를 사울이라 부르지 말아 주십시오.

바나바 : 아니, 그럼 뭐라 부르란 말씀입니까?

사울 : 나를 바울이라 불러 주십시오.

바나바 : 바울?

사울 : 예, 가장 높은 자란 뜻의 사울에서 바울이라는
　　　 가장 낮은 자가 되고 싶습니다.
　　　 가장 낮고 겸허하게 마음을 비우고 싶습니다.
　　　 그리고 로마에서 전도 활동을 하려면 유대식 이름보다는
　　　 바울이 더 좋을 것 같습니다. 새롭게 변화한 이름을 갖고 싶군요.

바나바 : 그렇게 하지요. 앞으로는 바울 선생이라 부르겠습니다.

　　　　 (이때 밖에서 문을 두드리는 소리가 들린다.

둘은 깜짝 놀라 구석으로 몸을 움츠린다.)

바울 : 누굴까요?

바나바 : 혹시 아까 그놈들이 여기까지 알고 쫓아 온 것이 아닐까요?

바울 : 그렇다면….

바나바 : 바울 선생님은 여기 계십시오. 제가 나가서 확인해 보겠습니다.

바울 : 조심하십시오.

바나바 : (문가에 조심스럽게 다가가서) 누구시오?

요셉 : (밖에서) 사울 선생님을 만나 뵈러 왔습니다.

바나바 : 누구길래 우리 바울 선생을 찾는 거요?

요셉 : (밖에서) 낮에 사울 선생님의 설교를 들었던 사람이에요.

바나바 : 그런데 무슨 일이오?

요셉 : (밖에서) 급히 전할 말이 있어서 그래요.
　　　　빨리 얘기하지 않으면 사울 선생님이 위험해요.

바나바 : (바울에게 다가가서) 꼬마 아이인 것 같은데요.

바울 : 꼬마 아이라고요?

바나바 : 예

바울 : 들어오라고 하지요.

바나바 : 혹시 아까 그놈들이 시킨 것일지도 모르지 않습니까?

요셉 : (문을 두드리며 급하게) 빨리요.

　　　　늦으면 사울 선생님께서 위험하다니까요.

바울 : 문을 열어주지요.

바나바 : (조심스럽게 문에 다가가 살그머니 열어준다.)

　　　　(문이 열리자 순간적으로 요셉이 뛰어들어와 바울에게 달려간다.
　　　　바나바가 요셉의 팔을 붙잡는다.)

요셉 : 이거 놔요.

바나바 : 너 혼자 왔느냐?

요셉 : (발버둥 치며) 나 혼자예요.

바울 : 바나바 형제.

　　　　(바나바가 요셉을 놓아준다.)

요셉 : (바울에게 달려가서 몹시 숨이 찬 목소리로)
　　　　선생님, 빨리 이곳에서 피하셔야 해요.

바나바 : 그게 무슨 소리야? 천천히 자세히 이야기해봐.

바울 : 그래. 꼬마야, 숨을 쉬고 천천히 얘기해 보아라.

요셉 : (그제야 큰 숨을 내쉰다.) 후….

바울 : 넌 집이 어디니?

요셉 : 가버나움이에요.

바나바 : 가버나움이면 여기서 며칠이 걸리는 거리인데
　　　　어떻게 너 혼자 여기까지 왔니?

요셉 : 아버지를 따라왔어요. 아버지는 장사꾼이거든요.

바나바 : 그런데 바울 선생님이 위험하다는 얘기는 무슨 소리냐?
          그걸 어떻게 알았어?

요셉 : 우리도 우연히 들었어요.

바나바 : 우리라니? 너 말고 또 누가 알고 있단 말이지?

요셉 : 우리 아버지도 알고 있어요. 같이 들었는걸요.

바나바 : 어디서 무슨 얘기를 들었단 말이냐?

요셉 : 우리가 묵고 있는 여관에서요.
       조금 아까 저희 바로 옆방에 키가 크고 힘이 세게 생긴 아저씨들이
       여러 명 들어왔거든요. 그러더니 몹시 화가 난 듯이
       서로 막 떠들며 이야기하는 것을 들었어요.

바나바 : 뭐라고 하던?

요셉 : 아버지하고 제가 벽에 가까이 가, 그 아저씨들이 하는 이야기를
       다 들었는데요. 그 아저씨들은 낮에 사울 선생님을 납치하려다가
       실패한 아저씨들이었어요. 그래서 몹시 화가 나서 사울 선생님을
       잡아 죽이기 전까지는 아무것도 먹지 않겠다고 서로 약속을 했어요.

바울 : (두 손으로 얼굴을 감싸며) 아, 주여….

바나바 : 그리고는?

요셉 : 그중 한 사람이 사울 선생님이 계시는 곳을 알고 있다고 하면서
       오늘 밤에 아무도 모르게 와서
       사울 선생님을 칼로 찔러 죽이겠다고 했어요.

바나바 : 뭐라고? 이런 나쁜 놈들….

요셉 : 그 아저씨들은 서로 자기가 찔러 죽이겠다고 나서다가
       그중 한 사람으로 결정되었어요.

바나바 : 그 사람이 누군지 아니?

요셉 : (머리를 긁적이며) 베…베, 뭐라고 하던데….

바울 : 베기엘?

요셉 : 맞아요. 베기엘이라고 했어요.

바울 : (떨리는 목소리로) 베기엘이….

바나바 : 그런데 어째서 네 아버지가 안 오고 네가 왔니?

요셉 : 우리 아버지는 사울 선생님을 미워해요.
왜냐하면 사울 선생님이 우리의 신앙을 배반했기 때문이래요.
그런데 우리 아버지와 난 아까 사울 선생님의 설교를 듣고
예수님이 돌아가신 것이 아니란 것을 알았어요.
그리고 사울 선생님이 그 나쁜 놈들에게 해를 당하실 걸 알고
아버지가 절 보내셨어요. 아버지가 가시는 것보다 제가 가는 것이
의심을 덜 받을 것 같다고 하셔서 제가 온 거예요.
지금 빨리 도망을 가셔야 해요.

바나바 : 고맙다. 요셉. 하나님의 은총이 네게 내리길 기도하겠다.
그리고 아무에게도 네가 우리에게 이런 말을 했다고 말하지 말아라.

요셉 : 그럼요. 그런 얘기를 하면 그 나쁜 아저씨들에게
사울 선생님보다 제가 먼저 죽을걸요.

바나바 : 그래, 위험하니 어서 네 아버지에게 돌아가거라.

요셉 : 빨리 도망가셔야 해요.

바나바 : 그래, 알았다.

(요셉 퇴장)

(바나바 쫓아가서 문을 걸어 잠그고 바울에게 다가와서)

바나바 : 바울 선생, 빨리 도망갑시다.

바울 : 도망을 가다니요?

바나바 : 아니, 그럼 그놈들 손에 돌아가시려고 합니까?

바울 : 바나바 형제. 우리 주님께선 악한 자들이 그의 생명을 해치려 할 때
　　　도망가셨습니까? 스데반의 죽음은 나의 눈을 뜨게 한 것입니다.
　　　나의 죽음은 베기엘의 눈을 뜨게 할 것입니다.

바나바 : 베기엘이 누군데 그러십니까?

바울 : 베기엘은 나의 사랑하는 친구로 다메섹에 많은 성도를 죽이려고
　　　갈 때 서로 피를 나눠 마시며 하나님 앞에 굳게 맹세했던
　　　신앙의 동지였습니다.

바나바 : 어쨌든 바울 선생이 그놈의 손에 죽어선 안됩니다.

바울 : 난 그대로 있겠습니다.

바나바 : 바울 선생의 용기는 장하십니다.
　　　　하지만 지금은 판단력이 부족하신 것 같습니다.
　　　　원수들이 주님의 생명을 노리던 초기에 우리 주님께서
　　　　죽음의 구렁텅이에 들어가지 않으셨단 사실을 잊으셨군요.
　　　　주님께서도 여러 번 피신하시면서
　　　　'나의 때가 아직 이르지 않았다' 말씀하지 않으셨습니까?
　　　　하나님의 뜻대로 죽는 것은 좋지만,
　　　　우리의 뜻대로 죽는다면 그것은 분명 자살입니다.

바울 : 난 베기엘을 만나야 합니다. 베기엘의 눈을 뜨게 해야 합니다.
　　　베기엘은 내 말을 들을 겁니다.

바나바 : 선생의 때는 아직 되지 않았습니다.
　　　　하나님께서는 선생이 필요하십니다.
　　　　선생이 없다면 이 전도 여행도 끝이 나는 것입니다.

바울 : 베기엘을 전도하겠습니다.
　　　그 친구에게도 예수가 메시아라는 것을 알려주어야 합니다.

바나바 : 선생이 죽기 전, 나무뿌리가 더욱 깊이 박히게 해야 합니다.
　　　　그래야 이 나무의 향기가 세상에 널리 퍼지고
　　　　그 잎이 모든 사람의 영혼을 구원할 것입니다.

바울 : 내가 베기엘에게 쫓기다니….

바나바 : 바울 선생, 시간이 없습니다. 빨리 도망갑시다.
　　　　그들이 곧 몰려올 겁니다.

바울 : 베기엘은….

바나바 : (손을 잡아끌며) 주저할 시간이 없습니다. 어서 도망갑시다.
　　　　이럴 줄 알고 이미 밧줄과 광주리를 준비해 놓았으니
　　　　그걸 타고 성벽을 내려가면 됩니다. 자, 어서 갑시다.

　　　　(바나바는 바울을 억지로 끌고 도망하듯 퇴장한다.)

　　　　(무대는 잠시 조용하다. 잠시 후에 문을 살며시 두드리는 소리가
　　　　들린다. 그렇게 몇 번 들리더니 이윽고 쿠당탕하는 소리와 함께
　　　　문을 밀치고 여러 사람이 뛰어 들어온다. 그중 베기엘도 보인다.)

베기엘 : 벌써 도망을 쳤구나. 놓쳐버렸어.

청년1 : 우리가 올 줄 미리 알았을까요?

베기엘 : 사울의 머리로는 충분히 예상했을 거야. 비겁하긴….

청년1 : 그럼, 무슨 수를 써서라도 쫓아가야 합니다.

로마에 힘을 보태달라고 하면 어떻습니까?

베기엘 : 로마는 우리 이스라엘의 종교를 모독하는 놈들에 대해선
별로 관심을 두지 않을 거야. 아마 기뻐할지도 모르지.
우리끼리 싸우는 것이니까.

청년1 : 사울로 하여금 가이사를 조금이라도 모독하게 하면 어떻습니까?
그러면 로마인들은 사울을 가이사의 반역자라고 할 게 아닙니까?
그렇게만 된다면 우리가 이렇게 그를 잡아가기 위해
사람의 눈을 피해 다닐 필요가 없지 않습니까?

베기엘 : 사울은 로마에 충성을 다하고 있어.

청년1 : 그놈이 아무리 충성한다 하더라도
가이사의 반역자라고 귀띔만 해주면 되는 것 아니겠습니까?
관리들은, 로마 법률을 어기는 한이 있을지언정,
가이사에 대한 반역에는 용서가 없을 것 입니다.
로마 법률을 어기면 벌을 받지만 가이사에 대한 반역엔
오직 사형뿐이니까요.

베기엘 : 사울이 어떻게 가이사에 대한 반역을 저질렀다고 해야겠는가?

청년1 : 그놈이 예수를 주라고 한다지 않습니까?
로마인들에게는 가이사 외에 또 무슨 주가 있습니까?
그놈이 가이사말고 또 다른 임금을 섬기고 있다고 하십시오.
그러면 일은 저절로 다 이루어질 겁니다.
우린 그저 뒷짐 지고 사울이 죽는 것만 보면 됩니다.

베기엘 : 사울이 죽어?

청년1 : 예, 죽어야지요.

베기엘 : 그, 그렇지. 하지만 사울은 내가 죽여야 한다.

죽이기 전에 내가 그놈에게 들을 말이 있어.
로마의 도움없이 우리가 죽이는 거야. 난 자네들이면 된다. 가자.

(조명 암전)

빌립보 거리

(머리가 헝클어진 여자가 거리에 앉아 무슨 소리인지도 모르게
중얼거린다. 몇 사람이 그 여자 앞에 앉아서 빌고 있다.
바울과 실라가 나타나서 그 앞을 지나려 하자
여자 곁에 서 있던 남자가 이들을 가로막고 외친다.)

남자 : 아, 손님들 어서 오십시오.
이 여인에게 손님들의 운수를 보지 않으시겠습니까?
아들 낳고 싶은 아주머니도, 돈 벌려고 환장한 아저씨들도,
사랑하는 여인과 결혼하길 원하는 총각들도 모두 복채를 내고
운수를 한 번 보십시오.
자, 손님들 뭐든지 걱정되는 일이 있으면 말씀만 하세요.
이 여인은 앞으로 일어날 일들을 신기할 정도로 알아맞힙니다.

실라 : (피하려고) 그럴 필요 없습니다.
우린 그런 것을 보려고 온 것이 아닙니다.

남자 : 헤헤, 손님, 그러지 마시고 뭐든지 말씀해 보시지요.
모두 알아맞힌다니까요.
손님, 마누라가 도망갔지요?
그래서 이곳으로 찾으러 온 것 아닙니까? 그렇죠?

실라 : 어허, 글쎄 아니라니까요.

바울 : 우리는 하나님의 말씀을 전하는 사람입니다.

당신도 그러지 마시고 하나님과 예수 그리스도의 사랑을
체험해 보지 않겠습니까? 하나님께서는 당신의 영혼과
저 여인의 영혼도 모두 구원해 주실 것입니다.

남자 : (갑자기 얼굴색을 바꾸며)
뭐라고? 하나님이 어쩌고 어째?
갈려면 조용히 갈 것이지, 왜 재수 없게 쓸데없는 소리를 하는 거야?
당신들, 나한테 한 번 당해 볼테야?

실라 : 우리가 당신에게 뭘 어쨌다고 이러는 거요?

남자 : 뭐라고? 뭘 어쨌다고 이러느냐고?

(주위 사람들에게 소리를 지른다.)
여보쇼, 사람들, 이리 와서 내 말 좀 들어보쇼.
이 사람들이 하나님을 믿는 사람들이라지 뭐요.
하나님의 자식들, 하나님의 새끼들….
껄껄껄…. 참 좋소이다.

(주위 사람이 모두 모여들어 웃는다.)

(바울과 실라가 그 사람들을 피해서 다른 곳으로 가려 하면
그 앞을 가로막고 웃어댄다.)

남자 : 여기 재미있는 구경거리가 있소이다.
미친 사람들, 정신 나간 사람들이요.

실라 : (바울의 손을 잡아끌며)
바울 형제, 이 까짓거 신경 쓰지 말고 그냥 갑시다.

(이때 앉아있던 여자가 바울과 실라에게 다가와 얼굴을 가까이 대고
이상하게 웃으며)

여인 : 당신들이 하나님의 종들이에요? 으하하.

(바울이 얼굴을 피하다가 대뜸 여인을 밀어붙이며 큰 소리로)

바울 : 예수 그리스도의 이름으로 내가 악신에게 명하노니
너에게서 나오너라.

(이 말에 여인은 뒤로 물러나더니 땅에 엎어져 괴로운 듯
목을 움켜쥐고 신음을 하다가 이내 잠잠해진다.
많은 사람이 호기심 어린 눈빛으로 그 여인을 지켜본다.
그때 남자가 사람을 비집고 여인에게 다가가 흔들어 깨운다.)

남자 : 이봐, 일어나. 이봐, 일어나라고….

여인 : (조금 전까지만 해도 사납던 눈매가 사라지고 차분히) 아, 내가 왜….

남자 : 이봐. 제정신으로 돌아온건가?
이제 점은 누가…. 아이고, 나는 망했네! 망했어.

(바울과 실라를 향해) 너희가 그런 거야.
(멱살을 잡으며) 너희가 우리 장사를 망하게 한 거야.
여러분! 글쎄, 이 알지도 못하는 놈들이 와서
우리 성을 망치고 있소이다.
이놈들이 우리의 종교를 무시하고 우리의 앞날을 예언해주는
신의 딸의 힘을 빼앗았으니 이놈들을 당장 쫓아냅시다.
여러분들도 보셨지 않습니까?
이놈들은 아예 관원에게 데려가 채찍 맛을 보여주어야 합니다.

(여기저기서 '좋소', '그럽시다', '옳소' 하고 소리친다.
이때 마침 그 앞을 지나가는 사람에게)

이것 보쇼. 관원 나으리.
이놈들은 유대 놈들 같은데 우리 성에 들어와서
소란을 피우고 있습니다.
로마인으로서 도저히 용납할 수 없고,

해서는 안 될 이상한 풍속을 퍼뜨리고 있습니다.

관원 : (입가에 웃음을 띠우며) 그래?
너희가 그 유명한 유대 놈들이냐?
유대 놈들은 하나님이 지옥 불의 땔감으로 쓸려고 만들었다지?
잘 만났다. 유대 놈들에게 꼭 알맞은 것이 하나 있지.
너희 등짝은 채찍으로 맞기에 아주 안성맞춤이야.

(관원은 손에 든 채찍으로 바울과 실라의 얼굴을 한 번씩 쓰다듬더니
갑자기 후려친다. 바울과 실라는 그 자리에서 쓰러진다.
곁에서 보고 있던 사람들이 손뼉을 치며 좋다고 소리친다.)

(한참을 채찍으로 때리던 관원은 채찍을 접으며)
이놈들을 옥에 가두고 단단히 지키라고 일러라.
만약 이놈들이 도망가도록 놓치는 놈이 있으면
내가 그놈의 목을 잘라버리겠다. 으하하.

(같이 들어왔던 간수에게) 야. 너!

간수 : 예?

관원 : 네가 책임을 져라. 네가 이놈들이 도망 못 가도록 단단히 감시해라.
만약 놓치는 날엔 내가 너의 목을 두 동강을 내버릴 테다.
알겠어? 엉?

간수 : 제 목을요?

관원 : 그래, 네 목 말이다.
이번에도 일을 제대로 못한다면 아주 죽여 없애 버리겠어.

간수 : 예, 예.

(관원이 웃으면서 퇴장하자 많은 사람이 바울과 실라를
질질 끌고 나가는데 무대 암전)

감옥 안

(바울과 실라가 비스듬히 누워있다.
두 팔은 벽에 사슬로 묶여있고 두 다리는 차꼬로 채워져 있다.)

실라 : (지친 목소리) 바울 형제, 많이 아프죠?

바울 : 나보다 실라형제가 더 많이 맞던 것 같던데.

실라 : 아까 왜 말씀하지 않으셨어요?

바울 : 무얼?

실라 : 바울 선생님께서 로마 시민이란 것을 말입니다.
로마 시민인 줄 알았다면 그렇게 채찍으로 때리지도
않았을 것입니다.

바울 : 말할 여유가 없지 않았소.

실라 : 너무 억울합니다.

바울 : 실라형제, 우리 주님께서는 십자가에 달리셨소.
종은 그 상전보다 크지 못한 것이지.
우리는 주의 이름을 위해 고난을 겪는 것이야.
주께서 말씀하시기를, 사람들이 주의 연고로
우리를 핍박할 때에 기뻐하라 하지 않으셨소?

실라 : 예, 저는 지금 옛날 시인의 물음을 제 자신에게 묻고 있습니다.
곧 '내 영혼아, 네가 어찌하여 낙망하는고….
너는 하나님을 바라라' 한 말씀입니다.

바울 : 그 말씀에 내가 힘을 얻는 것 같군.

실라 : 저도 큰 힘을 얻었습니다.

바울 : 실라형제, 시편에 있는 '밤에도 그 찬송이 내게 있으리라'는 구절을
  기억하시오?

실라 : 예.

바울 : 우리, 이 밤에 그 노래를 불러 봅시다.
  하나님은 우리의 피난처시오. 힘이시니
  환란 중에 만날 큰 도움이시라.

실라 : 하나님이여, 내 기도를 들으시며 내 입의 말에 귀를 기울이소서.
  외인이 일어나 나를 치며 강포한 자가 내 생명을 위협하나이다.

바울 : 하나님은 나를 돕는 자라.
  여호와 주의 이름에 감사하오리니. 주의 이름이 선하심이니이다.
  대저 주께서 모든 환란에서 나를 건지셨나이다.

실라 : 내 마음이 눌릴 때 땅끝에서부터 주께 부르짖으오리니.
  나보다 높은 바위에 나를 인도하소서.
  주는 나의 피난처이시니이다.

바울 : 사랑하는 자들아. 너희를 시련하려고 다가오는 모든 시험을
  이상한 일 당하는 것 같이 이상히 여기지 말고
  오직 너희가 그리스도의 고난에 참여하는 것으로 즐거워하라.

실라 : 이는 그의 영광을 나타내실 때 너희를 즐거워하고
  기뻐하게 하려 함이라 (벧전 4:12).

바울 : 몸은 죽여도 영혼은 능히 죽이지 못하는 자들을 두려워하지 말고
  오직 몸과 영혼을 능히 지옥에 멸하시는 자를 두려워하라.

실라 : 환란 날에 나를 부르라 내가 너를 건지리니
  네가 나를 영화롭게 하리로다 (시 50:15).

바울 : 하나님은 우리의 피난처시오, 힘이시니,

환란 중에 만날 큰 도움이시라.
그러므로 땅이 변하든지 산이 흔들려 바다 가운데 빠지든지
바닷물이 흉용하고 뛰놀던지 그것이 넘침으로 산이 요동할지라도
우리는 두려워 아니하리로다.

(그들의 외침이 점점 커진다.)

실라 : 우리는 두려워 아니하리로다.

바울 : 두려워 아니하리로다.

실라 : 두려워 아니하리로다.

(이때 갑자기 멀리서부터 천둥 소리와 같이
우르릉하는 소리가 들리더니 바닥이 흔들리며
천장에서 돌이 떨어지고 먼지가 일기 시작한다.)

바울 : 아니?

실라 : 무슨 일일까요? 지진이 난 것 같은데요?

(천둥소리는 더욱 크게 들리고 무대가 요동하며
곧 무너질 것처럼 옥문이 삐걱대며 열린다.
그리고 둘을 묶었던 사슬이 벽돌로부터 빠지고
발에 채웠던 차꼬가 풀어져 나동그라지고
뿌연 연기 사이로 하늘에서부터 빛이 내려진다.
바울과 실라는 어리둥절해서 구석으로 몸을 피한다.
이때 밖에서 소란스러운 소리가 들리더니
간수 몇 명이 뛰어들어온다.
간수는 열려있는 옥문을 보더니 소스라치게 놀라고
감옥 안으로 들어와서 한 번 둘러 보더니 아무도 발견하지 못한 듯
다시 뛰어나갔다가 들어온다.)

간수 : 이럴 수가 옥문이 열려 있다니….

　　　　(흥분해서) 죄수들이…. 죄수들이…. 어디 갔어? 어디 간 거야?
　　　　모두 도망갔어. 벌써 멀리 도망갔을 거야.
　　　　그럼, 난 이제 어떻게 되는 거야?
　　　　아, 이럴 수가…. 지난번에도 죄수 한 명을 놓쳐서 몹시 맞았는데.
　　　　이번엔 둘씩이나 도망을 가다니…. 이번엔 나를 죽인다고 했어….
　　　　죄수 하나 간수를 못 했다고… 아, 이렇게 비참할 수가….

　　　　(칼을 빼 들고) 차라리 내 목숨은 내가 끊어 버리는 것이….

　　　　(간수가 칼을 꺼내 자기 배를 향해 찌르려고 할 때
　　　　연기가 보얗게 일어난 빛 가운데로 바울이 걸어 나오며 외친다.)

바울 : 그만! 그 칼을 내려놓으시오. 우린 모두 여기 있소이다.
　　　　우린 도망간 것이 아니오.

간수 : (깜짝 놀라서 바울을 바라보다가 다른 간수에게) 횃불을 가져와.

　　　　(횃불을 받아들고 불빛으로 바울과 실라의 얼굴을 확인한 후에)
　　　　다른 방에도 가서 확인해 보고 모든 죄수를 단단히 묶어라.
　　　　그리고 도망친 사람이 없나 조사해봐.

　　　　(다른 간수가 떠나자 그제야 무릎을 꿇으며)
　　　　당신들이 이런 일이 일어나게 하셨지요.
　　　　제가 죽을죄를 지었으니 용서하여 주십시오.

실라 : 저희는 보통 사람에 지나지 않습니다.

바울 : 이 일을 일어나게 하신 분은 하늘에 계신 하나님이십니다.
　　　　하나님께서 땅이 그 자리에서 흔들리게 하시며
　　　　그곳에 서 있는 기둥을 요동하게 하신 것입니다.
　　　　어서 일어나서 하나님을 경배하십다.

간수 : (일어나서 밖을 향해) 이봐! 이분들의 차꼬를 끌러 드려라.
　　　　선생님, 저는 두 분께서 구원의 도리를 전하는 분들임을 잘 압니다.
　　　　어떻게 하면 구원을 얻을 수 있겠습니까?

바울 : 주 예수를 믿으십시오.
　　　　그리하면 당신과 당신의 집안이 구원을 얻을 것입니다.

간수 : 아 - 멘. 제가 이제부터 주 예수를 믿겠습니다.

실라 : 우리를 이곳에 가두게 한 관원에게 전할 말이 있습니다.

바울 : 이보게. 실라형제.

실라 : 아닙니다. 이건 반드시 밝혀야 합니다.

간수 : 무엇입니까?

실라 : 그 관원은 로마 시민권을 가진 우리를 아무것도 확인하지 않고
　　　　채찍으로 때렸으니까요.

간수 : (놀라며) 로마 시민이라고요?

바울 : 그렇소이다. 우린 로마 시민이올시다.

간수 : 로마 시민을 구타하는 것은 불법입니다.
　　　　그것이 사실이라면 그 관원은
　　　　우리까지 가이사의 진노를 사도록 했군요.

실라 : 만일 그가 훌륭한 관원이었다면 묻지도 않고
　　　　죄인으로 정죄하지도 않으려니와
　　　　죄인인지 아닌지도 모른채 채찍질을 하지도 않았을 것입니다.

간수 : 모든 것이 잘못되었습니다.
　　　　제발 부탁입니다. 이 일을 가이사에게 보고하지 말아 주십시오.

바울 : 우리는 이 사실을 가이사에게 보고하고자 하는 것이 아닙니다.
다만 그리스도인은 죄인도 아니며
평화를 파괴하고자 하는 사람도 아니라는 것입니다.
오히려 저희가 부탁하고자 하는 것은
그리스도인을 핍박하고자 하는
악질적인 사람들에게서 보호해 달라는 것입니다.

간수 : 예, 그렇게 하지요.

바울 : 실라형제, 가세…. 여기서만 머물 수 없지 않은가?
가야 할 곳이 너무 많아.

(바울과 실라는 계단으로 걸어나간다.
간수는 빛줄기 속에서 바울이 나간 쪽을 우두커니 바라보는데
무대 암전)

강가

바울 : 내가 자네와 만난 이후 이제까지 어떻게 지냈는지는
모두들 잘 알고 있겠지.
나는 겸손할 대로 겸손하였고 많은 눈물을 흘리며 주를 섬겼으며,
때로는 베기엘과 유대 사람들이 나를 죽이려는 음모로
여러 가지 시험들을 당하면서도 주를 섬겨왔다.
그리고 나는 나의 모든 것을 아끼지 않고
여러 사람 앞에서 복음을 전하고 가르쳤네.
하지만 이제는 내가 예루살렘으로 갈 때가 된 것 같아.

실라 : (깜짝 놀라며) 바울 선생님, 그건 안됩니다.
예루살렘엔 바울 선생님이 오기만을 눈 빠지게 기다리는 악당들이
얼마나 많은데 굳이 그곳에 가려고 하십니까?

그곳에서 또 무슨 일이 생길지도 모르는데….
왜 예루살렘에 가시려고 하는 겁니까?

바울 : 내가 어디를 가던지 투옥과 환란이 기다리는 것은 마찬가지야.

실라 : 예루살렘에 있는 그 무지한 미치광이들의 손에 죽느니
주의 복음을 로마나 서바나에 전하는 것이
더 가치 있는 일 아니겠습니까?

바울 : 내가 갈 길은 끝까지 가서, 주 예수께 받은 하나님의 은혜의 복음을
증거하는 임무를 다하기만 한다면,
나는 나의 목숨이 조금도 아깝지 않다.

실라 : 예루살렘은 현재 아주 긴박합니다.
얘기를 듣기로, 예루살렘의 유대인들이 로마인을 대적하는 반감이
매우 험악하여 로마인을 미워할 뿐만 아니라
어떤 사람은 칼을 품에 숨기고 다니면서
로마를 향해 적극적으로 대적하는 태도를
보이지 않는 것같은 사람을 찔러 죽인다고 합니다.
그런 미치광이들의 소굴에 선생님이 가신다면, 생명이 위험합니다.
선생님께서 율법을 거부하는 사람이란 소문이
쫙 퍼졌다는 얘기도 들었습니다.
예루살렘에 간다는 것은 마치 자신을 죽일 덫에
스스로 걸리는 것과 다름이 없습니다.

바울 : 난 예루살렘에 가서, 직접 베기엘을 만나 얘기를 해야 해.
전에 예루살렘에서 나를 죽이려 했을 때,
내가 도망치는게 아닌데 그랬어.
내가 죽음을 무릅쓰고 베기엘을 기다렸다가 전도했다면
지금쯤 베기엘과 함께 전도를 하고 있었을 텐데.
가야지…. 베기엘을 만나야 해.
베기엘은 내가 말하면 얼마든지 들어줄꺼야.

실라 : 지금 베기엘이 바울 선생을 죽이려는 무리의
		우두머리가 되어 있습니다.
		그런 베기엘을 어떻게 만나시려고 그럽니까?

바울 : 그러니 더욱 만나야 해.
		내가 주를 믿은 후 수많은 사람에게 설교를 하고 전도를 했지만
		베기엘을 전도하지 못한다면 난 아무런 소용이 없어.
		그리고 주를 섬기는 사람들이 겁쟁이라는
		말을 하지 못하게 해야 해.
		난 이제까지 죽음의 위협 속에서도
		하나님 나라를 선포하지 않았는가?
		이제 이곳에 있는 사람은 아무도 나를 보지 못할 것이야.
		누가 뭐래도 난 예루살렘에 가려네.
		마지막으로 자네에게 할 말이 있네.
		자네는 자기 자신을 위하여, 또는 모든 양 떼를 위하여
		늘 조심하게나.
		성령이 자네를 감독으로 세우시고
		주님께서 자기 피를 대신해서 값 주고 사신 교회를 먹이게 하셨네.
		그러므로 자네는 항상 깨어 있어,
		3년 동안이나 밤낮 눈물로 많은 사람에게 쉬지 않고
		훈계하던 것을 기억해야 하네.

		(실라가 천천히 바울에게 다가가 바울의 허리띠를 풀어
		자신의 허리에 감은 뒤)

실라 : (울먹이며) 선생님. 유대 사람들이 선생님을 이렇게 묶어서
		이방인들에게 넘기겠지요.

바울 : 울지 말아라.

실라 : 지금이 선생님을 뵙는 마지막이 되겠지요?

바울 : 어찌하여 네가 울어서 나의 마음을 상하게 하려 하느냐.
　　　　나는 이미 주 예수의 이름을 위하여 옥에 갇히는 것뿐만 아니라
　　　　예루살렘에서 죽을 것을 각오했다.

실라 : 그저 주의 뜻이 이루어지길 간절히 바랍니다.

　　　　(조명 암전)

예루살렘 성전 앞

　　　　(바울이 성전에 들어가려 할 때 많은 사람이
　　　　　바울의 앞을 가로막고 소리를 지른다.)

사람1 : 여러분! 이 사람이 바로 우리 유대 민족의 대반역자 바울이올시다.
　　　　이 사람은 어디를 가나 우리 백성과 율법, 성전을 공박하면서
　　　　자기의 이단 종파를 선전하는 사람입니다.

사람2 : 맞아, 저놈이 바로 바울일세. 바울, 맞아.

사람3 : 저놈을 내쫓아라!

사람4 : 죽여버려라.

사람5 : 저놈은 우리의 반역자이다.
　　　　성전을 모독하는 놈은 돌로 쳐 죽여야 해.

　　　　(사람들이 바울을 서로 밀고 당기며 끌어내리려고 할 때
　　　　천부장이 로마 병정과 함께 등장 한다.
　　　　사람들은 천부장이 오자 슬금슬금 뒤로 물러난다.)

천부장 : (병사에게) 이 사람을 끌고 가라. 내가 직접 신문하겠다.

(병사들이 바울을 끌고 가려 할 때)

바울 : 천부장이여, 내가 당신께 할 말이 있소이다.

천부장 : 잠깐.

(병사와 바울이 멈춰 선다.)

그 사람이 말하도록 잠깐 세워라.

바울 : 난 다소에서 태어난 유대인으로 바울이라 합니다.
　　　내가 나를 때리려 했던 저 사람들에게
　　　말을 좀 하게 허락해 주십시오.

(천부장이 군중을 바라본 후 바울에게 끄덕인다.)

여러분들, 저는 지금 이 자리에서 여러분에게 변명하려는 것이
결코 아닙니다. 하지만 반드시 해야 할 이야기가 있습니다.
그것은 오늘 제가 여러분에게 맞아가면서까지 증거하는
주님의 이야기입니다.
나도 한때 예수의 도를 따르는 사람이라면
여러분 못지않게 남녀노소 가리지 않고 박해하며
죽이기까지 했던 사람입니다.
여러분도 잘 아는 스데반을 돌로 쳐 죽일 때
저도 그 곁에 함께 있었으며
스데반을 죽이도록 뒤에서 선동했던 자도 바로 저였습니다.
그건 대제사장과 많은 장로가 증인입니다.
그런데 제가 왜 지금 여러분에게 맞는 처지가 된 줄 아십니까?
그런 바로 살아계신 예수님을 빛 가운데서 만나 뵈었기 때문입니다.

(이때 많은 사람이 '우-' 하며 달려든다.)

사람들 : 저놈을 당장 죽여라!
　　　　더 이상 다른 말을 못하도록 입을 찢어 버려라!

바울 : 예수님은 살아계신 하나님의 아들이십니다.
　　　예수님은 우리를 구원하실 메시아이십니다.

천부장 : (더 이상 소란을 막으려는 듯) 그만-.
　　　　당신은 저 많은 사람의 원성을 들어가면서까지
　　　　그런 얘기를 꼭 해야만 하는가?
　　　　당신, 채찍 맛 좀 보고 싶어?

바울 : 로마 시민을 재판도 하기 전에 매질하려고 그러시오?

천부장 : (깜짝 놀라며) 당신이 로마 시민이오?

바울 : 그렇소.

천부장 : (바울의 머리끄덩이를 휘어잡으며)
　　　　채찍을 맞는 것이 두려워서 거짓말을 하다니…. 이게 감히….

바울 : 난 정말 로마 시민이오.

천부장 : (빈정대듯) 그래?
　　　　난 돈이 많아서 많은 돈을 들여서 로마 시민권을 사들였다.
　　　　너도 돈이 많단 말이지?

바울 : 나는 나면서부터 로마 시민이오.

　　　　(천부장이 두려운 듯 물러선다.
　　　　이때 베기엘이 몇 사람과 함께 들어온다.
　　　　바울과 베기엘의 눈이 마주친다.)

바울 : 베기엘….

베기엘 : 천부장 어른. 이 자를 내게 넘기십시오.
　　　　내가 대제사장께 데려가겠습니다.

　　　　(천부장과 병사는 두려운 듯 빠른 걸음으로 도망간다.

베기엘과 바울은 한동안 말없이 바라보고만 있다.
이윽고 베기엘이 바울에게 가까이 가더니
갑자기 바울의 뺨을 후려갈긴다.
바울은 얼굴을 감싸고 나동그라진다.)

(잠시 어두워졌다 밝아지면 어두운 구석에 바울이 쓰러져 있다.
그 위에 한 줄기 빛이 내려오면 바울이 고개를 들어 빛을 바라본다.)

하늘 소리 : 바울아-. 용기를 내라.
네가 예루살렘에서 나를 위해 증거한 것처럼
로마에서도 증거해야 한다.

(무대 암전)

로마의 궁전

(바울이 병정에게 이끌려 들어와서 의자에 앉아 있는 베스도 총독
앞에 선다. 베스도의 뒤에는 수명의 병정이 차렷 자세로 서있으며
그 뒤 멀지 않은 곳에 법정 고문들이 서 있다.
무대의 한편에는 산헤드린 공회의원과 베기엘이 서 있다.
베스도는 시작하라는 듯 안나스에게 고개를 끄덕인다.)

안나스 : (몇 번 헛기침을 한 후에) 베스도 총독 각하.
우리는 각하의 덕분에 큰 평안을 누리고 있으며
이 나라가 각하의 앞을 내다보시는 지혜로 개선되고 있음에
감사드립니다.
이제 각하를 오래 붙잡지 않기 위해 간단히 말씀드리겠습니다.
너그러우신 마음으로 들어주시기 바랍니다.
사실 여기 기소된 이 사람은 말썽만 일으키는 위험한 자로

죽어야 마땅한 죄를 범했습니다. 이를 각하께서 가벼이 여기셔선
안된다고 저희는 생각합니다.
저희가 이 자를 보니, 이 자는 온 천하에 있는 모든 유대 사람을
소란케 하는 자며 나사렛당의 괴수입니다. 그뿐 아니라 우리 민족이
가진 소망의 상징, 성전을 더럽히려 하는 자입니다.
유대인 중에서 소요를 일으킨다면,
그것은 곧 로마제국의 안전을 위협하는 것이며,
성전을 더럽힌다는 것은, 곧 로마제국이 보호하는 종교를
모독하는 것이 아니고서야 무엇이겠습니까?
제가 지금까지 각하께 보고드린 내용으로 친히 이 사람을 심문해
보시면 저희가 이 자를 고소하는 이유를 다 아시게 될 것입니다.

베스도 : 이보게, 다른 사람들의 생각도 모두 같은가?

(주위에서 "예, 모두 사실입니다.")

베스도 : 그럼 바울, 자네의 말을 들어 보기로 하겠네.

바울 : 각하께서 여러 해 동안 이 나라의 재판장으로 계신 것을 제가 알기
때문에 기쁜 마음으로 저에 대한 사실을 변명하겠습니다.
제 말을 들어 보시면, 이 고소에 대해 합당한 증거를
댈 수 없단 것을 각하께서 곧 아시게 될 것입니다.
제가 유대인의 소요를 일으켰다는 죄에 대해 말씀드리면,
저는 각하께서도 잘 아시는 규례인 절기를 지키려고
예루살렘으로 온 지가 이제 열이틀 밖에 안됩니다.
그런데 각하께서도 아시다시피, 닷새 동안은 성결 예식을 행하느라
모두 성전 안에서 보냈습니다.
그러니 제가 어찌 소요를 일으킬 수 있었겠습니까?
제가 성전에서 변론하거나 회당이나 성중에서 무리를 소동시키는
것을 본 사람이 있다면 증인으로 나서라고 해 주십시오.
아무도 없을 것입니다.
그들이 저를 이단에 속한 자라고 주장하는 것에 대해선,

저도 기꺼이 인정하겠습니다. 하지만 이는 유대인의 율법에서 벗어
나는 것이 아니고 오히려 그것을 완성하는 것입니다.
저는 우리 조상들의 하나님을 섬기며
율법과 예언서에 기록된 모든 것을 믿습니다.
그리고 저는 하나님 안에서 희망을 품고 있습니다.
그 희망은 의로운 사람이나 의롭지 못한 사람이나
다 같이 부활한다는 사실입니다.
저도 그들 못지않게 하나님과 사람들 앞에서
거리낌 없는 양심을 가지려고 스스로 단련하고 있습니다.
다음으로 제가 성전을 더럽혔다는 일에 대해 말씀드립니다.
제가 여러 해 동안 외지에서 지내다가 이번에 예루살렘에 온 목적은
제 동족을 위하여 헌금을 가져오고 희생 제물을 드리기 위해서
입니다. 제가 제물을 드리려 할 때 몇 사람이 제게 다가와 소란을
피웠지만 저는 아무런 대항을 하지 않았습니다.
그들은 저를 죽이려고 때리며 끌고 가려 했습니다.
그들이 이런 무법한 행동을 할 때,
마침 천부장이 이를 중지시켰습니다.
천부장이 사람들을 잠잠하게 한 후 저를 심문했지만
제게서 아무런 허물을 발견하지 못했습니다.
그때 저에 대해 고소할 일이 있었다면, 천부장이 직접 했을 것입니다.
지금 이 사람들에게 제가 무슨 잘못을 찾아냈는지
말해 보라고 해 보십시오. 거기서 제가 말한 한 가지는 오직
죽은 자의 부활을 믿는다고 확언한 것뿐이었습니다.
총독이시여! 우리 조상들의 신앙을 확언한 것이 죄입니까?
(바울이 말을 마치자 베스도 총독은 난처한 표정을 짓더니)

베스도 : 나, 나로서는 이 사람을 정죄할 근거를 찾을 수 없다.

(무대 암전)

로마의 궁전

(전 장면과 동일하다. 아그립바와 그의 아내 베니게가 화사한 옷을 입고 앉아 있고 그 옆에는 여러 개의 훈장을 단 정복을 입은 베스도가 앉아 있으며 그 뒤에는 투구를 쓴 군인들이 정렬해 있다.
잠시 후 바울이 군인들의 호위 속에 들어오자 그 뒤로 대제사장과 베기엘이 쫓아 들어온다. 자리를 잡자 아그립바는 베스도에게 손짓을 한다.)

베스도 : (자리에서 일어나) 아그립바 이하 여기 계신 여러분!
여러분의 앞에 서 있는 여기 이 바울이라 하는 사람에 대하여 예루살렘과 이곳에 있는 모든 유대인이 제게 송사하여 외치기를, 이 사람을 살려 두어서는 안 된다고 하였습니다.
그래서 제가 심문하여 보았으나 이 사람은 죽을죄를 지은 일이 없었습니다. 그런데 이 사람이 가이사 왕에게 상고하였으므로 저는 이 사람을 황제께 호송하기로 결심하였습니다.
하지만 저는 이 사람에 대하여 황제께 보고할 확실한 자료를 얻지 못했습니다.
그러므로 저는 여기 계신 여러분 특히 아그립바 왕 앞에서 이 사람을 심문해 황제께 보고할 자료를 얻으려 이 자를 이리로 데려왔습니다. 죄도 없이 죄인을 호송한다면 온당치 못한 일이라 생각했기 때문입니다.

아그립바 : (바울에게) 그대에게 말하기를 허락하노라.

바울 : 아그립바 왕이시여! 저를 고소한 여기 이 사람들은
제가 우리 종교에서 가장 엄격한 바리새파인의 생활을 했다는 것을 잘 알고 있습니다.
저는 누구 못지않게 하나님을 밤낮으로 섬기며 그 약속이 이루어지기를 바랐었습니다. 나사렛 예수의 이름을 반대하는 일에 저의 온 정열을 다 쏟았고 많은 사람을 학대하는 일에 앞장섰었습

니다. 저기 서 있는 베기엘과는 포도주잔에 피를 타서 나눠마시는
맹세까지 했습니다.
그런 제가 왜 오늘 이 자리에서 베기엘과 대제사장께 고소 당해
아그립바 왕 앞에서 재판을 받게 되었습니까?
그건 바로 살아계신 하나님의 아들 예수님의….

베기엘 : (O.L) (참지 못해) 잠깐….

바울 : ….

베기엘 : 바울, 그다음 말은 안 들어도 된다.
하지만 네가 내게 뭐라고 말했는가?
하나님의 영광을 위해선 땅끝까지라도 쫓아가서
예수 교도들을 잡아야 한다고 하지 않았나?
하나님의 영광을 위해선 우리의 목숨을 바치더라도
예수 교도들을 모두 잡아야 한다고 하지 않았는가?
하나님의 영광을 위해선 가족도 염려하지 말라고 하지 않았는가?

바울 : (O.L) 베기엘.

베기엘 : (흥분해서) 우리 어머니가 돌아가셨다.
내가 너와 약속을 하고 다메섹으로 갈 데 뭐라고 했나?
하나님의 영광을 위해 일하는 자에게는 하나님께서 지켜 보호해
주신다고 하지 않았는가? 자네의 입으로….
우리 어머니가 돌아가셨다. 네게 다메섹에서 배신을 당하고….

바울 : (말을 가로채어) 그건 배신이 아니야.

베기엘 : 집에 돌아왔을 땐 어머니가 벌써 돌아가신 후였다.
하나님의 영광이 뭔가? 예수 교도들을 모두 잡아 없애는 것이
하나님의 영광이 아니냐고 네 입으로 말하지 않았는가?
난 예수 교도들을 잡으러 다메섹으로 갔다가
이제는 너를 잡으려고 온 땅을 헤매고 다녔다.

너를 꼭 잡아서 하나님의 심판을 받게 하려는 마음으로 가득찼지.
다메섹에서 돌아오는 길에 내가 얼마나 눈물을 흘렸는지 아느냐?
섭섭했다. 너무나 억울했고 섭섭했어….
네가 어떻게 그 입으로 하나님의 아들 예수라는 소리를
하느냔 말이다.

바울 : 내가 너와 함께 가지 않은 것은 내 실수였다.
하지만 예수님은 살아계신 하나님의 아들이다.
난 그 살아계신 하나님의 아들을 만났다.

베기엘 : 예수를 만났다고? 도대체 스데반을 누가 죽였지?
너도 스데반과 다르게 뭐 있느냐?

바울 : 그래, 네 말대로 예수가 십자가에 못 박혀 죽은 줄로만 알았다.

베기엘 : 그런데….

바울 : 베기엘, 이건 변명이 아니다. 내가 널 먼저 보내고 뒤쫓아
다메섹으로 갈 때, 주님이 내 앞에 나타나셨다.

베기엘 : 거짓말.

바울 : (큰 소리로) 거짓말이 아니야.
너도 나와 함께 있었다면 그분을 뵈었을 것이다.

베기엘 : 예수는 죽었다.

바울 : 죽지 않았다. 많은 사람이 예수를 십자가에 매달았지만,
그분은 사흘 만에 다시 살아나셨다.

베기엘 : 사람이 어떻게 죽었다가 다시 살아난단 말인가?

바울 : 예수는 하나님의 아들이다.

베기엘 : (O.L) 요셉의 아들이다.

안나스 : (아그립바에게) 요셉이 누군지 아십니까?
       요셉은 목수입니다. 문짝을 만들고 고쳐주기도 하는….

베기엘 : 그는 사기꾼이야. 얼마 전에 나타났던 요한과 같이 별 볼일 없이
        떠돌아다니는 거렁뱅이에 불과하다고 자네도 말하지 않았는가?
        아무것도 아는 것이 없으면서 사람들을 현혹하는 사기꾼이란
        말이다.

바울 : 그래, 나도 메시아는 하늘로부터 홀연히 오시는 줄 알았다.
       하지만 옛날 선지자 모세가 메시아는 여자의 후손으로 올 것이라고
       하지 않았느냐? 그리고 베들레헴에서 이스라엘을 다스릴 자가
       나올 것이라고…. 또 처녀에게 잉태하여 아들을 낳되
       그 이름이 바로 임마누엘이라고 하지 않았더냐.
       그분이 바로 예수다. 예수는 우리의 죄를 대신해서 돌아가신 것이다.

안나스 : 죄라니? 우리에게 무슨 죄가?
        우리처럼 완전한 의인이 어디에 또 있단 말이냐?

바울 : 대제사장이시여! 이 땅엔 의인은 없습니다. 단 한 사람도….

안나스 : (O.L) 그만두지 못해!

바울 : (O.L) (큰 소리로) 의롭다 하는 것은 율법을 지킨다고 되는 것이
       아닙니다.

안나스 : 우린 간음한 적도 없고 남의 것을 훔친 적도 없고,
        남의 돈을 부당하게 빼앗은 적도 없어.
        한 주에 두 번씩이나 금식하며 십일조를 바치고
        율법을 지키며 살아왔는데 어찌 우리 보고 죄인이라 하는 것이냐.

바울 : 대제사장의 말씀대로 율법에 있는 모든 말씀은
       율법 아래 사는 모든 사람이 따르기 위한 것은 사실입니다.

안나스 : 그런데 무슨 다른 말이 필요하냐?

바울 : 그것은 인간들의 변명하는 모든 입을 막고 온 세상을
하나님의 심판에 복종시키기 위한 것입니다.
율법을 행하므로 하나님 앞에서 의롭게 되는 사람은
아무도 없습니다.
오히려… 율법으로 인해 죄의식만 더욱 생길 뿐입니다.

베기엘 : 그럼 더 이상 하나님 나라에 우리는 갈 생각을 말아라 이 말인가
너의 말은? 그럼 뭣 때문에 사는 것인가 우리가?

안나스 : 사람이 믿음으로만 구원을 받는 것이라면
하나님께서 뭣 하러 우리에게 율법을 주셨겠는가?

바울 : 하나님께서 우리를 구원하시려고 율법을 주신 게 아니라
우리에게 구원이 얼마나 절실히 필요한 것인지 보여주시기 위해
율법을 주신 것입니다.

안나스 : 그럼 율법이 아무것도 아니란 말이냐?

바울 : 율법은 단지 우리가 얼마나 구부러져 있는지,
다시 말해서 우리의 믿음을 재보는 자와 같은 것일 뿐입니다.

안나스 : 자네는 자네의 생각대로 떠들기만 하면 되는 줄 아는가?

바울 : 우린 우리의 힘으론 절대 하나님 나라에 들어갈 수 없습니다.

안나스 : 아니? 저런….

바울 : 그만큼 우린 하나님 나라에 들어갈 수 없을 만큼 죄인입니다.

안나스 : 우린 아브라함의 자손이고 모세의 후손이다.
어찌 아브라함의 후손이 하나님 나라에 들어갈 수가 없단 말이냐?
그럼 도대체 하나님 나라엔 어떤 놈들이 가는 곳이란 말이냐?

바울 : 하나님 나라에 들어갈 수 있는 길은 오직 예수 그리스도만을
  통해서입니다. 제가 가말리엘 스승께 율법을 배울 때도,
  피 흘림이 없이는 죄 사함이 없다고 했습니다.
  하지만 그분이 십자가에서 많은 피를 흘림으로써 우리의 속죄양이
  되셨고 그 피로 인해 우린 우리의 죄를 용서를 받고
  하나님 나라에 들어갈 수 있게 된 것입니다.

안나스 : 우리를 구원해 주실 메시아는 아직 오지 않았다.

바울 : 전 만났습니다.

안나스 : 자넨 가말리엘 밑에서 공부하지 않았느냐?
  가말리엘이 너를 그따위로 가르치더냐?

바울 : 전 가말리엘 스승 밑에서 많은 율법과 지식을 쌓았습니다.
  그렇지만 그 많은 지식과 율법은 오히려
  그리스도를 십자가에 못 박도록 제 영혼의 눈을 가려 버렸습니다.
  하지만 제가 예수를 만난 뒤엔, 제가 얼마나 괴수였고
  이 땅에 저만큼 추악한 사람이 없다는 것을 깨달았습니다.

베기엘 : (뒤로 물러서며) 사울.

바울 : 주님은 지금도 살아계셔서 나의 모든 것을 지켜보고 있다.
  주님은 항상 나의 곁에 계시기 때문이다.
  내가 고난을 겪어 슬프고 괴로울 때도,
  많은 사람이 나의 곁을 떠나고 나를 미워하며 죽이려고 할 때도,
  주님은 내게 다가와 나의 어깨를 어루만져 주시며 위로해 주셨다.
  모진 매를 맞고 감옥에 갇혔을 때도 주님은 내게 빛을 보여주셨다.
  그러한 주님이신데…. 난 너와 함께 스데반을 죽였다.
  예수를 전파하는 많은 무리를 학대했다.
  너도 기억하지? 스데반이 비명을 지르며 살려달라고 애원을 했어도
  난 아무런 느낌도 없었을 거야.

하지만 스데반은 그렇지 않았어. 그 어느 누가 돌에 맞아 죽을 때
평온한 얼굴로 나의 영혼을 받아달라고 할 수 있겠느냐.
난 이해할 수가 없었다. 하지만 내가 지금 이 자리에서
당장 정죄를 받아 스데반과 같이 돌에 맞아 죽는다 해도
이제는 하나도 두렵지 않다. 주님이, 살아계신 하나님의 아들
주님이 나의 영혼을 받아 주실 것이다.
이제야 스데반이 죽으면서 하늘이 열린 것을 보았다고 한 것을
이해할 수가 있다. 그렇게 죽으면서까지도 기쁨이 넘치던 얼굴을
이제야 이해할 수가 있다. 베기엘, 주님은 그런 분이시다.
아그립바 왕이시여! 전 하늘로부터 내려온 그 빛줄기를
먼저는 다메섹 사람들에게, 나아가서는 이방 사람들에게까지 전해
그들을 회개시키고, 하나님께 돌아와서 회개에 합당한 일을 하라고
전했습니다. 이제까지 제가 행한 일은 이것뿐입니다.

베스도 : 바울, 자네가 너무 율법을 연구해서 정신이 돌아버린 것은
아니냐?

바울 : 총독 각하. 저는 미치지 않았습니다. 지금 제 정신은 말짱합니다.
아그립바 왕이시여! 지금까지 제가 말씀드린 것은
어느 구석에서 비밀리에 이루어진 일이 아니므로,
한치의 거리낌 없이 말씀드린 것입니다.

아그립바 : (웃으며) 자네가 얕은 수로 나를 전도하여
그리스도인이 되게 하려는구나.

바울 : 얕은 수이건 깊은 수이건 간에 아그립바 왕께서도,
그리고 베기엘 자네도 나와 같이 주님을 만나기를 바라는 마음이
간절합니다.

(베기엘에게 다가가서) 베기엘….

베기엘 : (물끄러미 쳐다본다.)

바울 : 나를 더 고소할 것이 있느냐?

베기엘 : ….

바울 : 나는 하나도 두렵지 않다. 스데반이 죽으면서 한 말을
 너도 기억하고 있지.
 "하늘이 열리는 것이 보입니다. 주여, 저들의 죄를 저들에게
 돌리지 마옵소서."라고 한 말….
 나에게도 하늘이 열리는 것이 보인다.

베기엘 : …. 그속에…. 서 있는 주님이 보이는가?

바울 : 하나님의 오른편에 서 계시는 것이 보인다.

베기엘 : 사울.

바울 : 난 사울이 아니라 바울이다.

아그립바 : (자리에서 일어서며) 나는 이 사람이 사형이나 징역을 받을만한
 근거를 찾지 못하겠소.

　　　　(이 말을 마치고 베니게와 총독과 함께 퇴장한다.)

　　　　(이들이 나가자 나팔 부는 소리가 크게 들리고 병사들도 정렬하여
 모두 나간다. 안나스도 몹시 못마땅한 듯 퇴장하고 무대엔 정적만이
 감돈다. 열변을 토한 바울은 고개를 숙인 채 체념한 듯 아무 말이 없
 다가 고개를 돌려 나가지 않은 베기엘을 보고는 깜짝 놀란다.
 둘이 서로 바라보기만 할 때 커다란 음악이 들리면서
 조명 서서히 암전된다.)

먹고 살기 위해 유대인의 자존심을 버렸다
호테니우스

등장인물

호테니우스
나르테우스
예수
부인
마를리어스
후터스

작가 노트

 필자가 고등학생 시절에 다니던 교회의 목사님 서재에서 어떤 책이었는지 책의 제목과 내용은 정확히 기억은 나지 않지만 언젠가 읽은 책 속에서 흥미로운 글을 읽게 되었다. 예수님이 십자가에서 돌아가실 때 옆구리를 창으로 찔렀던 로마 병사가 사실은 한쪽 눈을 잃은 애꾸였는데 예수님의 옆구리에 창으로 찌르는 순간 예수님의 혈액이 애꾸의 눈에 튀었고 그로 인해 애꾸의 눈이 시력을 되찾았다는 것이다. 그때 당시 그 이야기를 책에서 읽고 스토리를 착안하여 희곡을 구성했다.

 어떻게 한쪽 시력을 잃은 애꾸눈의 남자가 로마 병사가 될 수 있었을까? 그리고 로마 군인의 장교는 무슨 생각으로 애꾸눈의 남자를 병사로 삼을 생각을 했을까?

 청소년 시절, 이런 호기심으로 시작된 상상의 나래는 더욱 커져 그 애꾸눈의 로마 병사를 로마인이 아닌 유대인 출신으로 가정한다면 훨씬 더 극적인 스토리가 나오지 않을까로 이어졌다.

 생활을 책임져야 하는 가장임에도 불구하고 애꾸눈이라는 신체적 장애로 인해 너무나 가난하게 살 수밖에 없던 주인공, 그러면서도 하나님께 선택받은 선민의식과 자존심을 갖고 살긴 했지만, 여전히 가족들을 먹이며 살길은 막막하기만 한 현실.

 그런데 유대인이 지녀야 할 민족적 자긍심을 버리고 비록 로마 군인의 놀림감이 되고 허드렛일을 하더라도 빵을 얻을 수 있다면 그까짓 자존심이 무슨 소용이 있을까…. 그래서 하는 수 없이 로마 군인들의 비위를 맞추고 심부름을 하는 일을 선택한 주인공….

적어도 이 정도 설정이라면 충분히 극적인 내용이 나올 것이라는 발상으로 쓰인 희곡이다.

사실 지금 와서 보면 호테니우스라는 주인공의 이름도 현실성이 전혀 없는 제목이다. 유대인으로서 호테니우스, 나르테우스, 후터스처럼 로마식 이름을 사용한다는 것 자체가 맞지 않기 때문이다.

지금부터 약 35년 전이었던 필자가 고등학생 때 쓴 희곡이라 지금 보면 참 엉성하고 어설프기 짝이 없지만 1984년 이 희곡이 수록된 '크리스천을 위한 희곡집'이 출판된 이후 많은 곳에서 공연되기도 했다.

\#

  (무대가 밝아오면 호테니우스가 의자에 우두커니 앉아 있다.
  이때 부인이 등장한다.)

부인 : (호테니우스를 보고)
  아니, 넌 밖에 나가지 않고 그렇게 앉아만 있니?
  밖에 좀 나가보렴.
  예루살렘 안이 온통 시끌벅적하단다.
  나사렛 사람 예수라는 분이 왔나 보더라.
  사람들이 종려나무 가지를 꺾어서 그분이 가는 쪽으로
  몰려가지 않겠니? 그분은 아주 훌륭한 분이라고 하더구나.
  죽은 지 사흘이나 돼서, 썩은 냄새가 코를 찌르는 송장도 살려내고
  앉은뱅이도 말씀 한마디로 고쳐내는 신비한 분이라고 말이야.

호테니우스 : ….

부인 : 왜 말이 없니? 밖에 나가고 싶지 않은 거야?
  호테니우스…. 이곳은 네 생각대로 외로운 곳이 아니야.
  이제 네 아버지도 관청 군인이 되었고 나도 시장에서 장사하면
  우리도 부자가 될 수 있어.
  그렇게 되면 아무도 우리를 얕보지 못할 거란다.

호테니우스 : (의자에서 내려와 땅바닥에 쭈그리고 앉는다.)

부인 : (호테니우스의 행동이 못마땅하지만 애써 부드럽게)
  호테니우스, 아버지 때문에 그러니?
  아버지 눈이 애꾸라고 사람들이 놀려대던?

호테니우스 : (말없이 고개를 끄덕인다.)

부인 : 유대 사람이 로마의 병정을 한다고 놀려대던?

호테니우스 : (고개를 끄덕인다.)

부인 : 하나님의 종이 가이사의 백성이 되었다고 말이야?

호테니우스 : (엄마의 치마를 잡으며) 엄마, 우리 이사 가요.
전에 살던 브엘세바로 말예요.

부인 : 그곳은 시골이야.
도둑이 들끓고 모두 살기 어려워 그곳에서 살려고 하질 않잖아.
이곳으로 이사 온 건 네가 훌륭한 로마 제국의 정치인이
되기 위해서야.
어려서부터 유대 민족이라고 받아온 그 모욕을 씻기 위해서라도
넌 로마의 정치인이 돼야 해.

호테니우스 : 우린 유대인이에요.

부인 : 그래. 우린 유대 민족, 하나님의 백성이야.
하지만 그건 어디까지나 그렇다는 것뿐이지.
우리가 유대 민족이라고 저절로 잘 살 수는 없어.
로마 병정은 직업일 뿐이지 우리가 로마인은 아니야.

호테니우스 : 애들이 날 따돌려요.
민족을 저버린 사람의 아들이래요.
먹고 살기 위해 하나님을 등진 사람의 아들이래요.
눈이 한쪽밖에 없는 병신의 아들이래요.

부인 : (몹시 괴롭지만 애써 진정하며)
배고프지? 엄마가 빵 만들어 줄게.

(호테니우스를 일으켜 의자에 앉히며)
그런 이야기를 들을 땐 이 엄마도 가슴이 미어진단다.

(밖으로 퇴장하며 밝은 목소리로)

어저께 아버지께서 빵가루를 많이 가져오셨어.
특별 보너스라는구나.

(무대 밖에서)
그리고 얼른 회당엘 가야지.
오늘이 안식일 아니니? 얼굴을 깨끗이 씻고 옷도
새 옷으로 갈아입고 머리도 예쁘게 빗으렴.
그리고 우리도 예수님을 만나야지.

호테니우스 : 예수님을 만나자고요?

부인 : (무대 밖에서) 그래. 우리도 예수님을 뵙고 말씀을 들어야지.
그분은 나사렛 분이신데, 하나님의 아들,
다윗의 자손이시라는 구나.

(빵을 들고 등장)
로마의 손에서 우리 유대 민족을 구원해 주실 구세주라는 거야.
이스라엘의 왕이라고 말이야.

호테니우스 : 이스라엘의 왕이라고요?

부인 : 그렇다더구나.

호테니우스 : 헤롯 왕은요? 그럼 그 왕은 어떻게 되는 건가요?
왕이 바뀌는 건가요?

부인 : 글쎄다.

호테니우스 : 정말 하나님의 아들 이래요?

부인 : 하나님의 아들이 아니고서 어떻게 물 위를 걸어가며
또 물고기 두 마리와 보리떡 몇 개로 수천 명을 먹일 수 있겠니?

호테니우스 : 그럼 이제 왕이 바뀌는 건가요?

우리 유대 민족을 로마의 손아귀에서 구해 주시는 건가요?

부인 : (손을 입에 갖다 대며)
쉿, 그런 소리 하면 안 돼. 어디가서 그런 소리 하지 마.

(이때 나르테우스가 로마 병정의 차림으로 창을 들고 등장한다.)

나르테우스 : 아, 피곤해.

부인 : 일찍 들어오시네요.

나르테우스 : (창을 부인에게 건네주고 의자에 앉는다.)
말도 마. 못 가게 하는 걸 사정사정해서 왔지.

부인 : 왜요?

나르테우스 : 거, 못 들었소?

부인 : 무슨 소릴요?

나르테우스 : 나사렛 사람 예수 말이오.

부인 : 알지요.

나르테우스 : 그 사람이 예루살렘으로 입성했어. 지금 말이오.

부인 : 그 이야기도 들었어요. 많은 사람이 종려나무가지를 들고
그분을 보러 갔어요. 우리도 지금 막 가려던 참인데….

나르테우스 : 그 사람은 유대인이야. 나사렛 사람.
갈릴리를 전전하며 민중을 선동하더니
이제는 예루살렘까지 손을 뻗치나 봐.
즉, 이건 왕권에 도전하겠다는 의미지.

부인 : 그럼 로마 제국에서 우리를 독립시켜 주는 건가요?

나르테우스 : 그걸 헤롯이 가만두겠어?

부인 : 그럼요?

나르테우스 : 비상이야. 예루살렘은 오늘부터 비상이라고.

부인 : 로마에서 잡아갈까요? 하나님의 아들요?

나르테우스 : 안 그러면 로마의 왕권이 위협을 받는데?

부인 : 이를 어쩌지….

호테니우스 : 그럼 아버지도 그분을 잡는데 한패가 되는 건가요?

나르테우스 : 한패라니?

호테니우스 : 로마의 군인이잖아요.

나르테우스 : (자리에서 일어서며 주먹을 쥐고 야심에 찬 소리로)
　　　　　　이번이 좋은 기회야. 승진할 수 있는….

호테니우스 : 우리 민족이 그렇게 기다려 왔던 분을 잡는다니….
　　　　　　그게 무슨 소리예요. 아버지도 기다렸잖아요.

나르테우스 : 그분은 이제 어쩔 수 없어.
　　　　　　그분의 모든 행동은 로마 당국에서 지켜보고 있고
　　　　　　더 이상 하나님의 진리를 외칠 수도 없어.
　　　　　　이제 그분이 붙잡히면 죽게 될 거야.
　　　　　　그렇게 되면 우리 유대 민족의 구원이고 뭐고 다 소용없게 되지.
　　　　　　죽을 사람에게서 뭘 바라겠니?
　　　　　　그렇게 아양 거리며 쫓아다니던 제자들도
　　　　　　예수님의 앞날을 근심스럽게 걱정하고 있다고.

호테니우스 : 우리 마저 그럴 순 없잖아요.

나르테우스 : 무슨 소리야?

호테니우스 : (무대 앞으로 천천히 걸어나가며)
  사람들이 놀려요. 아버지는 민족의 양심을 팔고
  헤롯의 부하가 되었다고요.
  그래서 하나님의 저주를 받아 애꾸가 된 거라고요.
  나 보고 애꾸 병신의 자식이래요.
  난 이제 로마 사람이 돼 버린 거라고요.
  가이사의 종이 되었다고요.

부인 : (근심스럽게) 호테니우스

나르테우스 : 배고픈 데는 유대 민족이고 뭐고 없는 거야.
  하나님이고 뭐고 없는 거라고.
  난 가이사의 종이 되어서 돈을 받았어.
  앞으로 어른이 하는 일에 끼어들지 말거라.
  애들은 애들답게 자라란 말야. 넌 내가 주는 밥만 먹으면 된다고.
  (부인에게) 뭐 하는 거야. 빨리 밥 주지 않고서.

  (무대 안쪽으로 퇴장한다.)

부인 : 호테니우스. 잠깐만 기다리렴.

  (부인이 나르테우스의 뒤를 따라 퇴장하려 할 때
  마를리어스가 오른쪽에서 등장한다.)

마를리어스 : 어-, 안녕하십니까?

부인 : (뒤돌아보고) 아니, 숙부님.

마를리어스 : 소식도 없이 이사하다니, 이럴 수가 있어요?

호테니우스 : (마를리어스에게 다가서며) 안녕하세요?

마를리어스 : (호테니우스를 가볍게 포옹하며)
오오, 호테니우스도 있었구나. 많이 컸구나.
이젠 제법 어른티가 나는데….

(부인에게) 아니, 그런데 나르테우스는….

부인 : 네, 안으로 들어갔어요.

마를리어스 : 그래요? 내가 안으로 들어가지요.
(들어가려다 멈춰 서서)
아, 아냐, 나르테우스를 불러 주십시오.
오랜만에 만나는 인사를 멋있게 해야죠.

부인 : 네. (안으로 퇴장한다.)

마를리어스 : 호테니우스.

호테니우스 : 네?

마를리어스 : 이젠 너도 훌륭한 유대 민족의 청년이 되었구나.
네가 민족을 위해서 할 일이 많단다.

(이때 나르테우스가 등장)

나르테우스 : 아니, 숙부님!

마를리어스 : 나르테우스. (둘은 가볍게 포옹한다.)

나르테우스 : 어쩐 일이십니까? 숙부님.

마를리어스 : 왜? 내가 못 올 데라도 왔는가?
자네가 이곳으로 이사 왔다는 소릴 듣고 내가 바람같이 달려왔지.
하하하.

나르테우스 : 그러잖아도 찾아뵈려고….

마를리어스 : 말로만? 하하하.
　　　　　　(나르테우스의 복장을 보고는) 아니, 그런데 자네 이 복장은 뭔가?

나르테우스 : (당황하며) 네? 저….

마를리어스 : (알아차린 듯 자못 심각하게) 뭔가, 이 복장이?

나르테우스 : (더듬거리며) 저…. 이…일자리를 구했습니다.

마를리어스 : 그래. 무슨 일자리 말인가?

나르테우스 : 관청의 군인으로….

마를리어스 : (놀란 듯) 뭐라고? 관청의 군인으로?

나르테우스 : 네.

마를리어스 : 자네 지금 제정신인가? 우린 유대 민족이야.
　　　　　　하나님의 택함을 받은 거룩한 민족이거늘.
　　　　　　어떻게 민족의 긍지를 저버리고 헤롯의 부하가 될 수 있단 말인가?

나르테우스 : (말을 가로막으며) 저….

마를리어스 : 그래. 자네, 이 숙부의 얼굴을 조금이라도 생각해 봤는가?
　　　　　　나라의 독립을 위해 지하조직을 만들고
　　　　　　이 땅 위에서 하나님께 제대로 영광 돌릴 수 있는
　　　　　　그 날을 위해 얼마나 고생하고 있는가를 말이야.

나르테우스 : 저….

마를리어스 : 나 뿐이 아니야. 지금 이 시각에도 젊은 유대 민족의 청년들이
　　　　　　나라의 독립을 위해 일하다 헤롯의 손에 붙들려 개 같이 죽어가고
　　　　　　있다는 것을 모르는가. 자네는?

나르테우스 : 저….

마를리어스 : (계속해서 다그친다.)
그런데 자네는 밥이 없으면 굶어 죽으면 될 것이지.
민족의 양심을 팔아 버리고 헤롯이 주는 더러운 빵 조각에 취해서
살고 싶다는 거야? 그렇게 살아도 여호와께 조금도 죄 됨이 없는
줄 아는가?

나르테우스 : 저….

마를리어스 : 자네는 제정신인가? 지금 자네가 제정신이냔 말이야?

나르테우스 : (몹시 괴로운 듯 큰 소리로)
네, 제정신입니다. 제 정신은 멀쩡합니다.

마를리어스 : (의아한 듯 차분히) 알았네, 나르테우스.
독립을 위해 투쟁하는 숙부와 몇 근 안 되는 육체를 위해
민족의 양심을 팔아버린 조카 사이가 남남이 아닌 것을
몹시도 원망하고 싶네. 물론 난 자네에게 빵을 줄 수가 없어.
그러니 뭐라고 말하고 싶지 않아.
다만 다시는 내가 자네 얼굴을 보지 않게 되기를 바랄 뿐이네.

(뒤돌아서서 힘없이 나가다가 돌아서서 다시 부인을 향해)
부인, 저 사람과 절 위해 여호와께 빌어 주시오. (퇴장한다.)

부인 : (나르테우스에게 다가서며 근심스러운 듯) 여보.

나르테우스 : (고개를 숙인 채 아무 말이 없다가)
뭐해? 밥 주지 않고서.

(나르테우스가 먼저 퇴장하고 부인도 퇴장한다.
호테니우스는 자리에 주저앉아 머리를 파묻는다.
이때 무대 오른쪽의 조명이 비추면
그곳에 예수님이 허름한 옷차림으로 의자에 앉아있다.)

호테니우스 : (예수를 발견하고는) 누구세요?

예수 : 난 하나님의 아들, 예수란다.

호테니우스 : 예수님요?

예수 : (고개를 끄덕인다.)

호테니우스 : 가까이 가도 돼요?

예수 : 내게 가까이 오려는 자를 아무도 막을 자가 없느니라.
　　　　가까이 오너라.

호테니우스 : (가까이 가며) 곧 잡히신대요.
　　　　　　 예수님께서 로마의 왕권을 위협했다고
　　　　　　 예수님을 잡아서 처형한다고 했어요.

예수 : 호테니우스, 일어나 내게 가까이 오련?

호테니우스 : (일어나 가까이 간다.)
　　　　　　 정말이에요. 로마 병정들이 예수님을 잡아간다고 했어요.
　　　　　　 지금이라도 도망가세요. 제가 도와드릴게요.

예수 : 네가 나와 함께 도망가 줄래?

호테니우스 : 그래요, 저도 같이 갈게요.

예수 : 그럴 필요 없단다. 내가 도망가는 일은 없을 테니까.

호테니우스 : 그게 무슨 소리예요. 예수님.
　　　　　　 예수님이 잡히시면 분명 죽을 거예요.
　　　　　　 우리 아버지도 그런 말씀 하셨어요.

예수 : 내 나라는 이 땅의 것이 아니라, 저 하늘의 것이다.
　　　　내 나라가 이 땅의 것이었다면 벌써 내 제자를 시켜서라도

이루었을 거란다.
그리고 지금 내가 한 말처럼, 도망을 가야 할 필요도 없고.

호테니우스 : 예수님, 우리 아버지가 잡아간댔어요.
우리 아버지는 유대 사람인데도 로마의 병사를 하고 있어요.

예수 : 차라리 날 채찍으로 때리고 십자가에 매다는 것이
오히려 나을 것을⋯.

호테니우스 : 그건 무슨 말씀이세요?

예수 : 이 땅 위 많은 사람 중엔 나의 양팔에 못을 박는 사람도 있고
내 머리에 가시덤불을 씌우며,
내 가슴에 날카로운 창을 쑤셔대는 사람도 있지.
하지만 내 가슴에 창을 찌르고 못을 박는 사람의
차가운 눈초리가 날 더욱더 슬프게 한단다.

호테니우스 : 마음에 창을 찌르는 사람이라뇨?

예수 : (자리에서 일어나 앞으로 걸어나가며)
나는 이 땅에 빛을 주러 왔단다.
이 땅에 빛을⋯, 이 땅에 빛을⋯.
율법을 폐하러 온 것이 아니며 율법을 완성하러 왔단다.
그런데 사람들은 날 향해 거짓 선지자라 하고 거짓 목자라 하여
곧 빌라도에게 보내 처벌받게 하려 하고 있단다.
진리라는 것은 알지만, 무엇이 진리인지 모르고
한 치 앞을 못 보는 맹인 같이 영을 볼 줄 모르는
안타까운 사람들⋯.
이 땅에 나타날 구세주는 한 손에는 시퍼런 칼을,
또 한 손에는 돈다발을 쥐어 든 사람이길 바랄 뿐.
진정 사랑으로 일깨워지는 건 주저하지.
(호테니우스에게 다가가 무릎을 꿇고 손을 잡으며)

호테니우스. 어른들은 순수하지 못하단다.
너의 어린 영혼보다 아둔할 때가 많지.
있는 그대로 보여 주어도 그대로 받아들이기를 주저하고
그 마음을 깊숙이 살피면 살필수록 깨끗지 못한 마음을
간직하고 있단다. 천국이 어린아이와 같은 사람들이 가는 곳인 줄
모르고 있는 거야.

호테니우스 : 하지만, 엄마, 아버지는 모든 걸 알고 계셔요.
어떻게 사는 것이 현명한 것인지,
또 어떻게 돈을 벌어야 현명한 것인지 말예요.
엄마는 하나님께 기도하는 방법을 알고
성전에 헌금을 얼마를 바쳐야 하는지까지도 알고 계셔요.
엄마, 아버지는 항상 제게 그런 것을 가르쳐 주시곤 해요.

예수 : (일어나 의자에 가서 앉는다.)
내가 12살 때였던가, 어머니 아버지와 함께 예루살렘에 다녀오던
길에 내가 성전에 들어가 율법학자들과 얘기를 한 적이 있었지.
그런데 어머니는 내가 성전에 있는 줄도 모르고
 애타게 나를 찾으셨던 거야.
장남이 되어서 아버지 일을 속 시원히 도와주지는 않고 그렇게
부모님을 걱정시키니 아버지는 내게 말씀은 안 하셨어도 굉장히
속상하셨을 거야.
내가 성전에서 선생들과 이야기하고 있을 때 어머니와 아버지가
문을 열고 들어오셨지. 나를 잃어버린 줄 알고 한참 헤매시다가
성전에서 날 찾은 거야.
어머니는 날 보는 순간 눈물을 글썽이시더니 날 꼭 끌어 않고
"여기서 무얼 하고 있었니? 어딜 가면 말이라도 하지 않고" 하고
말씀하셨어. 그때 난 매정하게 "어머니 내가 아버지 집에 있는 줄
모르셨나요?" 하고 대답했지.
그때도 아버지는 내게 말씀하지 않으셨지만,
굉장히 놀라고 섭섭하셨을 거야.

버젓이 눈앞에 보이는 아버지가 계시는데
성전에 와서 아버지 집이라고 하였으니 말이야.
난 그 표정을 쉽게 읽을 수 있었어.
그 눈빛이 날 원망하는 거라는 걸….

호테니우스 : 예수님이 철없는 아이라고 말예요?

예수 : 어른은 모두 현명한 것 같지만 때로는 너무 단순할 때도 많단다.
사람들이 돈과 그 외의 모든 형식에 정신이 팔렸을 때 말이지.
잘 알지 못하는 사실에도 관례가 그러했다면
자기의 이름과 명예를 위해서 서슴없이 행동할 때가 많단다.
권위와 밖으로 내세우는 그 모든 것 때문에
가슴 속 깊이 묻혀 있는 참다운 감정을 내보이기 싫어하지.
내가 하나님의 아들이라는 것을 전혀 알려고 하지 않는….
마치 당연히 그럴 수 없다는 것처럼 말이야.
하지만 난 이 땅의 왕권을 빼앗으러 온 것도 아니며
부귀와 명예를 누리러 온 것도 아니다.
이 땅에 빛을, 이 땅에 사랑을, 그리고 저 하늘에 하나님의 영광
을 위해 온 것뿐이거늘, 어찌하여 사람들은 알지 못하는지….

호테니우스 : 예수님, 걱정하지 마세요. 제가 아버지를 말릴게요.
우리 아버지가 예수님을 잡아간다고 했으니까
내가 말리면 그러지 않을 거예요.

(이때 무대 오른쪽에서 나르테우스와 부인이 등장한다.)

부인 : (두리번거리며) 호테니우스, 호테니우스 어디 있어?
밥을 먹어야지?

나르테우스 : 호테니우스, 빨리 이리 오지 못해?

호테니우스 : (일어서며) 예수님, 우리 엄마 아버지예요.
절 찾고 있는 것 같아요.

예수 : 그래, 어서 가 보아라.

호테니우스 : (부르는 쪽을 향해) 호테니우스 여기 있어요.

부인 : (호테니우스를 발견하고는)
　　　여기서 무얼 하는 거야? 어서 가서 손 씻고 밥 먹어야지.

나르테우스 : 이렇게 엄마 아버지를 걱정시켜서 되겠어?

호테니우스 : 엄마, 나 지금까지 예수님과 함께 있었어요.
　　　여기에 예수님이 계셔요.

나르테우스 : 뭐라고?
　　　(호테니우스의 팔을 잡아끌며) 너 이리 오너라.

호테니우스 : 왜 그러시는 거예요?
　　　예수님은 아무런 죄도 없으신 데 왜 아버지는 자꾸만
　　　예수님을 멀리하라고만 하시는 거예요?

부인 : 호테니우스, 제발 조용히 좀 해다오. 누가 듣겠구나.

호테니우스 : 왜요? 우리가 예수님과 함께 있는 것을 누가 알면 안 되나요?

나르테우스 : (예수에게 다가가며)
　　　도대체 어린아이에게 무슨 말을 하려고 나타난 거요?
　　　이제는 순진한 어린아이를 이용해서 욕심을 채우겠다는 거요?

호테니우스 : 무슨 말씀이에요, 아버지.
　　　예수님은 하나님의 아들이란 말예요.

나르테우스 : 하나님의 아들? 흥, 아무나 다 하나님의 아들이
　　　되는 줄 아나 보지? 여긴 하늘나라가 아니야.
　　　헤롯 왕이 눈을 부릅뜨고 있는 로마의 식민지란 말야.

부인 : 여보!

나르테우스 : 그런데 이제 와서 "내가 하나님의 아들이요" 하면
　　　　　　 들어 줄 사람이 있을 것 같아? 오산이지. 계산착오야.

부인 : (예수에게 다가가며) 얘기는 들었어요.
　　　 하나님의 아들 예수님이라는 것과 예수님께서는 물 위를 걸어가시고,
　　　 물고기 두 마리와 보리떡 다섯 개로 수천 명을 먹이셨다고요.

나르테우스 : 흥, 물 위를 걸어갔다고? 모래밭 위를 걸어갔겠지.
　　　　　　 오천 명을 먹여? 우리가 바본 줄 알아? 그런 터무니 없는 소리로
　　　　　　 유혹해서 동족에게 한 표라도 얻어 보겠다는 심사 아냐?

부인 : 그동안 유대 민족이 기다려 온 메시아가 바로 예수님이라고들 해요.
　　　 이렇게 이적을 보일 수 있는 건 하나님의 아들이기 때문에
　　　 그렇다고 했어요.

나르테우스 : 집어치워. 그런 소릴랑 꺼내지도 마.

호테니우스 : 예수님, 뭐라고 말씀 좀 해 보세요. 예수님께서 그동안
　　　　　　 우리 유대 민족이 기다려 온 메시아라고 말씀 좀 해주세요.
　　　　　　 예수님은 로마 병정 같은 사람들에게 붙잡히시지도 않고
　　　　　　 십자가에 매달리시는 일은 더더욱 없을 거라고 말씀 좀 해주세요.

예수 : 난, 모두 알고 있단다. 조금 후면 난 정치범으로 붙들려서
　　　 종교 문란죄로 십자가에 매달리게 될 거야.
　　　 이제까지 나를 쫓아다니던 모든 자는 나에게서 얼굴을 돌리고
　　　 예수라는 사람은 까마득히 잊어버릴 거란다.
　　　 그들에게 있어서 예수란 사람은 한낱 신기한 사람일 뿐
　　　 그들의 영혼을 구해 줄 사람이라고는 감히 상상도 하지 않는단다.
　　　 그들의 배를 배부르게 해주고 그들의 저는 다리를
　　　 뛰어다닐 수 있게 해주면 나를 오랫동안 기억할 뿐
　　　 그렇지 않은 이상, 기억하기도 두려워한단다.
　　　 호테니우스, 너희 아버지도 마찬가지일 뿐이다.

호테니우스 : 그럼 예수님은 정말 십자가에 매달리시는 건가요?
          십자가에 매달려 두 손과 두 발이 못에 박히고
          피가 말라서 돌아가시는 거예요?
          그러고서도 예수님은 우리를 구원해 주실 수 있어요?
          그런 게 어딨어요. 예수님이 돌아가시다뇨.

나르테우스 : 끝장이지. 모든 게 끝장나는 거야.
          그동안 목이 빠져라 기다려 온 유대 민족의 메시아는
          아직 안 온 거야.
          이제 조금 후면 죽어 없어질 사람한테
          어떻게 우리의 영혼을 맡기겠니.

호테니우스 : 아버지, 그동안 우리가 기다려온 메시아가
          이렇게 아무런 힘도 없이 돌아가시다니.
          그럴 수는 없잖아요. 예수님이 잡히지 않도록 해 주세요.

나르테우스 : 무슨 소릴 하는 거야.
          예수는 내가 체포하지 않아도 빌라도가 명령만 내리면
          누구라도 예수를 잡아가고 말 거야.
          나도 로마 군인이니 어쩔 수 없어.

호테니우스 : 아버지는 유대 사람이면서 왜 로마 병정을 하시는 거예요.
          눈이 한쪽밖에 없다고 시켜주지도 않는 것을 억지로 시켜 달라
          매달려 로마의 군인이 되셨죠. 주위 사람이야 뭐라고 하든 혼자만
          살겠다고 우리 민족을 배반했잖아요. 그러고서도 아버지가
          유대 민족의 메시아를 기다릴 수 있느냐 말예요.
          애꾸 병신의 자식, 애꾸 병신의 자식.
          그럴 바에야 헤롯의 장님이나 되라고
          나보고 손가락질하며 놀려대는 사람들이 얼마나 많은 줄 아세요?
          차라리 그들에게 제가 아버지의 아들이 아니라고 말씀해 주세요.

부인 : 호테니우스!

나르테우스 : 뭐라고? 이놈의 자식이.

(호테니우스의 따귀를 때린다. 호테니우스는 의자를 안고 쓰러진다.)

나르테우스 : 말이면 단 줄 알아?

부인 : 여보.

호테니우스 : 왜요. 부끄러우신가요? 이런 소릴 들으니까 창피하신가요?
(예수에게) 예수님, 예수님은 왜 도망가지 않으시는 건가요.
십자가에 매달려서 이적을 보이시려는 건가요?
기도 한마디로 십자가의 통나무가 날개로 변하게 하시려는 건가요?
아버지도 예수님을 기다려 왔어요.
그 시기가 빨리 오지 않자 굶주림에 지쳐
예수님을 잡아가야 하는 로마의 군인이 되었고
이제 예수님이 나타나자 어쩔 수 없이 자신의 행동을 감추기 위해
반가운 예수님에게 구태여 변명하시는 거예요.

나르테우스 : (체념한 듯) 예수님, 용서하십시오.
우리가 브엘세바에서 살 땐 정말 가난에 찌들었습니다.
차라리 얼른 메시아라도 나타나서 우리를 로마에서 구원해 주시고
배고픔에서 구원해 주시길 바랐습니다.
하지만 예수님께서 목수의 아들에 아무런 정치적 힘도 없는
떠돌이 설교자라는 소문이 동네로 쫙 퍼졌습니다.
메시아라고 믿었던 사람들도 혁명은 일으키지 않고 하늘의 영광
만 부르짖으며 딴청 부리는 예수님에게 모두 고개를 내젓더군요.
호테니우스, 넌 기억이 나지 않을 거야,
우리가 그동안 로마의 통치 아래서 그들의 멸시와 수모를 당하며
인간 대접을 받지 못하고 살아온 걸….
차라리 배가 고픈 것은 참을 수 있었어.
하지만 지배하고 지배당하는 관계 속에서
개 취급을 당하는 모욕은 참을 수 없었단 말이야.

예수 : 그리고 사람답게 살고 싶은 것보다는
　　　　몇 근 안 되는 육신의 안전을 더 바랐을지도 몰라.
　　　　너희 아버지는 보이지 않는 한쪽 눈을 가리고 다니지만
　　　　모든 사람이 썩은 눈을 보는 것 같고
　　　　마지막 남은 한쪽 눈 마저 뽑힐 것 같은 불안감이
　　　　항상 가슴 속 깊이 있었지.

나르테우스 : 어느 날인가 로마 관청에서 군인을 모집한다는 소식을 듣고
　　　　　찾아갔지. 애꾸라고, 유대인이라고 안된다는 것을 사정사정해서
　　　　　로마의 투구를 썼지.

후터스 : (손에 서류를 넘기며 등장한다.) 다음은 누구야?

나르테우스 : (후터스에게 엉거주춤 다가가며) 네, 접니다.

후터스 : 흠…. 나르테우스?

나르테우스 : (굽신거리며) 네.

후터스 : (서류를 자세히 들여다보며) 아니, 자넨 유대인이 아닌가?

나르테우스 : (머리를 긁적거리며) 저….

후터스 : 무슨 소릴 하는 거야. 우리 규정엔 유대인을 쓸 수 없단 말이야.
　　　　돌아가도록 해. (돌아서서 퇴장하려 한다.)

나르테우스 : (후터스의 팔을 붙잡고) 무슨 일이든지 좋습니다.
　　　　　유대인이라는 것은 저의 출신 성분일 뿐이지 중요한 것은
　　　　　제가 로마를 위해서 열심히 일 할 수 있다는 겁니다. 제가 비록
　　　　　유대인일지라도 로마를 위해서 목숨 바쳐 충실히 일할 수 있습니다.
　　　　　제발 로마의 군인이 될 수 있도록 해 주십시오.

후터스 : 그리고 자넨 애꾸잖아. 눈이 하나밖에 없는데 어떻게 창을
　　　　던진단 말이야. 자넨 말도 탈 수 없어.

우린 로마의 용맹스런 군인을 뽑는다고 했지
당신같이 유대의 병신을 오라고 하지는 않았어. 어서 돌아가.
(뿌리치고 돌아서서 퇴장하려 할 때)

나르테우스 : (큰 소리로) 아닙니다.

후터스 : 뭐가 말인가?

나르테우스 : (몹시 떨리는 목소리로)
전 유대인으로 태어난 것을 몹시도 원망하고 있습니다.
유대인으로 태어난 것을 저주하고 있습니다.
이 한 몸, 로마를 위해 목숨을 바치고 로마를 위해서라면
그 어떤 짓이라도 하겠습니다.

후터스 : (다가가며) 정말인가?

나르테우스 : (떨리는 목소리로) 네.

후터스 : 좋아. (집게손가락을 내보이며) 그럼, 이 손가락을 잡아보게.

나르테우스 : 네.

(후터스의 손가락을 잡으려 하지만 거리 조절이 되지를 않아 허공만 휘젓는다. 간신히 잡으려 하면 후터스가 손가락을 피하고 그러다가 나르테우스가 가까스로 후터스의 손가락을 잡는다.)

후터스 : 지금부터 내가 하는 말을 크게 따라 하게. 나는 유대인이 아니다.

나르테우스 : (몹시 떨리는 목소리로) 나는 유대인이 아니다.

후터스 : 나는 유대인을 경멸한다.

나르테우스 : (우물쭈물 하며) 나는 유대인을 경멸한다.

후터스 : (큰 소리로) 소리가 작아. 더 큰 소리로. 나는 유대인이 아니다.

나르테우스 : (몹시 떨리는 소리로) 나는 유대인이 아니다.

후터스 : 로마 황제를 위해선 유대 따윈 얼마든지 배반할 수 있다.

나르테우스 : 로마 황제를 위해선 유대 따윈 얼마든지 배반할 수 있다.

후터스 : 나는 유대 민족으로 태어난 것이 수치스럽다.

나르테우스 : 나는 유대인으로 태어난 것이 수치스럽다.

>   (후터스는 어둠 속으로 사라지고 나르테우스 혼자 떨리는 소리로 외친다.)

>   나는 유대 민족으로 태어난 것이 수치스럽다.
>   수치스럽다. 수치스럽다.

>   (그 목소리는 점점 작아지고 이내 울음으로 변하여 무릎을 꿇고 흐느끼기 시작한다.)

>   <u>으흐흐흑.</u>

예수 : 같은 이스라엘 민족의 제사장이 나를 빌라도에게 고발했단다.
　　　자신들의 교리를 따르면, 진정한 하나님의 아들은
　　　목수의 아들일 수가 없다는 거야.

나르테우스 : (일어나서) 많은 동족 유대인들이 날 향해 손가락질했지만
　　　　　힘도 없는 유대인들의 멸시보다는 차라리 나를 안전하게 도와주는
　　　　　로마의 칭찬을 기대했단다.
　　　　　투구를 쓰고 창을 들고 로마 대장 앞을 늠름하게 걸어갔지.
　　　　　한쪽 눈이라 제대로 걸을 수 없고 창끝을 제대로 조준할 수 없지만
　　　　　애꾸라는 소릴 듣고 싶지 않아서 비틀거려도 똑바로 걸으려고
　　　　　애썼지. 그러다 말로만 듣던 예수, 말로만 듣던 유대 민족의
　　　　　메시아가 우리 관청에 체포됐지.

예수 : 빌라도는 내게 아무런 죄가 없음을 알고 석방하려 했지만
　　　 같은 민족의 제사장들은 내게 더욱 올가미를 씌웠지.
　　　 바라바와 나를 바꿔 십자가에 달도록 말이야.

후터스 : (어둠속에서 나타나 뒷짐을 지고 불평하듯)
　　　 바라바. 다리를 부러뜨려도 시원치 않을 놈.
　　　 그놈 때문에 내가 총독한테 얼마나 욕을 먹었는지 알아?
　　　 오늘부터 그놈을 잡을 때 까지는 비상이야. 비상.

예수 : 로마 군인들이 나를 채찍으로 때리기 시작했지.
　　　 끝에 납덩이가 붙어있는 가죽끈으로
　　　 내 온몸을 갈기갈기 찢을 듯이 내려쳤지.

나르테우스 : 빌라도의 앞에 서 있는 예수를 멀찍감치서 보았지.
　　　 그동안 애타게 기다려온 우리들의 메시아가 무력하게 앞에서
　　　 재판을 받고 우리 동족의 원수 로마놈들이 예수를 채찍으로
　　　 내리갈기고 있었어.
　　　 한 번 내리칠 때마다 옷이 찢어지고 피가 터져 흐르는 그의 살갗을
　　　 보고 과연 저가 하나님의 아들인가? 난 믿을 수 없었어.
　　　 혹여 그가 진정 메시아라고 하더라도 지금의 상황에선
　　　 메시아라기보다는 빌라도의 앞에 선 로마의 정치범에 불과하다고
　　　 생각했지.
　　　 순간 난 참을 수 없었어. 그동안 받아온 수모, 나라 없는 민족의
　　　 백성으로 허리도 제대로 못 펴고 살아온 나는
　　　 차라리 빌라도의 눈에라도 잘 보이고 싶었어.

후터스 : (채찍을 들고 무대 앞으로 걸어 나오며)
　　　 예수 때문에 우리가 허구한 날 온통 비상에,
　　　 바짝 긴장한 걸 생각하면 당장에라도 죽이고 싶지만….

　　　 (채찍을 높이 들어 무대 바닥을 내리치려고 할 때)

나르테우스 : 대장님.

후터스 : (멈춰서서) 왜?

나르테우스 : 제가 하겠습니다. 채찍을 제게 주십시오.

후터스 : 그래? 좋지. 자.
　　　　 (채찍을 건네주며) 어디 한 번 자네가 때려보지.
　　　　 유대인이 유대인의 지도자를 후려갈겨? 아주 볼 만하겠는데?

나르테우스 : (채찍을 들고 엉거주춤 서 있다.)

후터스 : 뭐해? 어서 내리쳐. 네 입으로 분명 유대인을 경멸한다고
　　　　 하지 않았나? 네가 로마 군인이라면 어서 내려쳐.

나르테우스 : (엉거주춤 하다 입을 악물고 무대 바닥을 내리치기 시작한다.)

공중의 소리 : 원, 투, 쓰리, 포, 파이브….

　　　　(예수는 고통스러운 표정이 된다. 이때 마를리어스가 뛰어들어온다.)

마를리어스 : (채찍질을 말리며) 자네 지금 뭐하는 짓인가?

나르테우스 : 이 손 놓으십시오. 난 유대를 잊은 지 이미 오래입니다.
　　　　　　여호와는 내가 굶주릴 때 빵조각 하나 던져주지 않았어요.

마를리어스 : 지금 자네가 채찍으로 때린다고 해서 빵이 더 생긴다는 건가?

나르테우스 : 나도 예수가 메시아라고 믿고 싶었어요.
　　　　　　예수가 하나님의 아들이라는 것도,
　　　　　　우리의 영혼을 구해 주리라는 것도, 믿고 싶었어요.

마를리어스 : 그런데 왜?

나르테우스 : 난 하늘의 영광, 하늘의 천당을 원한 것이 아닙니다.

사람이 빵으로만 사는 것이 아니라고 하지만,
빵을 먹어야 영광도 영광이지요.

마를리어스 : (격분한 목소리로) 자네 말 다했나?

나르테우스 : 네, 말 다했습니다.

부인 : (울음 섞인 목소리로) 여보.

나르테우스 : 당신도 원했잖아. 나보고 무능한 남자라고 했지?
가장으로서 가족을 책임지라고 했지?
그래, 이제부터 당신이 원하는 대로 하겠어.
(채찍질을 계속하며) 자, 보라고. 난 로마의 충실한 군인이야.
가이사, 헤롯, 빌라도 그들을 위해서
얼마든지 유대 따윈 배반할 수 있어.

예수 : (숙였던 고개를 들며)
내 몸이 핏덩이가 된다 하여도, 내 몸이 갈기갈기 찢어진다 하여도
아버지 하나님의 진리와 사랑은 변하지 않으며
강물이 거꾸로 흐른다 하여도 역사의 강줄기는 끊이지 않으리니.
날 십자가에 매단다 하여도, 사랑을 알지 못한 자에게
사랑을 가르쳐 주었단다.
아버지여, 저들이 모르고 행하는 죄를 용서하여 주옵소서.

나르테우스 : 예수님께서 십자가를 등에 지고 골고다 산에 올라오셨지.
무거운 십자가를 지고 오시느라 무척 힘이 들어 보였어.

예수 : 잠시 후 내가 매달려야 할 그 사형대는
마치 천근만근이나 되는 것처럼 무거웠단다.

나르테우스 : 올라와서 십자가를 내려놓자마자 로마 병정들은 예수님을
뉘어 놓고 손과 발에 못을 박기 시작했다.

후터스 : 뭣들 해? 동작을 빨리하지 않고. 하늘을 보란 말이야.
곧 소나기라도 내리겠어.
(두리번거리며) 누가 못과 망치를 가져왔나?

나르테우스 : (후터스에게 다가가며) 예, 예, 여기 제가 가져 왔습니다.

후터스 : (뜻밖인 듯) 자네가?

(못과 망치를 받아들고 예수에게 다가가려 하자)

나르테우스 : 저…, 제가 하겠습니다.

후터스 : 괜찮겠나?

나르테우스 : 네.

후터스 : 자네는 유대인이 아닌가?

나르테우스 : 상관없습니다. 저의 조상은 유대인이지만
현재 저는 로마의 충실한 군인입니다.

마를리어스 : 나르테우스. 내 동료들이 자네를 놔둘 것 같은가?
자네 가족들을 생각하라고. 그 못과 망치를 내려놔.

나르테우스 : (못과 망치를 받아 들고 무대 앞으로 걸어가며)
랍비여, 용서하소서. 당신은 이제 죽습니다.
당신이 하나님의 아들이건 메시아건
어쩔 수 없는 인간의 아들로 이제는 죽습니다.
지금 내 손엔 당신의 두 팔과 두 다리에 박을
못 세 개가 들려 있습니다.
난 당신을 죽이는 것이 아니라 내가 살기 위해
해야 할 일을 할 뿐입니다.

후터스 : 이봐, 나르테우스. 일을 빨리하지 못하는 이유가 뭔가?

나르테우스 : (이 소리에 엉거주춤 엎드려서 망치를 무대 바닥에 내리친다.)

(커다란 망치 소리가 한 번 울리면 예수의 오른팔이 고통스러운 비명
소리와 함께 번쩍 들리고 또 한 번 커다란 망치 소리가 들리면
예수가 고개를 푹 떨군다.)

예수 : 주여, 내 온몸의 물이 말랐나이다.
저들의 커다란 대못이 내 손을 뚫었나이다.
내 몸의 피가 손바닥과 발바닥으로 흐르나이다.

나르테우스 : 십자가에 매달려 있는 예수를 바라보았지.
그동안 메시아라고 불러왔던 메시아가 이렇게 허무하게 죽어가다니.
그럼 우리는 이제 어떻게 되는 거야.
이스라엘의 앞날은 어떻게 될 것이며
유대 민족의 앞날은 누가 책임질 것이란 말인가.

예수 : (에코) 내가 아버지께로 가나이다.

나르테우스 : 십자가 위에서도 예수라는 자는 하나님을 찾았어.
동료들이 십자가에 매달려 목이 마르다는
예수에게 포도주를 주었지만 먹지 않더군.
예수가 입었던 옷을 찢어서 나에게 주었지만 난 받지 않았어.
아무리 내가 로마의 군인을 하고 있지만 차마 조롱은 할 수 없었지.

예수 : 십자가 아래는 제자들의 모습도, 내 설교를 들으러 쫓아다니던
자들도 보이지 않았단다.
절대로 날 배반하지 않겠다던 베드로도 닭이 울기 전
세 번씩이나 날 모른다고 부인한 것도 알고 있단다.

나르테우스 : 집에 있는 아들 호테니우스와 부인 생각,
그동안 받아온 지배와 수모, 그리고 호테니우스의 앞날이
내 머리를 스치는 순간 내 손에 들린 창에 힘을 꼭 주었지.
그리고 예수의 옆구리를 노려 보았어.

두 손에 힘을, 두 손에 힘을.

후터스 : 이봐, 나르테우스, 자네가 창으로 찌르지 않아도
예수는 곧 죽을 거야. 곧 죽게 된다고. 자, 이제 내려가도록 해.

나르테우스 : (예수를 노려보며) 예수의 옆구리. 좀 더 멋있게, 좀 더 힘차게.

마를리어스 : (다가가지는 못한 채 다급한 목소리로만)
이봐, 나르테우스. 우리 동료들이 자네의 행동을
유의 주시하고 있단 말이야.
자네의 행동 하나하나가 우리를 바짝 긴장시키고 있다고….

나르테우스 : (마를리어스의 말엔 아랑곳하지 않고
여전히 예수의 옆구리를 노려 보며)
더욱 잔인하게 찌르고 싶었단 말이야.
아주 깊숙이, 심장이 갈기갈기 찢어지도록 말이야.

마를리어스 : (호테니우스를 끌고 뒤로 가 팔로 목을 조이며)
우리 동료 중 극성파들이 자네 아들 호테니우스를 잡아 왔어.
자네 아들이 죽을 거야.
그러니 제발 나르테우스, 그 창을 내려놓게나.
자네가 창에 힘을 주어 잡으면 잡을수록 자네 아들 호테니우스의
목이 더욱 조여지고 있다는 걸 알라고. 자네 아들을 죽이겠나?

나르테우스 : 애꾸, 난 애꾸야.

부인 : (울부짖으며 절규의 목소리로) 여보, 그 창을 제발 내려놓으세요.
호테니우스가 죽어가고 있어요.
(무릎을 꿇으며 오열한다.) 여보, 제발 그 창을….

호테니우스 : (마를리어스의 팔에 목이 조이며)
아버지, 예수님을 향해 창을 조준하지 말아요.
아버지, 내 목이 더 조이고 있어요. 아버지. 제발….

부인 : 여보, 호테니우스가 숨이 막힌대요.
　　　호테니우스가 죽어가고 있어요. 여보.

나르테우스 : 눈이 한쪽밖에 보이지 않아 조준하기 어려웠지만
　　　날카로운 창끝을 예수의 옆구리에 맞추고는….

부인 : (뛰어가 나르테우스의 팔에 매달리며)
　　　여보, 제발 이 창을 내려놓으세요.
　　　예수님은 우리의 죄를 위해 돌아가시는 거란 말이에요.

나르테우스 : (뿌리치며) 이거 놔, 그동안 유대 민족이라고 받아 온 수모를
　　　잊기 위해서라도 난 로마의 충실한 군인이라는 것을
　　　보여 주어야 해.

마를리어스 : 이보게. 나르테우스, 로마의 신전문에 세워져 있던
　　　금독수리를 뒤집어 버렸다고
　　　밤중에 자다가 집에서 로마놈에게 끌려나가
　　　너와 네 엄마가 보는 앞에서 산채로 불타 죽은
　　　너의 아버지를 넌 벌써 잊었단 말이냐?

나르테우스 : (여전히 예수의 옆구리만 노려 보며 울부짖는다.)
　　　이젠 어쩔 수 없어. 이젠 어쩔 수 없다고.
　　　난 예수의 손바닥과 발바닥에 못을 박았고
　　　온몸에 채찍질했단 말이야.
　　　내가 오늘을 위해 얼마나 참아 온 줄 알아?
　　　아버지의 죽음을 모르는 게 아냐.
　　　하지만 난 이 길을 택할 수밖에 없었어.
　　　자, 호테니우스, 잘 보아라.
　　　이 아버지의 용감한 행동을, 네 죽음이 절대 헛되지 않게 해주마.
　　　이야! 아아아! (달려가 예수의 옆구리를 창으로 찌른다.)

예수 : (괴로운 표정을 짓는다.)

(천둥소리가 무대를 진동하고 싸이키가 작동하여
번개와 우레가 내리친다.)

호테니우스 : (아버지를 향해서 필사의 몸부림을 치며) 아버지 안돼요!
(마를리어스의 팔에서 빠져나와 바닥에 쓰러진다.)

부인 : (나르테우스의 행동을 말리며) 여보, 제발….
(호테니우스에게 달려가 끌어안으며) 호테니우스!

예수 : (에코) 엘리 엘리 라마사박다니.
하나님이여, 하나님이여, 어찌하여 나를 버리셨나이까.

(이때 나르테우스는 자기의 눈을 움켜쥐고 뒤로 나동그라진다.)

나르테우스 : 으으아.

예수 : (고통스러운 듯 하늘을 쳐다본다.)

나르테우스 : (눈을 가렸던 안대를 벗어 던지고)
보인다 보여. 왼쪽 눈이 보여. 이젠 두 눈이 다 보인단 말야.
난 이제 애꾸가 아냐. 이제 병신이 아니란 말야.
예수님의 옆구리에서 터져 나온 피가 내 눈에 튀더니
내 눈이 떠졌어.
앞이 보인다고.

예수 : (에코) 이제 모두 다 이루었도다.

(이 말을 마치는 동시에 고개를 힘없이 떨구고 장엄한 음악이 흘러나
온다. 예수의 등 뒤로 십자가의 투영이 천천히 무대를 가로질러 하늘로
올라간다.)

나르테우스 : (십자가가 어느 정도 올라갔을 때 팔을 벌리고 외친다.)
예수님! 난 양심을 팔았습니다.
베드로처럼 예수님이 하나님의 아들인 줄 알면서도

단 하나의 육신을 위해 빵 때문에
주님을 외면해 버렸습니다.
날 용서해 주십시오. 예수님, 예수님!

(음악은 계속 흐르며 무대는 천천히 어두워진다.)

출발부터 의미가 달랐던 베드로와 유다
골고다의 두 남자

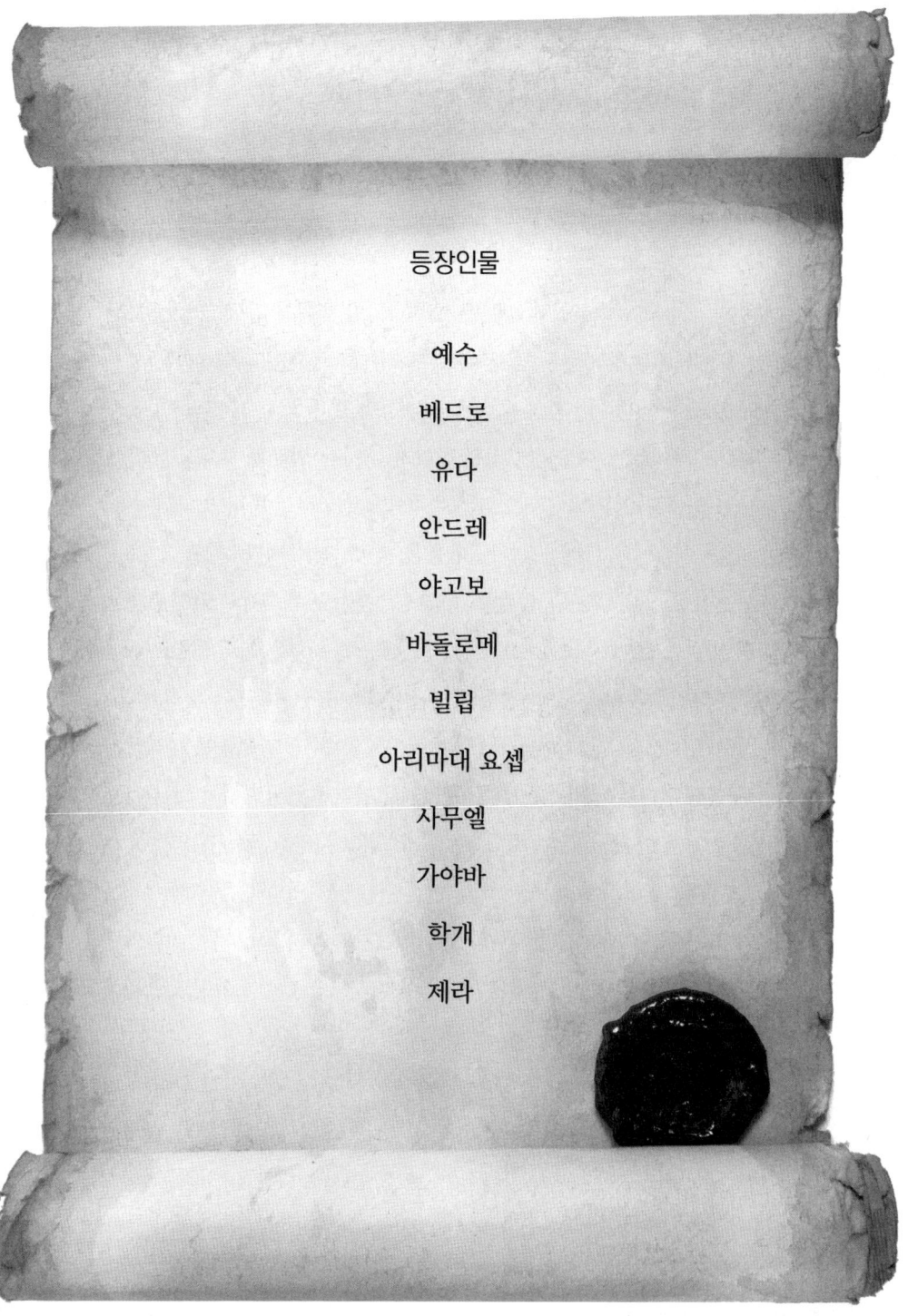

등장인물

예수

베드로

유다

안드레

야고보

바돌로메

빌립

아리마대 요셉

사무엘

가야바

학개

제라

작가 노트

　예수님의 마지막 예루살렘 방문은 예수님의 일생에서 가장 극적인 순간이다. 그 순간을 맞이하는 두 남자, 베드로와 유다의 심정은 과연 어땠을까?
　베드로와 유다는 예수님의 공생애 기간 동안 함께 했던 12명의 제자 중 두 명으로 베드로는, 예수님이 직접 찾아가 제자가 되라는 부르심을 주셨을 때, 그를 따른 인물이다. 베드로는 예수님께서 전하는 하나님 나라의 완성을 위해 예수님과 함께하겠다는 마음을 먹었지만, 유다는 달랐다. 그는 젤롯당이라는 유대 국가의 독립을 위해 실질적이고 적극적으로 활동하는 무리의 일원으로 예수님의 대중적 인기와 대중 동원력을 눈여겨보고 예수님께 찾아가 제자가 되기로 자청했던 인물이다.
　이 두 사람은 2년간 예수님과 동행하는 동안 예수님의 모습을 바라보는 시각도 달랐고 그들이 바라는 최종목표 역시 완벽하게 달랐다.
　베드로는 예수님을 따르며 수제자로서 예수님의 사역을 돕는 그 역할에 충실했지만, 유다는 늘 예수님께서 어서 빨리 유대 국가의 독립을 위해 본격적으로 움직여주길 기대했지만 자기의 뜻대로 그가 행하지 않는 것을 안타깝게 생각했다. 그 시각의 차이 결국은 예수님이 마지막으로 예루살렘으로 입성하는 순간에도 드러난다.
　유다는 예수님을 환영하며 뒤따르는 수많은 인파를 이끌고 그 군중의 힘을 이용해 빌라도의 관저로 몰려가 쿠데타를 일으키길 원했다. 하지만 예수님의 발걸음이 빌라도의 관저가 아닌 성전으로 향하자 크나큰 배신감과 절망감에 휩싸인다.

결국, 예수님이 빌라도에게 재판을 받고 사형선고를 받아, 십자가를 매고 골고다 언덕으로 향하실 때, 유다는 목을 맨 채 자살을 하는 비극적인 최후를 맞게 된다. 하지만 베드로는 그 후 갈릴리로 돌아가 부활하신 예수님을 만나고 그때부터 다시 사신 예수님을 증거하기 위해 자신의 남은 인생을 바치겠다고 약속을 한다. 이것이 이 두 사람의 결과이다.

과연 우리는 예수님을 왜 믿고 따르는 것일까? 예수님을 위해서일까? 아니면 나의 계획과 내 생각을 이루고 성취하기 위해서일까?

이 희곡은 그 부분을 다시 생각해 보자는 의미에서 1993년 뮤지컬 형식으로 쓰였다.

서막

(긴장감 넘치는 음악과 함께 베드로가 뛰듯이 빠른 걸음으로
무대를 가로질러 가려고 할 때 유다가 뒤쫓아 나와 베드로의 앞길을
가로막으며 다급히 호소한다.)

유다 : 이봐, 베드로. 제발 그만둬.
자네가 말린다고 들으실 분이 아니라니까.

베드로 : 그렇다고 그냥 내버려 둬?
예수께서 예루살렘으로 가신다면 죽게 되셔. 알았어? 이 멍청아?
선생이 그 호랑이 굴에 스스로 들어가시도록 내버려 두란 말이야?

유다 : 오히려 그게 더 잘된 일인지도 몰라.
베드로, 자네나 나나 이제까지 예수를 따라다닌 이유가 뭔가?
자네와 난….

베드로 : 이봐, 유다. 확실히 말해두겠는데, 자네와 난 그분을 따른 그 동기
부터가 분명히 달라. 자넨 변절투성이야. 알았어?

유다 : 그래. 새삼 그런 얘길 할 필요 없어.
하지만 지금 이 순간 예수께서 예루살렘에 들어가신다는 게
얼마나 소중한 기횐지 알아?

베드로 : 네가 얘기하는 건 혁명이야.
무력으로 정치적 보복을 하려는 거야.
그런데 거기에 왜 예수께서 끼어들어야 하지?

유다 : 하늘의 천국보다 급한 게 이 땅의 천국이야 알기나 해?
베드로, 지금 이 순간 어느 때보다 많은 무리가
예수님을 따르지 않는가?
벌써 예루살렘 성안에는 예수께서 입성하실 거라는 소문이
파다하게 퍼졌고 성질 급한 사람들은 벌써 길거리에 나오고 있단

말야. 그 수가 얼마나 되는지 알아? 수천 수만 명이야
모두 우리 유대 민족이야.
베드로 자네도 알다시피 어느 누가 이렇게 많은 사람을
열광하게 했나? 예수니까 사람들이 모여드는 거 아닌가?

베드로 : 그래서 어쩔 셈이야?

유다 : 예수께서 예루살렘에 입성하실 때에 수많은 사람이
호산나를 외칠 거야. 그때 열광하는 그 무리를 이끌고
곧장 헤롯의 앞마당까지 몰고 가는 거지.

베드로 : 뭐라고?

유다 : (흥분해서) 한번 상상해 보라고.
난 그 순간을 만들기 위해 오늘날까지 기다려왔어.
파도처럼 밀려드는 유대 민족들.
손을 높이 들어 호산나를 외치는 걷잡을 수 없는 군중들의 물결.
그 물결이 헤롯의 궁전으로 휘몰아칠 때
혼비백산해서 도망가는 로마 병정 자식들.
잠자다가 날벼락 맞은 듯 놀라 자빠지는 헤롯의 두 눈.
어떤가? 자넨 상상이 안 가?
드디어 오늘이 우리 유대 민족의 독립을 이루는 날이란 말이야.

베드로 : 3년씩이나 쫓아다녔으면서도 여태 예수께서 어떤 분이란 걸
모르다니. 예수께서 그러려고 예루살렘에 가시는 줄 알아?

유다 : 그럼 뭐야? 뭣 때문에 예수께서 입성하시는데?
헤롯이 시퍼렇게 눈떠 있는 마당에, 여전히 하늘의 천국만 찾고
사랑 타령만 하려고?
만약 그렇다 하더라도, 그땐 내가 목숨을 바쳐 예수를 앞세워
일을 치를걸세. 하지만 내가 그렇게 하지 않아도 예수께선 분명히
그렇게 하실 거야.

그러려고 예루살렘에 가시는 거고.
모세 이후로 수천 년 동안 로마의 말발굽에 치여 살아왔던
우리 민족을 해방하려고….
베드로, 내가 이제까지 바라왔던 것이 뭔지 알지?
아니, 이건 나만 바랐던 것이 아니라 아버님도 할아버님도,
모두가 바랐던 것이 아닌가?
난 선생을 믿네. 눈먼 자를 눈뜨게 하고 파도치는 바다를
잠잠케 한 그 놀라운 능력으로 얼마든지 충분히 하실 수 있을 거야.

베드로 : 유다, 우리 아버지가 왜 돌아가셨는지 아나?
로마 놈들과 싸우다가 맞아 돌아가셨어. 성질이 급했기 때문이지.
로마 놈들은 나의 원수야.
하지만 선생께서 뭐라고 하셨는가? 원수를 사랑하라고 하셨잖은가.
원수를 미워하면 또 다른 원수만 낳게 되고 그렇게 되면….

유다 : 무식한 녀석.

베드로 : 유다, 내가 지금 참고 있다는 것만 알아라.

유다 : 넌 비린내 나는 놈이야. 이런 혁명의 장소와는 어울리지 않는
갈릴리 촌구석에나 어울리는 놈이지. 어쩌다가 선생의 눈에 뜨여,
그래도 뚫린 귀에 들은 것은 있어서….

베드로 : (한 대 후려친다.)

유다 : (턱을 감싸 쥐고 일어나며) 이젠 날 때려도 소용없어.
벌써 친구들에게 말을 다 해 놓았지. 이제 일이 벌어질 거라고.

베드로 : 그게 무슨 소리야.

유다 : 예수께서 입성하실 때 몰려드는 군중들 속엔, 가슴속에 칼을 품은
우리 열심당원들이 섞여 있어. 그 친구들이 중간중간에 섞여서
몰려드는 인파를 헤롯의 앞마당으로 유도하면 예수께서는 할 수

없이 이끌리는 대로 가시겠지.

베드로 : 눈이 삐었군. 선생은 네가 생각하는 그런 분이 아니야.

유다 : 어쨌든 예루살렘에 들어가는 건 확실하니까 그때 보자.

베드로 : 더러운 자식. (휙 돌아서서 나가려 할 때)

유다 : 베드로!

베드로 : (멈춰선다.)

유다 : 유대 민족, 지금 내 몸속엔 유대 민족의 뜨거운 피가 흐르고 있다.
       네 몸속엔 누구의 피가 흐르고 있느냐?
       이게 우리의 마지막 기회다. 실패한다면 난 내 목숨을 끊을 거야.

베드로 : (그냥 나가 버린다.)

　　　　(음악과 함께 무대 암전)

예루살렘 거리

　　　　(장엄한 음악과 함께 무대가 밝아지면 많은 사람이 손에 종려나무
       가지를 들고 이리저리 어수선하게 무대를 몰려다닌다.
       그중에 한 사람이 멈춰 서서)

남자 1 : 누구 아는 사람 없소? 그분이 어느 쪽으로 오시는지 말이오.
        동문이오? 서문이오?

남자 2 : 우리가 엉뚱한 데로 온 것 같아.

남자 3 : 그래요. 다른 길을 찾아보도록 합시다.

남자 4 : 여러분, 잠깐만. 내 얼떨결에 친구를 따라 나왔긴 했는데 말이오.
　　　　도대체 그 예수라는 양반이 어떤 사람이길래 이 야단법석들이오?

남자 3 : 이 사람, 한심스럽긴 그걸 여태 모르나?

남자 4 : 아, 관심 없으면 모를 수도 있지 뭘 그래?

남자 3 : 당신은 유대 민족이 아닌가? 유대 민족이 예수를 모른다니.
　　　　이놈 혹시 로마의 첩자 아닌가?

남자 4 : 이, 이런….

　　　(한바탕 웃음)

여인 1 : 위대한 선지자래요.

여인 2 : 어떤 사람은 그분이 세례요한을 능가하는 분이라던데요?

남자 2 : 소식 못 들었어? 베다니 마을에선
　　　　죽은 지 사흘이나 된 나사로도 살려냈다더군.

남자 4 : 말도 안 되는 소리, 죽은 사람이 살아나다니….
　　　　하나님 말고는 아무도 그런 일은 못 해.

여인 2 : 어쨌든 좋아요. 그분만 만날 수 있다면….

　　　(솔로곡)
　　　아무도 몰라요 주님을 보고 싶어 하는 이 맘을
　　　걷잡을 수 없는 이 기쁨을
　　　말해도 몰라요
　　　주님을 보고 싶어 하는 이 마음을
　　　걷잡을 수 없는 이 기쁨을
　　　그분은 위대한 선지자예요
　　　죽은 자도 살리신 분

전지전능하신 분 유대인의 왕이에요
           주님을 찾아요. 어서 빨리 보고 싶어요
           사랑의 예수님, 사랑의 예수님을….

남자 4 : 웃기는 군, 모두 웃겨.
           내 그런 것도 모르고 자다가 뛰어나왔네, 그래.
           고작 그런 사람을 만나기 위해 여기까지 나와야겠나?
           이렇게 소란스럽게까지 해서 그 사람을 만날 필요가 있냔 말이야.
           난 아침밥도 못 먹고 이제껏 그 사람을 만나려고 쫓아 다녔어.
           그런데 이게 뭐야?

여인 2 : 조금만 더 참고 기다려 봐요.

남자 4 : 내가 미친놈이지. 순진하게 이런 말을 믿고 쫓아오다니.
           아니. 죽은 사람을 살려내다니 내가 바보인 줄 아나?
           그런 엉터리 같은 소리에 내가 넘어갈 것 같아?

여인 1 : 그분은 하나님의 아들이에요
           하나님의 아들이 못하는 게 있나요?

남자 4 : 하나님의 아들이면, 그 사람은 밥 먹고 변소도 안 가나?
           그 사람 뱃속엔 벌레가 없을 것 같아?
           정신들 차려! 난 이만 가 보겠어.
           밥이나 먹어야지. 괜히 허튼 일에 신경을 쓰고 다닌 것 같아.

여인 1 : 그 사람은 하나님의 아들이에요.

남자 4 : (다시 돌아서서) 그래, 당신 말 아주 잘했어
           분명 그 사람이라고 했지?
           그 사람… 그 사람… 사람… 사람. 어쨌든 사람 아냐?

여인 1 : 그게 뭐 어쨌다는 거예요?

남자 4 : 사람을 너무 믿어선 안 된다는 얘기지.
　　　　믿을 분은 여호와뿐이야. 아직 메시아는 오지 않은 거라고.

남자 2 : 나도 그런 생각을 하지 않은 건 아냐.
　　　　저 사람의 말도 무조건 틀렸다고만 할 순 없어.
　　　　메시아가 갈릴리의 촌에서 나온다고 생각하고 싶진 않아.
　　　　적어도….

남자 4 : 적어도 삼손같이 힘이 세거나
　　　　솔로몬 임금처럼 다윗 왕의 아들이거나….

여인 1 : 하나님의 영광을 받고 이 땅에 오신 분이에요.
　　　　난 믿고 있어요. 예수님이 나의 메시아인 것을….

남자 4 : 가기 싫으면 관둬. 나 혼자 갈 테야.

　　　　　(나가려 할 때 굳은 표정의 젊은 청년이 몇 명이 뛰어들어온다.
　　　　　순간 무대는 경직되지만 무대 밖에서 '나사렛 예수가 와요'라는
　　　　　소리가 들리며 분위기가 다시 밝아진다.
　　　　　경쾌한 음악 소리와 함께 무대 배경의 예루살렘 거리가
　　　　　반으로 나뉘면서 그 사이로 새로운 길이 생기고
　　　　　그곳에서 많은 무리가 쏟아져 나오는데,
　　　　　그 무리 속에 예수가 보인다.
　　　　　예수의 앞에는 베드로가 사람들을 밀어내고 있다.)

코러스 : 호산나 호산나 유대인의 새 왕이여
　　　　우리를 압제에서 구하시고 화평으로 다스릴 분
　　　　호산나 찬송하리로다
　　　　주의 이름으로 오시는 이여
　　　　호산나 호산나

솔로 1 : 하나님의 아들 오 나의 예수님
　　　　당신을 얼마나 기다렸는지요

             하늘의 달과 별마저도
             당신을 기다렸지요

솔로 2 : 사랑의 주님, 평화의 주님
             우리의 슬픔을 사라지게 하고
             평강의 기쁨을 누리게 하는
             예수님을 사랑해요

코러스 : 호산나를 외치세!
             호산나를 외치세!
             예루살렘에 들어오는 예수님을 환영하세

군중 : 길을 비켜요. 예수님이 예루살렘에 오셨습니다.
         다 같이 나와서 예수님을 맞이하세요!

             (노래와 군무가 끝날 때쯤 베드로가 예수의 앞길을 안내하고
             예수는 베드로의 안내에 따라간다.
             이때 유다가 베드로의 손을 잡고 반대쪽으로 이끌려 하지만
             베드로는 유다를 뿌리치고 유다는 인파 속에 파묻힌다.)

유다 : (환호하는 인파 속에서 예수만 바라보며) 선생님, 그쪽이 아닙니다.
         헤롯이 지금 술을 마시고 있는 곳은 그쪽이 아닙니다.
         저쪽이에요. 저쪽으로 가셔야 합니다.

         (인파의 뒤로 밀려서) 그쪽이 아니에요. 그쪽은 성전이라고요.

         (솔로곡)
         지난 수백 년의 세월
         이 민족은 로마에 말발굽에 짓밟혀
         우리의 하나님을 제대로 섬기지 못하고
         날이면 날마다 하늘을 바라보며
         하나님께 기도해 왔었지
         하나님, 우리에게 자유를

우리에게 희망을 주소서
오늘이 그날인 줄 알았는데
오늘도 아니군요
그럼 대체 언제입니까?
어느 때입니까?
예수도 아닌가요?
그럼 누구인가요?
우리를 이 억압에서 구원해 줄 이가 누구인가요?
으흐흑.
(주저앉아 흐느끼기 시작한다.)

(모두 환호와 함께 빠져나간 무대 위에서 주저앉아 흐느끼는 유다.
이때 함께 섞여 나갔던 젤롯당원들이 다시 뛰어들어와 유다 앞에 선다.)

당원 1 : 네가 말한 저 사람은 애당초 그런 마음이 없었던 거야

당원 2 : 이 좋은 기회를 왜 스스로 놓쳐 버리지?
저 사람을 기다리고 있는 사람들이
헤롯의 궁전 주위에도 얼마나 많은 줄 알아?

당원 1 : 어쩌면 저자도 헤롯과 마주치는 걸 두려워하고 있는지도 모르지.

유다 : 그럼 내가 이제까지 예수를 따라다닌 이유가 뭐야?
그럴 리가 없어.
그분에겐 능력이 있어, 당연히 그럴 만한 능력이….

당원 2 : 우린 보기 좋게 당했어.
유다, 네 말만 듣고 왔는데. 저 사람은 헤롯의 궁전 근처엔
얼씬도 안 했어. 지금 어디로 간 줄 알아? 성전에 있어.
성전에 헤롯이 있나?

당원 1 : 헤롯을 죽여야 해. 이 땅에서 없애 버려야 한다고.
그런데 그 성을 누가 부숴 주냔 말야. 이젠 예수도 틀렸어.

당원 2 : 유다, 이제까지 너를 믿었던 시간이 아깝다. 저 사람은 틀렸어.

   (당원 1, 2 모두 퇴장하고 유다만 혼자 남아있다.)

유다 : 그럼 내가 이제까지 기다린 것은 뭐야?
   내가 이제까지 당신을 따라다닌 이유는 도대체 뭡니까?
   당신의 뜻은, 당신이 이루고자 하는 왕국은
   도대체 어디에 있는 겁니까….

   (이때 조용히 등장해 유다에게 가까이 가는 제라)

제라 : 자네.

유다 : (말없이 제라를 쳐다보고)

제라 : 예수를 따르는 제자지? 이름은 가롯 유다고….

   (무대 암전)

   (잠시 후 무대 뒤에선 왁자지껄한 소리가 들리고
   군중들이 쫓겨 나오듯 무대에 등장한다.
   그리고 몹시 화가 난 듯한 예수가 빠른 걸음으로 등장하며
   손에 들고 있던 좌판을 무대 한복판에 냅다 집어 던진다.)

예수 : (솔로곡)
   내 집은 만인이 기도하는 집이거늘
   어찌하여 너희 같은 장사치들이 성전을 강도의 소굴로 만들었느냐
   여기저기서 자기 물건들을 팔려고 소리 지르고 있으니
   조용하고 엄숙한 맘으로 기도드려야 할 성전에
   어찌 하나님께서 계시겠느냐
   이 우매하고 어리석은 것들아
   너희가 어찌도 이렇게 모를 수가 있느냐
   여기저기에 온갖 짐승의 똥오줌을 보고도 너희는 기도가 나오더냐

(군중들의 손에 있던 좌판을 강제로 뺏어 던지며)
너희가 기도하는 처소를 강도의 소굴로 만들었도다
정말로 이렇게까지 하고 싶진 않았다
누구보다도 날 따르던 사람은 날 잘 알 것이다
내가 이렇게 화를 낸 본 적이 없는데
이 꼴을 보고 어떻게 참을 수 있단 말인가?

(군중들이 예수의 과격한 행동에 떨고 있을 때 제라가 가까이 간다.)

제라 : 랍비여.

예수 : ….

제라 : 저는 제라라고 합니다. 이 성전의 제사장이죠.
저도 지금까지 저의 주변 사람들과 함께 선생에 관한 일을
지켜봐 왔습니다.
이제까지 선생에 대한 평판은 참으로 듣기 좋았습니다.
하지만 선생이 지금 이성전에서 행한 일을 보고 놀랐습니다.
선생이 미친 줄 알고 말입니다.
지금 이 거룩한 성전을 부수려고 합니까?

예수 : 이 성전은 단순히 돌로만 지어진 것이 아니라 이 집은 하나님의 집이오.
하나님께서 이곳에 거하시는 한, 성전이 무너지는 일은 없을 것이오.

제라 : 이렇게 발로 차고 소리를 질러도 무너지지 않는다고요?
물론 그리 쉽게 무너지지는 않을 겁니다.
하지만 망가지기는 하겠죠.

예수 : 당신들이 성전을 헐어버리시오.
그러면 내가 사흘 만에 다시 일으켜 세우겠소.

제라 : 이 성전은 46년 동안 수천 명 아니 수만 명의 건축자가 지었는데
어떻게 선생이 사흘 만에 다시 지어놓겠다는 겁니까?

　　　　　선생이야말로 성전을 사기꾼의 물건으로 아는군요.

예수 : 당신은 내 말을 이해하지 못하고 있소.

제라 : 좋습니다. 이 이야기를 대제사장 가야바에게 전하면
　　　　아주 재밌는 일이 생기겠군요.
　　　　다시 일으켜 세울 땐 세우더라도 오늘은 이 정도로 끝내시죠.
　　　　(의미심장하게 예수를 본 후 퇴장하고)

유다 : (제라가 퇴장하는 것을 확인하고)
　　　　선생님, 저 사람은 그래도 이곳 산헤드린에서
　　　　가장 마음이 너그러운 사람입니다. 말하는 것 들으셨죠?
　　　　저 사람은 선생님을 이해해 보려고 물은 건데….
　　　　선생님이 그를 실망하게 하셨습니다.

예수 : 유다야, 너의 생각을 열지 말고 너의 마음을 열어라.
　　　　너의 마음을….

유다 : 선생님, 선생님께서 이곳에 오실 때 뜨겁게 맞이하는
　　　　예루살렘 백성들을 보셨습니까?
　　　　선생님께선 그 사람들이 원하는 것이 뭔지 모르고 계시는 겁니까?
　　　　그 사람들의 뜨거운 눈을 보셨습니까?
　　　　간절히 원하는 걸 못 느끼셨습니까?
　　　　오늘을 기다린 사람들이 얼마나 많은데
　　　　선생님께서 어떻게 이런 큰 실망을 안겨주실 수 있는 겁니까?

예수 : 네 이웃을 사랑하고 네 원수를 미워하라는 말을 너희가 들었으나
　　　　내가 너희에게 이르되 너희 원수를 사랑하며
　　　　너희를 핍박하는 자들을 위하여 기도하라.
　　　　용서의 날이 우리에게 임하였느니라

유다 : 애당초 기대를 했던 게 잘못입니까?
　　　　선생께선 헤롯에게 당해보질 않으셔서 그렇죠?

헤롯도 용서하란 말입니까?
그놈은 정치와는 아무런 상관없는 우리 이웃을 수없이 죽였어요.
그런데도 그런 놈을 용서하란 말입니까?
칼에는 칼로 상대해야 한다고요.

예수 : 칼을 가지는 자는 칼로 망하리라.
새 예루살렘은 무력이나 소요나 살해로 되는 것이 아니니라.
하나님에 대한 확신을 잃지 말아라.
그의 공의가 사람들 사이에 있고 사자와 양이
함께 풀밭에 누우리라.
성하는 것과 폐하는 것과 우는 소리가 다시는 들리지 아니하리라.

유다 : (고개를 저으며 실망한 표정으로 뒤로 물러선다.)

예수 : 나는 세상의 죄를 어깨에 메야만 하노라.
나를 따르고자 하는 자들은 나처럼 하여야 하느니라.
성경엔 살인하지 말라고 했지만 나는 네게 말하노니
형제에게 노하는 자마다 심판을 받게 되고
형제를 욕하는 자마다 지옥 불에 들어가게 되리라.

(이때 백부장 등장하여 예수에게 겸손한 자세로 가까이 다가온다.)

백부장 : 선생이시여, 한가지 청이 있어 왔습니다.

유다 : (예수가 반응을 보이려 하자 예수와 백부장 사이에 끼어들며)
선생님, 백부장입니다. 로마 군인이라고요.

(백부장에게) 당신이 왜 우리 선생에게….

예수 : (유다의 행동을 손으로 말리고)

백부장 : 저희 집에 종이 하나 있는데 제가 상당히 아끼는 자입니다.
종이라기보다는 제 아들이나 다름없이 여기고 있습니다.

그가 병으로 죽으려 하오니 제발 비옵건대….

예수 : 그래서 내가 당신 집에 가야 한단 말이오? 가겠소이다.

백부장 : 아닙니다. 주님. 제집에 들어오심을 저는 감당치 못하겠나이다.
선생께서 말씀만 하시면 제 하인이 나을 것을 믿습니다.
제 밑으로 백 명의 병사가 있어서 시키기만 하면 병든 저의 종이
이리로 올 수도 있습니다.

예수 : 유다…. 비록 로마의 군인이라 할지라도 너희들 중에 이만한 믿음을
가진 자를 내가 아직 본 적이 없다.

유다 : (고개를 떨군다.)

예수 : 집으로 돌아가시오. 당신의 믿음이 당신의 종을 낫게 하였소.

(백부장은 이 말을 듣고 기쁜 표정을 지으며 예수 앞에서
무릎을 꿇는다. 이 장면을 지켜본 유다, 이건 아닌데 하는 표정을
짓다가 뭔가 결심한 듯 뛰어나간다.)

산헤드린 공회

(무대가 밝아지면 학개, 사무엘, 아리마대 요셉, 니고데모, 제라,
가야바 등이 모여 열띤 토론을 벌이고 있다.)

학개 : 예루살렘은 지금 난리가 났습니다.
반란을 일으킨 자 중의 일부가 이미 체포되었습니다.
반란군을 진압하기 위한 로마 군대가
가이사랴에서 이곳으로 계속 도착하고 있습니다.

사무엘 : 우리가 입수한 정보에 의하면, 나사렛 예수라는 자가
유월절 축제를 이용하여 자기가 다윗의 아들이라고

선포한다고 합니다.
군중들은 벌써 그를 선지자라고 부르고 있습니다.
대제사장 가야바시여, 제가 이렇게까지 흥분해서 말씀드리는
이유는….

아리마대 요셉 : 저는 그 말을 믿지 않습니다.
저는 그 문제의 예수라 하는 청년을 직접 보았고,
그가 설교하는 것도 들었습니다.
그는 선과 가난한 자의 복에 대해 말했습니다.
그 청년의 말을 여러분도 들어 보시면
그가 얼마나 진실한 사람인지 아실 수 있을 겁니다.

사무엘 : 진실한 사람? 천만에요.
그는 사기꾼이고 또 새것을 가르칠만한 주변머리도 없는 친구요.
그가 지금 떠벌이는 말은 이미 오래전에 세례요한이 했던 말이라고.
나사렛 예수는 여러 번에 걸쳐 자기가 로마를 쳐부수고
이스라엘의 왕이 될 수 있다고 군중을 선동하고 있소.

아리마대 요셉 : 하지만 예수는 자기의 왕국이 이 현세에는 없다고 했어요.

학개 : 하나님의 약속이 자신에게서 이루어졌다는 말.
그리고 자신을 전 역사의 성취라고 하는 말.
그것은 우리 조상의 율법에 대한 모독이자 신성 모독인데,
이걸 어떻게 용서할 수 있단 말이오.

니고데모 : (한창 고조되는 분위기를 가라앉히려는 듯)
하지만, 우리는 나사렛 예수라고 하는 시골 청년이
그동안 우리가 기다려온 메시아일지도 모른다는 걸
한 번쯤 생각해 볼 필요가 있소.

(순간 모두 정적)

사무엘 : 갈릴리 목수의 아들이?

그런 촌놈이 어떻게 메시아가 될 수 있다는 거요?

니고데모 : 나도 한때 요셉과 같이 그 청년의 설교를 들은 적이 있소.
나는 그때 깊은 감동을 받았고, 또 기적도 보았소.

사무엘 : 니고데모 선생. 당신 나이가 지금 몇이오?
선생은 그 청년의 말장난을 듣고 오신 거요.
귀신의 장난을 보고 온 거라고.

니고데모 : 우리는 이제까지 메시아의 오심만을 믿고 기다려 왔잖소.
그런데 메시아가 지금 오시지 않는다는 법이 있소?
그리고 우리를 해방해 줄 메시아가 반드시 솔로몬이나
다윗 같은 사람이어야 할 필요도 없는 것 아니요.
하나님께선 이미 나사렛의 목수 예수를
메시아로 보시는지도 모르오. 다윗도 처음엔 목동이었지.
하나님이 그의 백성을 도울 자를 어떤 방법으로 선택하실지는
아무도 모르는 것이오. 결국은 우리도 바다의 모래에 불과할 뿐,
바람에 나는 겨와 같은 인생일 뿐….

(하늘을 향해)
하나님이시여, 당신의 지혜로 우리의 눈을 뜨게 하소서.

사무엘 : 예수는 위험한 놈이오.
(몹시 흥분해) 그런 놈을 메시아라고 하는 사람이
이 안에 있다니…….

(이때 지그시 눈을 감고 듣고만 있던 가야바가
자리에서 일어나 내려본다.)

가야바 : 그만, 그만. 난리가 아니구만. 그 시골 청년 하나 때문에
그동안 조용하던 이 산헤드린이 시끄러워지다니….
좌우간 대단한 친구야.
그런데 그 나사렛 청년이 다른 선지자와 다른 점은 무엇이며

이천 년 역사 동안 있었던 우리 랍비들과 다른 점은 무엇이지?
이보게들, 그는 자신이 죄를 용서하는 능력이 있다고 했어.
그 점이 바로 랍비와 다른 점이지.
우리는 이제까지 하나님만이 죄를 사할 능력이 있다고 믿어왔다.
예수가 자신이 죄를 사할 능력이 있다고 말하는데,
그건 도대체 무슨 뜻이지? 감히 상상할 수도 없는 일이야.
이건 나사렛의 목수가 자신을 하나님과 동일시한다는 거야.
이 미친 소릴 그대로 듣고만 있어야 해?
어떻게 인간이 하나님과 동일하다는 소릴 함부로 할 수 있어?
우리의 율법과 선지서에서 말하기를,
메시아는 왕으로 군림한다고 했어.
그런데 예수는 뭔가? 목수야. 목수!
거기다 더욱 중요한 문제는 로마가 가만히 있지 않을 거란 것일세.
우리에게 아무런 해명할 기회도 주지 않고,
그 미치광이 하나 때문에 죄 없는 백성만 죽게 될 뿐이야.
우리 민족을 위해서라도 예수는 사라져야 해.

제라 : (그때까지 묵묵히 서 있던 제라, 드디어 입을 연다.)
하지만 우린 양을 죽일 수는 있어도 사람을 죽일 순 없잖습니까?

가야바 : 그게 우리가 할 수 없는 일이지.
형벌은 우리가 내리되 집행은 우리가 하는 일이 아냐.

제라 : 군중 선동과 내란 음모만으로도 충분히 죄가 되겠죠.

아리마대 요셉 : 죄라고? 죄에 대한 증거가 있나?

제라 : 있고 말고요. 나는 성전에서 그가 자신을 하나님의 아들이라
주장하는 소릴 들었습니다.

아리마대 요셉 : (가야바에게) 대제사장이시여,
제라의 말은 믿을 수 없습니다.

누군가를 정죄하기 전에, 우리 앞에서 해명할 기회를 주어야
하지 않습니까?

가야바 : 맞는 말이오. 형벌을 내릴 땐 내리더라도,
그의 얘길 직접 들어 볼 필요는 있지.

사무엘 : 지금 당장 끌고 옵시다.

아리마대 요셉 : 흥분해서 될 일이 아니잖소.

제라 : 지금 그의 곁엔 많은 사람이 있습니다.
항상 사람들을 벌떼처럼 몰고 다니는 그를 멀건 대낮에
우리 산헤드린에서 데려갔다고 하면 그들이 가만있지 않을 겁니다.

사무엘 : 가만있지 않으면?

제라 : 문제를 크게 만들 필요 없습니다.
그를 밤에 데려오면 되죠.

사무엘 : 밤에?

제라 : 그렇습니다.

가야바 : 알아볼 수 있겠나?

제라 : 제가 예수의 친구 한 명을 데리고 왔습니다.

　　　　(모두 의아해서 웅성거린다.)

사무엘 : 그가 누군가?

제라 : (밖을 향해서) 이제 들어와도 좋네.

　　　　(이때 밖에서 유다가 쭈뼛거리며 들어온다.)

아리마대 요셉 : 자넨 누군가?

유다 : 가롯에서 온 유답니다.

아리마대 요셉 : 그런데?

가야바 : 그런 식으로 몰아세우지 말게. 자네가 예수의 친군가?

유다 : 3년 동안 예수와 함께 다녔습니다.

가야바 : 측근이었군. 그럼 밤에도 예수의 얼굴을 쉽게 알아보겠지?

아리마대 요셉 : 여길 왜 왔나?

유다 : 예수는 맘이 변했습니다.
　　　이 나라의 독립엔 아무런 맘도 없다고요.
　　　그저 하늘의 천국만 부르짖고 사랑 타령만 하고 있습니다.
　　　지금 그럴 때가 아니잖습니까?

아리마대 요셉 : 그래서?

유다 : 예수를 만나주십시오.
　　　예수를 만나서 꼭 좀 얘기해 주십시오.
　　　제가 얘기하는 것보다야 여기 계신 여러 선생님께서
　　　말씀하시는 게 훨씬 낫겠죠. 이 얘길 하려고 왔습니다.

가야바 : 자넨 아주 눈치가 빠르구만.
　　　그러잖아도 자네 같은 사람이 필요했지.
　　　예수를 우리가 만날 수 있도록 주선해 주겠나?

유다 : 아마 예수도 선생님들을 만나 뵈면 맘이 변할지도 모르겠습니다.
　　　그건 제가 간절히 바라는 바이기도 합니다.

가야바 : 어떻게 변한다는 거지?

유다 : 하늘의 천국보다 우리를 이 땅에서 구원해 달라는 거죠.
　　　그분은 우리를 로마의 손에서 충분히 해방을….

사무엘 : (O.L) 그게 아냐. 우리가 만나려고 하는 이유는….

제라 : (O.L) 그만! 유다, 우린 자네가 필요하네.

유다 : (분위기가 이상한 듯)
그럼 뭐에요? 뭣 때문에 예수를 만나겠다는 거예요?

제라 : 아냐, 아냐. 아무것도 아냐. 자네는 아무런 염려할 필요가 없어.
자네 말대로 예수와 함께 이야기하면 그 사람의 생각이 바뀌겠지.
우리도 그걸 바라고 있네.

유다 : 약속해 주십시오.
꼭 예수를 만나면 몇 가지 질문만 해보시고 설득해주시는 겁니다.
로마로 넘기거나 빌라도에게 보내서는 안 됩니다.
그분은 할 일이 많은 사람이라고요.

제라 : 알았네. 여기엔 자네만큼 예수를 좋아하는 사람도 있네.

가야바 : 어떻게 해줄 텐가?

유다 : 지금 예수가 유월절 만찬 준비를 하고 있습니다.
만찬이 끝나고 밖으로 나갈 때 제가 함께 가서 어디로 가는지
살펴본 뒤 이곳으로 달려오겠습니다.
그럼 선생님들께서 저와 함께 가시면 됩니다.

사무엘 : 우리가?

유다 : 그럼, 제가 모시고 오라고요?

제라 : 아니야. 성전 병사들이 자네와 함께 갈 걸세.

유다 : 병사들이 왜요? 그리고 그렇게 많은 사람이 무슨 필요가 있습니까?
왜 문제를 크게 만드시려고 하는 겁니까?
그냥 조용히 만나서 말씀만 하시면 되는 거 아닙니까?

사무엘 : 이봐. 그럼 우리더러 자네와 함께 밤중에 다니란 말인가?
그러다가 사람들이 우릴 알아보면 어쩔 텐가?
자네를 시키는 이유가 없어지지 않나.

제라 : 그리고 병사를 보내는 건 예수 때문에 그런 게 아니라
예수를 따르는 사람들 때문일세.
만약을 위해서 그러는 거니까, 크게 신경 쓸 문제가 아닐세.

유다 : 그래도 그렇지….

제라 : 나도 자네와 같은 생각일세.

사무엘 : 캄캄한 밤중에 우리가 어떻게 예수를 알아보지?

유다 : 제가 먼저 그에게 다가가서 볼에 입을 맞추겠습니다.

사무엘 : 볼에다 입을 맞춰?

유다 : 그걸 신호로….

가야바 : 신호 한번 근사하군. 어서 가보게. 예수가 지금쯤 만찬을 준비하고
자네를 기다리고 있을 거야.

유다 : 꼭 부탁합니다. 그저 몇 가지만 묻고, 설득만 하셔야 합니다.
때리거나 빌라도에게 넘기시면….

사무엘 : 걱정하지 말랬잖아.

유다 : (걱정스러운 듯) 그럼….

제라 : (뒤돌아서 나가는 유다에게) 자네에게 감사하네.

유다 : (그 자리에 멈춰 서고)

제라 : 나뿐만 아니라 온 이스라엘 백성도 마찬가질 거야.

(돈뭉치를 유다에게 던져주면 유다는 얼떨결에 돈뭉치를 받아든다.)

수고비야. 다른 뜻은 없네. 받아 둬.

(돈뭉치를 들여다보는 유다, 걱정스럽지만 퇴장)
(슬픈 분위기의 음악과 함께 어두워진다.)

마가의 다락방

(예수를 중심으로 제자들이 앉아있다.)

예수 : (식탁의 떡 조각을 들어 보이며)
　　　이 순간부터 이 떡은 우리 조상들이 포로 상태에서
　　　자유로워진 것을 기념하기 위한 떡이 아니니라.
　　　이는 너희를 위하여 죽는 나의 몸이 될지니
　　　이제부터 나를 기념하며 이것을 먹으라.
　　　이집트에서 포로되었던 것을 기억하는 유월절이 오늘날 너희에게
　　　임하였나니 죽음의 포로에서 생명으로 나오는 날이니라.
　　　이 떡은 생명의 떡이라. 누구든지 이 떡을 먹는 자는
　　　영생을 얻으리라.

베드로 : 주여, 우리가 이렇게 주님과 함께 유월절 식단을 나누게 된 것을
　　　　기쁘게 생각하고 있습니다.

예수 : 내가 진실로 이르노니 너희 중에 나를 배반할 자가 있느니라.

베드로 : 선생님, 여기엔 아무도 선생님을 배반할 사람이 없습니다.
　　　　우리 중에 그런 미친놈이 있단 말입니까? 말도 안 됩니다.

예수 : 나는 내가 선택한 자들을 안다.
　　　하지만 성경의 말씀이 이루어져야만 하리라.

베드로 : 도대체 그놈이 누굽니까?
　　　　가르쳐 주십시오. 제가 그놈의 모가지를 비틀어 버리겠습니다.

예수 : 유다야. 네가 해야 할 일이 있잖느냐?
　　　네가 할 일을 지금 나가서 하거라.

　　　(그러자 유다가 일어나 비틀거리며 나간다.)

　　　지금 인자가 영광을 얻었고 하나님도 인자로 인하여
　　　영광을 얻으셨도다.
　　　이제는 더 이상 인자가 너희와 함께 있지 아니하리라.
　　　너희가 나를 찾을지라도 내가 가는 곳에 너희는 올 수 없느니라.

베드로 : 선생님, 모든 인간이 주님을 버릴지라도,
　　　　저는 결코 주님을 버리지 않겠습니다.

예수 : 베드로야, 네가 오늘 밤 나를 모른다고 부인하게 될 것이다.
　　　내 말을 기억하라.

베드로 : 제가요? 선생님을 모른다고 부인할 거라고요?
　　　　선생님, 그럴 리 없습니다. 제가 누굽니까!
　　　　제가 누군데 선생님을 모른다고 부인하겠습니까?
　　　　전 선생님의 제자입니다.

예수 : 내가 떠나지 않으면 성령이 너희에게 임할 수 없느니라.
　　　만일 사람이 친구를 위하여 그 목숨을 버리면
　　　이보다 더 큰 사랑이 없느니라.
　　　너희가 서로 사랑하면 이로써 모든 사람이
　　　너희가 나의 제자인 줄 알리라.
　　　나는 길이요, 진리요, 생명이니라.

　　　(테이블의 포도주를 잔에 따라 부은 뒤 그 잔을 들어 보이며)

이제부터 이 잔은 시내 산에서 우리의 조상이
하나님과 맺은 언약의 상징이나 의식을 상기하기 위한 것이
아니니라. 내 피로 세운 새로운 언약이니. 이 의식을 행하여
잔을 마실 때마다 나를 기억하라. 너희는 주가 다시 오실 때까지
이 떡을 먹고 이 잔을 마시면서 주의 죽으심을 전하라.
이 의식으로 너희는 내 안에 거하며 나도 너희 안에 거하리라.
가지가 포도나무에 붙어 있지 아니하면
탐스러운 포도과실을 맺을 수 없음과 같이
너희도 내 안에 머무르지 아니하면 그러하리라.
나는 포도나무요. 너희는 가지니.
저가 내 안에, 내가 저안에 있으면 이 사람은 과실을 많이 맺나니.
나를 떠나서는 너희가 아무것도 할 수 없음이라.

(하늘을 향해)

아버지여, 때가 이르렀으니 아들을 영화롭게 하사
아들로 아버지의 영광을 이루게 하옵소서.
아버지께서 아들에게 그를 믿는 자들에게 영생을 주게 하시려고
만물을 다스리는 권세를 주셨으니
저희를 진리로 거룩하게 하옵소서.
아버지의 말씀은 진리니이다.
아버지께서 세상에 나를 보내신 것같이
나도 저희를 세상에 보냈으며
또한 저희를 위하여 내가 나를 거룩하게 하오니
이는 저희도 진리로 거룩함을 얻게 하려 함이니이다.
내가 비옵는 것은 이 사람들만 위함이 아니요,
저희 말로 인하여 나를 믿는 사람들도 위함이니
아버지께서 내 안에, 내가 아버지 안에 있는 것같이
저희도 다 하나가 되어 우리 안에 있게 하사.
아버지께서 나를 보낸 것을 세상으로 하여금 믿게 하소서.

모두들 : 여호와께 감사하라.
　　　　그는 선하시며 그 인자하심이 영원함이라.
　　　　모든 신에 뛰어나신 하나님께 감사하라.
　　　　그 인자하심이 영원함이로다.
　　　　모든 주에 뛰어나신 주께 감사하라.
　　　　그 인자하심이 영원함이로다.
　　　　홀로 큰 기사를 행하시는 이에게 감사하라.
　　　　그 인자하심이 영원함이로다.
　　　　지혜로 하늘을 지으신 이에게 감사하라.
　　　　그 인자하심이 영원함이로다.
　　　　땅을 물위에 펴신 이에게 감사하라.
　　　　그 인자하심이 영원함이로다.
　　　　큰 빛을 지으신 이에게 감사하라.
　　　　그 인자하심이 영원함이로다.
　　　　해로 낮을 주관케 하신 이에게 감사하라.
　　　　그 인자하심이 영원함이로다.
　　　　달과 별들로 밤을 주관케 하신 이에게 감사하라.
　　　　그 인자하심이 영원함이로다.
　　　　우리를 우리 대적에게서 건지신 이에게 감사하라.
　　　　그 인자하심이 영원함이로다.
　　　　모든 육체에게 식물을 주신 이에게 감사하라.
　　　　그 인자하심이 영원함이로다.
　　　　하늘의 하나님께 감사하라.
　　　　그 인자하심이 영원함이로다.
　　　　(시편 136편 1절~9절. 24절~26절)

(이들이 성경을 암송하는 동안 예수는 한쪽 구석으로 가 기도하는 자세를 갖춘다. 그러면 제자들이 모여 있는 쪽의 조명은 어두워지고 예수가 있는 쪽에만 하늘에서 작은 빛이 내려온다.)

예수 : 나의 하나님, 나의 아버지여.
　　　　내가 낮에 당신을 불러도 대답치 않으시면
　　　　밤에도 내게 평안이 없나이다.
　　　　나를 떠나지 마소서.
　　　　나의 고통이 가깝고 아무도 나를 구할 자가 없나이다.
　　　　나는 아버지께서 내게 하라고 맡기신 일을 완성하여
　　　　땅에서 아버지를 영광스럽게 하였나이다.
　　　　아버지, 창세 전에 내가 아버지와 함께 누리던 그 영광으로
　　　　지금 아버지 앞에서 나를 영광스럽게 하여 주옵소서.
　　　　세상은 아버지를 알지 못하고 있지만 나는 당신을 알고 있습니다.
　　　　아버지여 나에게 다가오는 이 고난의 잔을, 할 만하시거든
　　　　내게서 지나가게 하옵소서.
　　　　하지만 내 원대로 마옵시고 아버지의 원대로 하옵소서.

　　　　(뒤돌아서 엎드려 있는 베드로에게)
　　　　시몬아! 자느냐, 네가 한시도 날 위해서 깨어 있을 수 없더냐?

　　　　(베드로 깜짝 놀라서 깨어난다.)

베드로 : 주님, 제발 그런 눈으로 절 쳐다보지 마십시오.
　　　　주님의 그런 눈을 이제까지 제가 본 적이 없습니다.
　　　　오늘 제가 너무 피곤해서 그만….

예수 : 마음에는 원이로되 육신이 약하도다.
　　　 네가 언제까지나 나를 버리지 않겠다더니….

베드로 : 주님, 자꾸 그런 식으로 말씀하지 마십쇼.
　　　　오늘 정말 왜 그러십니까?

예수 : 내 맘이 괴로워 이렇게 눈물을 흘리며 기도드릴 때
　　　 나를 위해 기도해 줄 수 없더냐?
　　　 보라. 인자가 죄인의 손에 팔리우느니라.

(그때 한쪽에서 횃불을 든 사람과 창을 든 병사를 이끌고 유다가
다가온다. 그 광경을 바라본 베드로 깜짝 놀라서 벌떡 일어난다.)

베드로 : 뭐야! 너희들….

(그러다가 유다를 발견하고는) 유다….

유다 : (베드로를 무시한 채) 선생님.

베드로 : (예수를 뒤로 감추며) 가까이 오지 마.

유다 : 베드로, 내가 왜 이러는지 알지? 선생님은 아무 일도 없을 거야.

예수 : 시몬아, 너의 기도를 부탁한 이유를 이제야 알겠느냐?

베드로 : 주님.

유다 : 랍비여.

(가까이 가서 예수의 어깨에 손을 얹고는 볼에 가볍게 키스를 한다.
둘은 한참 동안 말이 없다.)

예수 : 이제는 너의 때, 어둠이 권세를 얻는 때니라.
너는 이렇게 입맞춤으로 나를 판 것이니라.

(그런 예수를 바라보던 유다의 시선이 땅에 떨어지고 손을 떨구자
여기저기서 '저 사람이다', '잡아라' 소리가 들리며 예수를 에워싼다.)

베드로 : (갑자기 유다의 멱살을 움켜쥐고)
짐승 같은 녀석, 반역자, 더러운 놈. 처음부터 네가 꾸민 짓이지.
너의 그 눈을 처음 보는 순간부터 언젠가 네가 이런 일을
꾸밀 줄 알았어. 네가 이럴 수가 있어? 너 같은 놈은….

유다 : (O.L) 이런 멍청한 무식쟁이야.
언제까지고 선생을 저렇게 혼자 내버려 둘 거야?

혼자 해서 될 일이 아냐. 선생은 제사장들을 만나야 해.
그래서 그 사람들의 도움을 받아야 한다고.

베드로 : 그래서 뭘 어쩌겠다는 거야?
도대체 네놈이 꾸민 흉계가 뭐냐고?

유다 : 선생이 메시아라면 아무 일도 없을 거 아냐?
이렇게 열 낼 필요도 없잖아. 진정 예수를 돕는 일은
산헤드린 앞에서 정식으로 말씀하게 하는 일이야. 알겠어?

베드로 : 혼자서 똑똑한 척하는 놈.
선생을 데리고 가면 이젠 다시 못 오신단 말야.
뭘 알고서 하는 소리야?

유다 : 베드로.

베드로 : …….

유다 : 자넨 정말 선생을 믿나?

베드로 : (그의 손이 스르르 풀린다.)
(주저앉아 오열) 으흐흐…!

예수 : 내가 당신들이 찾고 있는 예수다.
이제 나를 찾았으니 하고자 했던 대로 하라.

('가자' 하면서 예수를 끌고 퇴장한다.
그러면 곁에 있던 제자들도 모두 따라 나간다.)

베드로 : (힘없이 끌려가시는 예수의 뒤에 대고) 주님! 주님!

(하지만 대답도 없이 뒤도 못 돌아본 채 끌려나가자)
(벌떡 일어나 유다를 다시 붙잡고)
죽일 자식, 너 같은 놈이 아직 살아 있다니….
천벌을 받을 놈. 도대체 얼마를 처먹고 네 스승을 팔아먹냐?

골고다의 두 남자

유다 : (손을 뿌리치며) 이거 왜 이래? 돈을 받다니?
　　　　네가 선생을 사랑하는 것만큼 나도 선생을 사랑해.
　　　　너 혼자 잘난 척하지 마.
　　　　산헤드린 공회에서 나와 약속했어.
　　　　아무 일 없이 곧 내보내 주기로….
　　　　나도 다 생각이 있어서 그런 거라고….

베드로 : 교활한 놈. 넌 처음부터 맘이 딴 데 있었던 거야.
　　　　선생을 이용해서 네 욕심만 채우려 한 놈!

유다 : 내 욕심이라고? 이건 내 욕심이 아니라 우리 온 유대 민족의
　　　　욕심이다. 그래, 그동안 우리가 로마놈들의 지배하에서
　　　　얼마나 굶주리며 힘들게 살아왔나?
　　　　그 속에서 우리를 구원하실 분, 메시아.
　　　　메시아라면 적어도 이런 상황 속에서
　　　　우리를 구해내야 하는 거 아냐?
　　　　언제까지고 하늘의 사랑만 외칠 게 아니고 말야.
　　　　넌덜머리가 난다. 그 소리.
　　　　날 욕해도 좋다. 저주해도 좋아.
　　　　하지만 난 해야 할 일을 했을 뿐이야.

베드로 : 몇 년 동안 주님을 쫓아다니며 사랑한다던 인간들이
　　　　이제 아무도 없어. 보라고, 이 산속에 너하고 나밖에….
　　　　모두 어디 간 거야 모두 어딨냐고….

유다 : 선생은 곧 우리에게 다시 오신다.
　　　　(퇴장한다.)

베드로 : (솔로곡)
　　　　주님이 하신 말씀
　　　　여우도 굴이 있고 공중의 새도 집이 있는데
　　　　인자는 머리 둘 곳이 없도다

인자는 머리 둘 곳이 없도다
인자는 머리 둘 곳이 없도다
주님은 이제 우리에게서 사라지셨네
주님, 같이 가셔야죠
왜 혼자 가셨습니까?
내가 주님을 처음 만난 날
내게 다가와 손을 내밀며 내 이름을 부르셨잖아요
베드로야 베드로야 나와 함께 가자고 하시더니
왜 오늘은 혼자 가십니까?
왜 오늘은 제 이름을 부르지 않으시는 겁니까? 오 주님

(그 소리가 크게 울리어 무대를 진동하면서 서서히 어두워진다.)

\# 갈릴리 호수

(베드로의 부인이 베드로를 기다리는 듯 가끔 무대 밖을 내다보며 서성이고 있다. 이때 텅 빈 그물을 어깨에 들쳐메고 등장하는 베드로, 얼굴엔 불만으로 가득 차 있다.)

베드로 : 제기랄, 오늘도 고기가 한 마리도 안 잡혔어. 정말 걱정이네.

부인 : 여보, 너무 실망하지 말아요. 내일 또다시 호수에 나가면 되잖아요.

베드로 : 도대체 이 갈릴리 호수엔 고기가 씨가 마른 거야? 뭐야?
정말 성질 더럽게 만드네.
아니 근데 안드레는 어딜 그렇게 쏘다니는 거야?
혹시 또 사람들하고 몰려다니는 거 아냐?

부인 : 예수라는 사람을 따라다닌다고 하더라고요.

베드로 : 예수? 나도 그 사람 소리 들었지.

갈릴리 호수 한가운데서 고기를 잡고 있을 때
저만치서 동네 청년들을 우르르 몰고 다니는 것도 봤어.
안드레도 그 무리 속에 있단 말이지?
대체 그렇게 사람들을 몰고 다녀서 뭘 어쩌려는 거야?

부인 : 여보, 마침 저기 오시네요.

　(안드레 등장한다.)

안드레 : 형님, 여기 계셨군요. 형님도 여기서 이러지 말고
　　　　어서 저하고 같이 가요. 저쪽에서 예수님이 말씀을 전하고 계세요.

베드로 : 가긴 어딜 가? 안드레, 너는 대체 왜 그러고 다니는 거야?
　　　　형을 도와서 고기를 잡아야 할 거 아냐?
　　　　우린 어부야. 이 갈릴리에서 고기를 잡아 내다 팔아야
　　　　먹고 사는 어부라고. 근데 대체 넌 왜 그러고 다녀?

안드레 : 형님, 형님도 어서 저하고 같이 가서 예수님의 말씀을 들어보세요
　　　　그분은 지금까지 우리가 봐 왔던 그런 분들과는 다른 분이에요

　(솔로곡)
　내가 세상에 태어난 이후
　그렇게 사랑으로 가득한 분은 처음이야.
　내가 세상에 태어난 이후
　그렇게 하늘의 소망을 이야기하는 분은 처음이야.
　눈에 가득한 사랑, 입가에 가득한 소망
　왼뺨을 맞거든 오른뺨을 갖다 대라고
　일흔 번씩 일곱 번이라도 용서하라는 말씀
　너희가 세상을 향해 가득 채운 욕망을
　하나님 앞에 모두 내려놓고
　오직 하나님만을 경외하고 오직 하나님만을 바라보아라
　그분의 입에서 나오는 말씀은

       이 땅을 흔들고 하늘을 열었죠
       오 예수님, 당신은 우리에게 희망을 주었습니다
       주님, 나는 이제껏 당신 같은 분을 만난 적이 없었습니다

       (노래 끝나면)

       형님도 어서 예수님을 만나 보세요.
       평생 이렇게 그물을 던지고, 허탕 치면 하늘을 원망하고
       바다만 원망하며 살 겁니까?
       만약에 이번에 형님이 예수님을 만나지 못한다면
       평생 후회할 거예요.

베드로 : 너 정말 이럴 거야?

안드레 : 형님, 단 한 번만이라도 예수님의 말씀을 들어보세요
       그럼 제가 왜 이렇게 그분을 따라다니는지 알 수 있을 거예요.

베드로 : 난 싫어. 오늘도 고기를 한 마리도 못 잡았어.
       당장 먹고 사는 문제가 코앞에 닥쳤는데
       너는 그러고 다니고 있잖아,
       근데 나 마저 이 그물을 내려놓으면 우리는 뭘 먹고 살지?

       (이때 예수가 등장한다.)

안드레 : (예수께 가까이 가며 인사를 하고) 주님.

베드로 : 누구요?

안드레 : 형님, 제가 말씀드렸던 예수님이십니다.

베드로 : (예수를 한번 힐끗 보더니) 난 당신한테 관심 없소이다.
       나한테도 이상한 소리를 하려면, 애당초 그만두시오.

예수 : 베드로.

베드로 : 내 이름을 부르지 마시오.

예수 : …. (말없이 물끄러미 베드로를 바라보고)

베드로 : 아, 그만 쳐다봐요

예수 : 많은 사람에게서 너의 이야기를 들었다

베드로 : 대체 누가 내 얘기를 떠들고 다니는 거야?
　　　　 남 얘기하고 떠들고 다니는 게 재밌어?
　　　　 안드레, 네가 얘기한 거야?

안드레 : 형님, 그게 아니고….

베드로 : 시끄러워. 난 당신하고 할 얘기가 없어.

예수 : 그물을 보니 오늘은 허탕을 쳤나 보군.

베드로 : 당신은 신경 쓸 거 없다니까.

예수 : 나와 함께 가자. 이제 그물을 갈릴리에 던지지 말고.

베드로 : 갈릴리 어부가 갈릴리에서 그물을 던지지,
　　　　 아니면 뭘 하라는 겁니까?

예수 : 언제까지 이렇게 너의 인생을 땅의 소망에 두고 살려 하느냐.
　　　 이젠 갈릴리의 고기를 잡는 어부가 아니라
　　　 내가 너를 사람을 낚는 어부가 되게 하겠다.

배드로 : 사람을 낚는 어부? 그건 또 무슨 소리야?

예수 : (땅바닥에 앉으며) 베드로, 내 얘길 잘 들어보거라.
　　　 이 땅의 소망만 바라보며 살아가는 사람들을
　　　 하나님의 나라로 인도하는 거지.

베드로 : 아, 난 몰라요. 그런 거 관심 없어.

예수 : 나를 따르도록 하자. 나와 함께 가자.

베드로 : 제가 당신을… 아니, 예수님을 따라가라고요?

예수 : 내가 너를 사람 낚는 어부가 되게 하겠다.

베드로 : 그럼, 이 일은 어쩌고? 아무리 그래도 그렇지… 이렇게 갑자기….
　　　　저에겐 아내가 있습니다. 어머니도 있고요
　　　　제가 고기를 잡아서 그걸 팔아야,
　　　　제 아내와 어머니가 먹고사는데요.

예수 : 때가 가까이 왔다. 내 얘기를 잊지 말도록 해라.

베드로 : 아, 몰라. 몰라.

예수 : 지금 당장 따라오라는 건 아니다. 그건 네가 결정할 일이지.

　　　　(안드레, 예수님과 함께 퇴장하고)

베드로 : (예수와 안드레가 나간 쪽을 바라보다가 무대 중앙으로 오며)

　　　　(솔로곡)
　　　　어떡하지? 그분이 나를 불렀어
　　　　베드로야 베드로야
　　　　그분은 나를 바라봤어. 왜 하필이면 나지?
　　　　여긴 나만 고기를 잡는 게 아니잖아
　　　　여기저기 고기 잡는 어부들은 나 말고도 널렸어
　　　　근데 왜 하필이면 나한테 온 거냐고
　　　　나더러 같이 가자는 소릴 당신도 들었지?
　　　　이상한 힘에 이끌리는 것 같아

부인 : 여보, 어떡하실 거예요?

베드로 : 미안해, 여보.

    (그물을 내려놓고 예수가 나간 쪽으로 퇴장)
    (베드로의 부인이 근심스럽게 쳐다보면서 암전)

산헤드린 공회

    (초조하게 왔다 갔다 하는 유다. 이때 제라가 들어온다.)

유다 : 우리 선생님은 지금 어딨소?

제라 : 이제 자네의 일은 끝났네.

유다 : 지금 그 얘기가 아니잖아요.

제라 : 그럼 뭐야?

유다 : 나도 우리 선생님과 함께 있겠소. 그래야 내 맘이 편할 것 같아.

제라 : 지금 자네 선생과 대화 중일세.
    그동안 그가 떠들고 다닌 얘기가 정말인지
    그의 입을 통해서 확인하려는 거지.

유다 : 그래서 확인이 되면?

제라 : 예수가 떠들고 다닌 얘기가 뭔지 아는가?
    자기가 이스라엘의 왕이라고 했어. 그건 내란 음모야.
    빌라도가 그 얘길 좋아할 것 같아?

유다 : 그래서 어쩌겠다는 거요?

제라 : 한 사람 때문에 여러 사람이 피해를 볼 순 없는 것 아닌가?
    빌라도 총독에게 넘겨야지.

유다 : 뭐라고? 그럼 약속하고 틀리잖아? 질문하고 설득만 한다고 했잖아.
그런데 빌라도에겐 왜 넘긴다는 거야? 안돼!

제라 : 이봐. 예수를 우리에게 넘긴 이상 우리에게 맡겨둬.
우리가 알아서 처리할 테니.

유다 : 넘기다니?

제라 : 자넨, 자네 스승을 우리에게 넘긴 거야.

유다 : 넘긴 게 아니야. 선생님을 위해서 당신들과 만나게 해준 거야.

제라 : 예수를 위해서가 아니라. 유대 민족을 위해서야.

유다 : 내가 잘못했어. 우리 선생님을 당신에게 넘겨 주다니….
모든 걸 취소하겠소. 내가 선생님을 모시고 나갈 거요.

제라 : 경솔하게 굴지 마. 넌 지금 이 민족을 위해서 위대한 일을 한 거야.

유다 : 이 나쁜 놈, 다 필요 없어. 당장 선생님을 만나게 해 줘.
내가 선생님을 다시 모시고 가겠어.

제라 : 자네 벌써 잊었나? 내가 그 대가를 충분히 치른 것으로 아는데….

유다 : 그래, 이 더러운 돈 도로 돌려줄 테다.
(돈뭉치를 냅다 집어던진다.)

제라 : 돈이 부족한가?

유다 : 내가 이 돈 몇 푼 때문에 우리 선생을 당신들에게 넘긴 거라고
생각하면 오산이야.
이럴줄 알았으면 처음부터 당신들을 만나지 않았어.

제라 : 그럼 실수했다는 얘기군. 그런데 어쩌나?
그 실수가 오늘 이 사태를 만들었네.

당신의 그 실수가 예수를 이곳에 오게 만든 거야.
이젠 모든 게 끝났어. (퇴장)

유다 : (그 자리에 주저앉으며 오열한다.) 으으윽….

    (솔로곡)
    이게 아니었어 이게 아니었어
    이러려고 그런 게 아닌데
    나는 예수를 팔아 버린 놈이 되어 버렸어
    오 주님, 어찌하면 좋습니까?
    그러게 왜 제 말을 듣지 않으셨습니까?
    난 아직도 주님을 이해하지 못하겠습니다
    주님이 성전이 아니라 헤롯을 향해 갔다면
    오늘 이런 일은 없었을 텐데
    아무도 내 말을 듣지 않고 나 혼자 주저앉아 통곡했습니다
    오 주님 어찌합니까? 어찌합니까?
    조금만 기다려 주십시오.
    내가 당신을 다시 그 자리로 모셔오겠습니다
    내가 당신을 다시 자유롭게 하겠습니다
    이번엔 제발 제 말을 제 말을 들어주십시오

    (무대가 밝아지면 초췌한 모습의 예수가 서 있다. 잠시 후 가야바,
    사무엘, 학개, 아리마대 요셉, 그리고 제자가 들어온다.)

가야바 : 자네가 예수지?
    우리가 이곳에 자네를 오게 한 것은
    자네 스스로 해명할 기회를 주기 위해서이네.
    자네는 지금 신성모독죄로 고소되었어.
    그래서 우린, 질문에 신중히 대답해 주기를 바라네.
    우선 이것부터 물어보겠네.
    그동안 자네와 자네 제자들이 이곳 유대 땅에 퍼뜨려 온 사상은
    무엇인가?

예수 : 가야바 대제사장이시여.
　　　저는 온 세상이 다 들을 수 있도록 공공연하게 얘기해 왔습니다.
　　　전국 각지에서 제 말을 들으러 유대인들이 몰려들었고
　　　저는 유대인의 성전에서 그들에게 하나님의 말씀을
　　　가르친 것뿐입니다. 제 말을 들은 자들이 증인이죠.
　　　그리고 제가 잘못한 것이 있다면 정식 재판으로 넘기십시오.
　　　하지만 잘못한 것이 없다면 여기서 이러고 있어야 할 이유가
　　　없습니다.

학개 : 대제사장 가야바시여. 저자가 성전을 헐고 사흘 만에 다시 짓겠다고
　　　한 말을 들은 사람이 있습니다.

제라 : 그 얘긴 저도 들었습니다. 직접요.

아리마대 요셉 : 성전을 사흘 만에 짓는다고 한 것은 분명 상징적인 뜻일
　　　거요. 그 뜻을 못 알아들은 거겠지.

사무엘 : 우릴 뭐로 아는 거요?
　　　분명 저 사람이 성전을 부숴버리겠다고 했고 사람들은 그 말을
　　　곧이 곧대로 들었습니다.
　　　성전을 부수고 나흘 만에 다시 짓겠다고요.

아리마대 요셉 : 사흘 만이요? 나흘 만이요?

학개 : 사흘 만이라고 했소.

가야바 : 지금 내가 이 친구에게 물은 것은 그게 아닐세.
　　　자, 그럼 이번엔 이걸 묻겠네.
　　　내가 살아계신 하나님께 맹세하고 묻노니
　　　당신이 정말 하나님의 아들이오?

예수 : 그렇소.

골고다의 두 남자

(순간 모두 놀란 듯이 웅성거린다.)

('쿵-' 하는 소리와 함께 어두운 분위기의 음악이 이어지고 여기저기서 욕하는 소리가 들려온다.)

가야바 : 더 이상 무슨 소릴 더 듣겠소?
이건 분명한 신성모독이야.

사무엘 : 그럼 당신이 왕이오?

예수 : 나는 이 땅의 왕으로 왔소.

가야바 : 더 이상 들을 필요 없다니까. 이것만으로도 충분히 이 자를
빌라도에게 넘길 이유가 생기지 않았소?
지금 저자는 분명히 자신을 이 땅의 왕이라 했소.
빌라도에게 넘깁시다.

(무대에 작은 빛이 비쳐오면 어둠 속에 유다가 쪼그리고 앉아 있다. 온갖 두려움과 공포 속에 떨고 있는 그에게 여기저기서 핀라이트가 비치고 녹음된 소리가 들려온다.)

소리 A : 반역자. 예수께서 지금 어쩌고 있는 줄 알아?
넌, 은 삼십에 스승을 팔아넘긴 반역자야.
너의 스승이 지금 빌라도에게 끌려가고 있다.
두 손이 꽁꽁 묶인 채 발로 차이며 빌라도 앞에 섰어.
많은 사람이 지금 소리를 지르고 있어. 소리가 안 들려?

소리 B : 죽여라, 죽여. 십자가에 못 박으시오,
예수를 십자가에 못 박으시오.

소리 A : 채찍에 맞고 있어. 수도 없이….
그의 몸에 흐르는 피를 네가 닦아 줄 거야?

소리 C : 하나, 둘, 셋….

(채찍으로 내리치는 소리, 신음 소리)

소리 D : (빌라도 음성) 예수를 십자가에 처형하라.

(이러한 소리들에 유다는 머리를 움켜쥐고 괴로워한다.)

유다 : 안돼, 안돼! 내가 죽일 놈이야, 난 태어나지 말았어야 하는 놈이라고. 세상에 태어나지 말았어야 할 놈!

(무대는 또다시 어두워진다.)

(무대 반대쪽에 핀라이트가 떨어지면 그 안에는 똑같이 베드로가 쪼그리고 앉아 있다. 역시 온갖 두려움과 공포 속에 떨고 있는 그에게 여기저기서 녹음된 소리가 들려온다.)

소리 A : 아저씨도 예수와 함께 다니던 사람이죠?

(괴로운 듯 얼굴을 돌리는 베드로)

으음, 그때 갈릴리에서 예수와 함께 있는 것 같았는데….

(괴로운 듯 얼굴을 피하는 베드로)

나 아저씨 봤어. 맞아, 예수와 같이 있던 사람이야.
여기 이 아저씨도 예수와 친구예요.
나 봤어요. 나 봤어요. 나 봤어요. (에코)

(괴로워서 고개를 흔들던 베드로, 벌떡 일어나며 소리를 지른다.)

베드로 : 난 아냐. 난 모른다고. 예수가 누구야. 예수가 누구야. (에코)

(이때 효과음, 닭울음 소리가 기분 나쁘게 진동한다.)

(기억나는 듯) 아, 이 소린….

(몸을 숨기려 여기저기 뛰어다니다 무대 배경을 바라본다.

'쿵-'하면 무대 배경엔 목을 맨 유다의 모습이 그림자로 투영된다.)

아, 유다…. (소리 지르며) 유다-. (에코)

(베드로가 비명을 지르며 뛰어나가면 무대엔 뇌성과 함께
천둥 번개가 친다.)

(슬픈 분위기의 음악)

(예수님이 십자가를 지고 무대에 등장.
예수가 비틀거리며 쓰러지면 로마 병사들이 예수를 향해 채찍질을
휘두른다.)

병사 : 일어나. 왜 엄살이지? 네가 왕이라면서?
   왕이라면 이 정도쯤은 참고 일어나야 할 거 아냐?

  (채찍질)

코러스 : 주님 그 짐 벗어 우리에게 주소서
    그 십자가 벗어서 우리에게 주소서
    내가 지고 가겠나이다 주님 따라가겠나이다
    이제야 주님의 고통을 알고
    이제야 주님의 말씀이 귀에 들어오니
    이 부족한 죄인을 용서하소서

아리마대 요셉 : 그는 주 앞에서 자라나기를 연한 순 같고
      마른 땅에서 나온 뿌리 같아서
      고운 모양도 없고 풍채도 없은 즉
      우리가 보기에 흠모할 만한 아름다운 것이 없도다
      그는 멸시를 받아 사람들에게 버림받았으며
      간고를 많이 겪었으며 질고를 아는 자라
      마치 사람들이 그에게서 얼굴을 가리는 것 같이
      멸시를 당하였고 우리도 그를 귀히 여기지 아니하였도다

그는 실로 우리의 질고를 지고 우리의 슬픔을 당하였고
우리도 그를 귀히 여기지 않았도다
그는 실로 우리의 질고를 지고 우리의 슬픔을 당하였거늘
생각하기를 그는 징벌을 받아 하나님께 맞으며
고난을 당한다 하였노라
그가 찔림은 우리의 허물 때문이오
그가 상함은 우리의 죄악 때문이라
그가 징계를 받으므로 우리는 평화를 누리고
그가 채찍에 맞으므로 우리가 나음을 받았도다
우리는 다 양 같아서 그릇 헤아려 각기 제길로 갔거늘
여호와께서 우리 모두의 죄악을 그에게 담당시키셨도다
(이사야 53:2-6)

(노래를 부르는 동안 예수는 자리를 잡고 십자가를 땅에 내려놓는다.
이때 병사들이 망치로 예수의 손에 못을 박고 예수는 비명을 지른다.
잠시 후 십자가가 세워지고)

예수 : 아버지여, 저들을 용서해 주옵소서.
지금 저들은 자기의 하는 것을 알지 못합니다.
여자여, 보소서. 아들이니이다.
보라, 네 어머니라.
엘리 엘리 라마 사박다니.
나의 하나님 나의 하나님 어찌하여 나를 버리셨나이까.
내가 목마르다.
다 이루었다.
아버지여, 내 영혼을 아버지 손에 부탁하나이다.

(순간적으로 무대엔 천둥 번개가 내려치고 무대를 뒤흔들다가
멈추면 소낙비 소리가 세차게 들려오고 잠시 후에 무대는 어두워지
면서 조용해진다.)

어두운 곳

(무대가 밝아지면 무대엔 제자들이 두려운 듯 행동을 조심하며 소곤거리고 있다.)

빌립 : 우린 이제 이곳에서 살 수가 없어.

야고보 : 그럼 어디로 간단 말야?

빌립 : 어디든 가야 해. 만약 선생께서 다시 우리 곁으로 온다 해도
　　　이곳에서 살 순 없을 거야.

바돌로메 : 왜 그렇게만 생각해?
　　　선생께서 대제사장과 만나 담판을 지으면 지금보다 더 편하게
　　　살 수도 있잖아. 난 그렇게 믿어.

빌립 : 바보 같은 소리 하지 마.
　　　그때 그 모습 못 봤어? 어린 양처럼 한마디 말도 못하고 병사가
　　　이리 끌면 이리로, 저리 끌면 저리로 끌리는 모습을….
　　　유다 녀석이 그놈들한테 팔아넘긴 게 분명해.
　　　그런데 선생을 순순히 내보낼 것 같아?

바롤로메 : 안 내보내면 어쩔 거야?
　　　우리야 여기서 이렇게 숨어 있지만, 그동안 선생님의 설교를 듣고
　　　감동한 많은 사람이 가만있을 것 같아?

야고보 : 아무도 안 나설 거야.
　　　선생은 지금쯤 혼자 피곤함에 지쳐서 주무시고 계실 거야.
　　　산헤드린 사람들이 가만두겠어? 이것 물어보고 저것 물어보고
　　　여간 피곤하게 하는 게 아닐 거야.

빌립 : 그나저나 우린 앞으로 어떻게 해야 좋을지 모르겠어.
　　　선생께서 그렇게 붙들려 내려가시던 날 모두 도망쳐 버렸으니….

사람들이 우리를 찾으면 잡아가려 할 텐데.

야고보 : 난 먼 지방에 가서 농사나 지어야겠어.
　　　　아무도 날 알아보는 사람이 없는 곳에서 말야.

바돌로메 : 난 갈 데도 없어. 어떻게 하면 좋지?

　　　　(이때 문을 급하게 두드리는 소리.
　　　　모두 소스라치게 놀라며 뒤로 물러선다.)

빌립 : (조심스럽게) 누구요!

베드로 : (밖에서) 나야, 베드로.

빌립 : (그제야 안심한 듯 나가서 베드로와 함께 들어온다.)
　　　따라온 사람은 없었지?

베드로 : 아무도 없었어.

야고보 : 확실해?

베드로 : 그래, 전후좌우 사방을 살펴가며 조심스럽게 행동했다고.

바돌로메 : 지금 밖은 어떤가?

베드로 : ….

바돌로메 : 왜 말을 못해?

빌립 : 그렇게 보채지 마. 우린 지금 선생께서 우리가 어떻게 행동해 주기를
　　　바라는지 그걸 생각해야 하네.

야고보 : 주님은 어떻게 되셨나?

베드로 : 주님은…!

빌립 : 답답해! 빨리 얘기하라고.

베드로 : 돌아가셨어.

모두들 : 뭐라고?

    (깜짝 놀라 뒤로 물러나는 사람들)

베드로 : 침착들하고. 내 얘기 잘 들어.
    산헤드린 공회에서 선생을 빌라도에게 넘겼네.
    그리고 빌라도는 끝내 선생을….

빌립 : 십자가였나?

베드로 : (고개를 끄덕)

야고보 : 죽일 놈들…. 내 이놈들을 그냥…!

빌립 : 가룟 유다는?

베드로 : 목을 매고 자살했네.

야고보 : 파렴치한 놈.

바돌로메 : 그나저나 정말 큰일 났군. 주님이 계시지 않는 이 세상에서,
    앞으로 어떻게 살아가야 좋을지 모르겠군.

빌립 : 나도 주님과 같이 죽을래.

야고보 : 네가 그런 소리 안 해도 다음엔 우리 차례야. 알기나 해?

베드로 : 밖엔 지금 로마 병사들이 쫙 깔려있어.
    우릴 찾으려고 말야.

베돌로메 : 뭐? 우리도 십자가에 매달려고 하지만?

야고보 : 우리가 그렇게 큰 죄를 지은 사람들이었나?

빌립 : 아…. 앞으로 살아갈 일이 걱정이다.

바돌로메 : 난 주님께서 손을 탁탁 털고 다시 우리 곁으로 오실 줄 알았어.
아무 일도 아닌 것처럼 말야.

야고보 : 메시아가 돌아가시다니….
정말 그분이 하나님의 아들이셨을까?

베드로 : 무슨 소릴 하는 거야?

야고보 : 정말 메시아라면 십자가쯤은 아무것도 아니잖아.
죽은 자도 살리신 분이 어떻게 자신은 죽을 수 있느냐 말야.
안 그래?

야고보 : 베드로, 이제 우리는 어떻게 해야 할까? 네 생각을 말해 봐.

빌립 : 그래. 뭔가 대책을 말해 봐.
우리가 계속 이러고 있어야 하는 건가?

베드로 : 아, 보채지들 마, 난들 무슨 수가 있겠어?
예수님은 십자가에서 돌아가셨어.
우린 이제 아무것도 아니야.

바돌로메 : 그러니까 어떡하자는 거냐고.

베드로 : 무슨 수가 있겠어. 이제 다시 일상으로 돌아가자고.
각자 집으로 돌아가서 예전처럼 하던 일을 해야지.
난 갈릴리로 돌아가겠어.

안드레 : 형님.

베드로 : 내가 뭐라고 그랬니?
처음부터 예수님은 우리를 하늘나라에 데려가실 맘이 없었어.

혼자만 저렇게 십자가에서 죽으면 끝이야?

야고보 : 그럼 저도 돌아가겠어요.
다들 흩어집시다.

안드레 : 이러시면 안 됩니다. 주님께서 우리에게 하신 말씀이 있잖아요.
예수님은 지금 죽으신 게 아닙니다.
그분은 다시 살아나실 거라고요.

베드로 : 안드레, 그만두지 못해?
사람이 죽었는데 어떻게 다시 살아나?

안드레 : 예수님은 죽은 지 사흘이나 된 나사로도
다시 살려내신 분이에요.
그분이 자신의 몸도 살려내지 못할까요?

베드로 : 그래, 말 잘했다. 정말 그렇게 예수님이 다시 살아나신다면
그때 가서 나에게 말해다오. 그럼 다시 오겠다.
난 가겠어. 집을 너무 오랫동안 비웠어.
예전으로 돌아갈 거야. (퇴장)

(무대 암전)

갈릴리 호숫가

베드로 : (그물을 손질하며 투덜댄다.)
도대체 이놈의 갈릴리엔 고기가 씨가 말라 버렸나 봐.
고기 새끼가 한 마리도 눈에 안 보여
대체 그 많던 고기들이 다 어디로 간 거야?

부인 : 실망하지 말아요. 내일 다시 또 그물을 던지면 되잖아요.

베드로 : 이 갈릴리에서 나만큼 이 호수를 잘 아는 사람 있으면
나와보라고 해. 난 언제 어디다 그물을 던지면 고기를 잡을 수
있는지 잘 아는 선수란 말야.
근데 오늘은 몇 번이나 그물을 던졌는데
이것 봐, 마치 고기들이 약속이나 한 듯이 한 마리도
보이질 않잖아.

부인 : 당신은 아직도 갈릴리의 훌륭한 어부에요.
다시 내일 호수로 나가면 고기를 잡을 수 있을 거예요.

베드로 : 여보, 미안해. 지난 3년 동안 내가 너무 가족을
돌보지 않았던 것 같아.

부인 : 이제라도 돌아왔으니 다행이에요.

베드로 : 그나저나 이젠 어떻게 먹고 살지?
갈릴리엔 고기도 없고…. 이젠 주변에 친구도 없어.
괜히 선생을… 아니, 예수를 따라다녔나 봐.
3년 동안 허송세월을 보낸 것 같아….

부인 : 이제 와서 그런 얘기 하면 뭘 해요. 이제부터라도 열심히 살면 되죠.

베드로 : 알았어. 당신은 어서 집에 들어가. 나는 이걸 정리하고 들어갈게.

부인 : 알았어요. 빨리 들어오셔야 해요. (부인 퇴장)

베드로 : 아, 그나저나 이젠 어떡하지? 난 뭘 먹고 사나?
예수님은 그렇게 돌아가시고….
(그러다가 고개를 돌려 옆에 앉아있는 사람을 발견하고는)
거기 누구요?

예수 : 베드로, 나를 기억하느냐?

베드로 : 어…!

예수 : 나다. 네가 3년씩이나 따라다녔던…. 기억하느냐?

베드로 : 아니, 주님? 이게 무슨 일이지?
정말 예수님 맞습니까? 십자가에서 돌아가셨잖아요.
손에 못이 박히고 비명을 지르다가 고개를 떨구셨잖아요.

예수 : 너는 내가 한 말을 잊었나 보구나.

베드로 : 그럼 정말 다시….

예수 : 기억나느냐?

베드로 : 뭘요?

예수 : 이 갈릴리 호수에서 너와 함께 보낸 3년의 시간 동안 우리는
참 많은 일을 했지. 나는 단 하루도 이 갈릴리 호수를 머릿속에서
잊은 적이 없다. 너는 어떠니?

베드로 : 저도 그렇습니다. 이 갈릴리 호수가 제 삶의 터전인데요.

예수 : 나와 다닐 때 이곳에 다시 오고 싶었니?
이곳엔 너의 가족들이 있잖느냐.

베드로 : 아, 네….

예수 : 너는 평생을 이곳에서 고기를 잡았었지?

베드로 : 네, 그렇습니다.

예수 : 그래서 오늘 고기를 많이 잡았니?

베드로 : 아니요. 밤새 그물을 던졌지만 한 마리도 잡지 못했습니다.

예수 : 나와 함께 다시 나가자.

베드로 : 지금 다시 배를 타고 나가자고요?

예수 : 그래, 내가 너에게 이르는 곳에 그물을 다시 던지거라.
　　　　어때? 할 수 있겠니?
　　　　넌 어부이고 나는 이곳에서 그물을 던져 본 적이 없다.
　　　　그런데 내 말을 듣겠니?

베드로 : 알겠습니다. 다시 나가시죠.

　　　　(예수님과 베드로가 배를 타고 호수로 나간다.)

예수 : 자, 베드로, 이곳에 그물을 던져라.

베드로 : 이곳에요?

예수 : (고개를 끄덕이고)

　　　　(베드로 그물을 힘껏 던진다.)

예수 : 요한의 아들, 시몬아.

베드로 : 네, 주님.

예수 : 네가 다른 사람들보다 더 나를 사랑하느냐?

베드로 : ….
　　　　주님, 그러하옵니다.
　　　　내가 주님을 사랑하는 줄 주님께서 아시나이다.

예수 : 요한의 아들, 시몬아.

베드로 : 네, 주님.

예수 : 네가 정말 나를 사랑하느냐?

베드로 : 그렇다니까요.

예수 : 네가 정말 나를 사랑하느냐?

베드로 : (울먹이며) 아, 그렇다니까요. 주님께서 모든 것을 아시잖아요.
　　　　내가 주님을 사랑하는 줄 주님이 아시잖아요.
　　　　왜 자꾸 물으시는 거예요.
　　　　(통곡) 제가 주님을 사랑합니다. 정말 정말 사랑합니다.
　　　　죄송합니다. 주님…. 제가 주님을 모른다고 부인을 했었습니다.
　　　　주님을 배신했었던 아주 비열한 놈입니다.
　　　　하지만 정말 정말 주님을 사랑합니다.

예수 : 베드로야. 그렇다면 내가 너에게 부탁한다.
　　　　내 양을 먹이라 내 양을 먹이라.
　　　　어떤 시련과 고난이 온다 하더라도 꼭 내 말을 들어다오.
　　　　내 양을 먹이라. 내가 너에게 마지막으로 부탁하는 말이다.

베드로 : 오, 주님…. 알겠나이다.

코러스 : 주님 우리에게 하신 말씀
　　　　내 양을 먹이라
　　　　내 양을 먹이라
　　　　내가 당신의 양을 먹이겠나이다
　　　　주님께서 부탁하신 말씀
　　　　영원히 잊지 않고
　　　　주님의 제자 되어 이 세상 끝까지 나아가
　　　　주님의 복음을 전하겠나이다
　　　　그 어떤 시련이 와도
　　　　그 어떤 고난이 와도
　　　　주님의 말씀에 순종하여 주의 복음을
　　　　이 세상 만방에 전하리라

　　　　(장엄한 음악과 함께 무대는 어두워진다.)

소리 : 어찌하여 두려워하느냐?
　　　　왜 나를 이해하는데 그렇게 오랜 시간이 걸리느냐?

왜 너희들이 근심하느냐? 선지자의 말을 기억하라.
이같이 그리스도가 고난을 받고 사흘 만에
죽은 자들 가운데서 살아날 것과
그의 이름으로 죄 사함을 얻은 자가
예루살렘에서부터 시작되어
모든 민족에게 전파되리라고 기록된 사실을 잊었느냐?
두려워 말라. 내가 세상이 끝날 때까지 너희와 함께 있으리라.

예수님은 예루살렘에만 계시는 게 아니야
거룩한 성

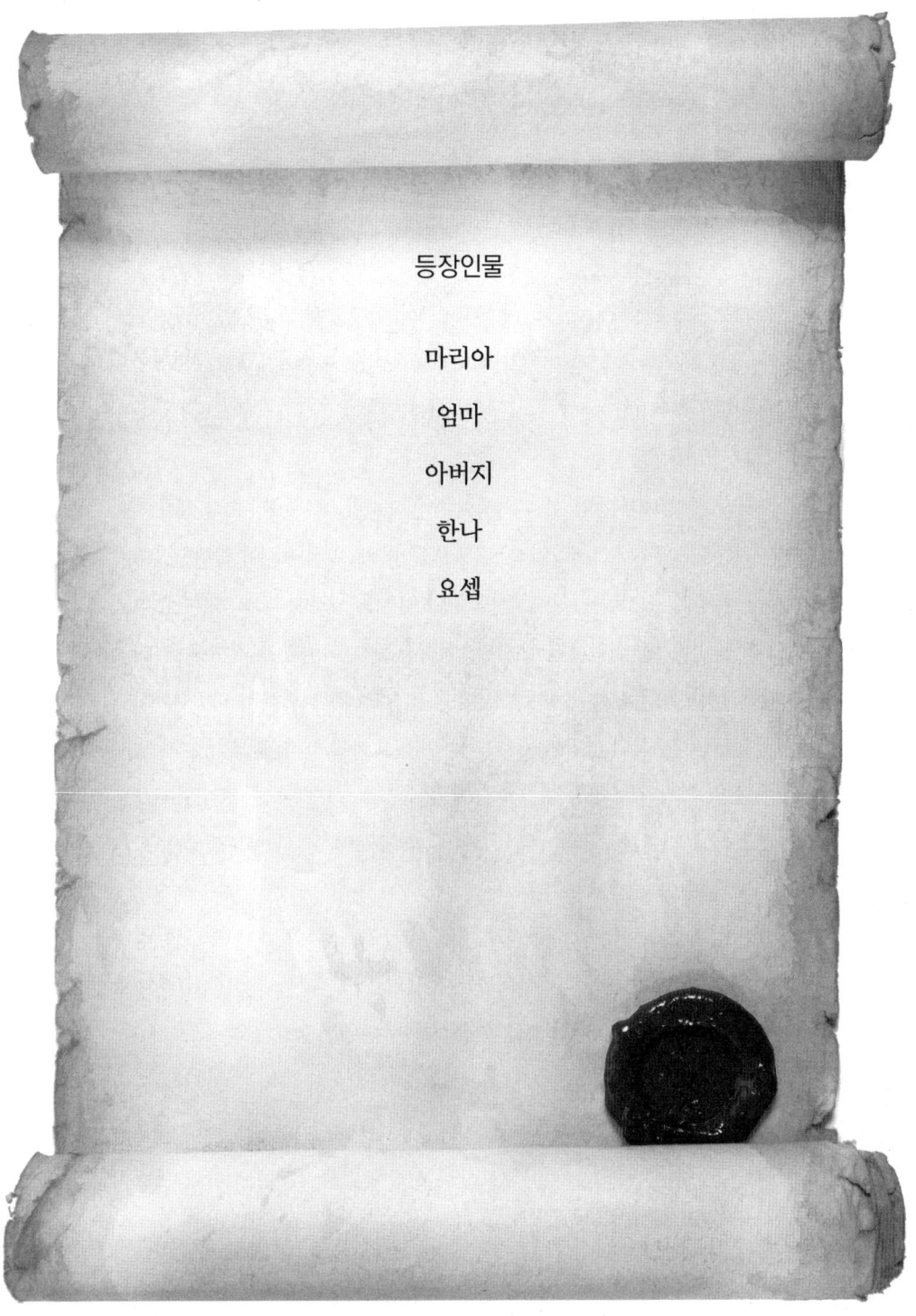

등장인물

마리아

엄마

아버지

한나

요셉

작가 노트

　필자가 고등학생 때 우연히 듣게 된 '나 어젯밤에 잘 때 한 꿈을 꾸었네…'라고 가사로 시작되는 성가곡 '거룩한 성'을 들으며 구성한 희곡이다. 노래에서 가리키는 거룩한 성은 예루살렘 성이다. 모두가 가고 싶어 하는 꿈 같은 장소, 예루살렘….

　하지만 정말 예루살렘 성이 거룩한 성일까? 이 세상에서 오직 예루살렘 성만 거룩한 성일까? 그렇다면 왜 예루살렘만 거룩한 성이어야 할까? 필자는 그런 궁금증과 호기심에서부터 시작하여 인물을 창조해 나가기 시작했다.

　가난한 집안에 태어나긴 했지만, 가장으로서 책임감이 강한 아버지와 생활력 강한 어머니 사이에서 자라며 돈을 벌기 위해 일하러 나간 부모 때문에 집안에 혼자 있다가 태풍과 천둥 번개 소리에 놀라 정신 이상이 되어 버린 여인, 하지만 밤하늘의 은하수와 별자리를 보며 대화를 할 정도로 순수하고 때 묻지 않은 영혼, 이런 딸의 상태를 보며 늘 자신의 잘못으로 인해 이렇게 되었다고 자책하는 엄마.

　엄마는 딸의 정신만 정상적으로 되돌려 놓을 수만 있다면 수단과 방법을 가리지 않겠다고 약속을 하며 그 시기와 방법만을 기다리던 차에 병자들을 치유하는 예수님에 대한 소문을 듣게 되고 때마침 그 예수님이 바로 옆 동네인 예루살렘 성으로 찾아오신다는 이야기까지 듣게 되고 너무 좋아한다. 이제 딸을 데리고 예루살렘 성안으로 들어가 예수님을 만나기만 하면 된다. 그래서 딸과 엄마는 예루살렘 성이야말로 그들의 희망의 공간이고 거룩한 공간으로 여겨진다.

하지만 그렇게 예수님이 물리적으로 가까이 와서 무조건 만날 수 있을 거라고 생각할 수 없다. 왜냐하면, 그렇게 능력 있는 분을 거룩한 성안에서 만나는데 가난하고 능력 없고 신분이 낮은 자신들을 만나줄 리가 없을 거라고 애초에 단정해 버렸다. 그리고 또 누군가가 예수님의 발에 값비싼 향유를 부었다는 소문까지 들었으니 그들의 근거 없는 믿음은 더욱 확실해졌다.

돈이 있어야 예수님을 만날 수 있다. 돈을 많이 내면 더 오랫동안 예수님을 만날 수 있고 돈을 많이 내면 더 가까이 예수님을 만날 수 있을 거라고 그렇게 확신했다. 이게 모녀의 생각이었다. 하지만 이들에겐 돈이 없었다. 아니 돈이 겨우겨우 생겨났지만, 때를 놓치고 말았다. 이제 이들은 더는 예수님을 만날 수도 없고 정신의 병을 치유할 기회가 사라졌다.

어쩌면 이 모녀의 생각이 우리 현대인에게도 있을지 모르겠다. 하지만 꼭 그래야만 하는 것일까?

하지만 이 희곡에선 모녀에게 새로운 희망을 전해 준다.

예수님이 딸에게 직접 찾아오시고 이 소녀의 병을 고쳐 주신다.

예수님은 돈이 있어야 만날 수 있는 분이 아니고 예루살렘에 찾아가야만 예수님을 만날 수 있는 것이 아니라 돈이 없어도 우리가 간절히 예수님을 만나기 원하면 언제든지 찾아와 주시는 예수님, 어떤 장소만이 거룩한 성이 아니라 예수님을 모시고 있는 우리의 마음이 거룩한 성이라는 사실을 이 희곡에선 이야기해 준다.

1982년, 고등학교 때 쓴 희곡치고는 나름 괜찮은 작품이다.
이 희곡을 읽고 '거룩한 성' 음악을 들으면 더 좋다.

거실

(무대가 밝아지면 궁색함이 묻어있는 유대인 가정집의 거실이 보이고
무대엔 아무도 없다 잠시 후)

엄마 : (등장하며) 마리아 마리아.
(두리번거리며) 아니 얘가 어딜 갔지?

(그러면서 밖을 나갔다가 다시 들어오면서)
이상하다. 방금 전까지만 해도 여기 있었는데….

(다시 들어온 쪽으로 나가려다
반대쪽에서 힘없이 등장하는 마리아를 발견하고는)
마리아. 어딜 갔다 오는 거니? 또 길을 잃어버리면 어떡하려구….
어딜 가면 간다고 얘길 해야지.
이 엄만 네가 안 보이면 가슴이 철렁 내려앉아요.

마리아 : 엄마 오늘도 오빠는 오질 않는가 봐요.

엄마 : 오빠를 기다리러 갔었구나?

마리아 : 엄마, 오빠가 보고 싶어요.
금방 온다고 하더니 왜 오질 않는 거예요?

엄마 : 마리아 이제 걱정하지 않아도 된단다.
네가 그렇게 기다리던 오빠가 바로 오늘 돌아오니까 말이다.
그런데 네 동생 한나는 아침부터 네 오빠를 기다린다고
나갔지 뭐겠니? 내가 이따 저녁나절이나 되야 올 거라고 했는데도
내 말은 듣지 않고 말이야.
가만있어. 내가 이럴 게 아니라 한나를 데리고 와야겠다.
헛고생하지 않게…
마리아, 잠깐만 여기서 기다리거라.
(하면서 퇴장한다.)

(혼자 넋이 나간 듯이 앉아 있다가 갑자기 밖에서 이상한 소리가
            들린 듯 깜짝 놀라며)

마리아 : 누구예요? 날 죽이러 온 거지? 그렇지?
            밖에 당신이 온 거 다 알아. 여긴 우리 집이야.
            더 이상 들어오면 가만 놔두지 않을 거야.
            (주변 바닥에 있던 나무를 주워들고)
            왜 자꾸 날 괴롭히는 거야? 날 가만히 놔두라고 했잖아.
            당신은 내가 죽을 때까지 쫓아다니면서 날 괴롭힐 거야. 그렇지?
            난 다 안단 말이야. 제발 날 가만히 내버려 두란 말이야.
            (하면서 제풀에 꺾여 주저앉아 힘없는 목소리로)
            난 이제 당신의 아내가 아녜요.
            난 이제 저 하늘의 별과 결혼할 거예요.
            (허공을 보며) 카시오페이아, 어딨니? 날 좀 봐.
            내가 여기있잖아.
            (다시 벌떡 일어나 두 손을 비비며 공포에 질린 목소리로)
            아저씨, 저는 포도를 따 먹지 않았어요. 정말이에요.
            그냥 우리 아버지를 만나러 왔을 뿐이에요.
            저는 포도를 따 먹지 않았다고요. 정말이에요.
            제가 따먹은 게 아니라니까요. 정말이에요. 아저씨…
            한 번만 용서해 주세요. 제발 때리지 마세요. 아저씨, 흑흑흑.

            (이때 엄마가 들어오다 마리아의 이런 행동을 보고는
            놀라서 뛰어온다.)

엄마 : 마리아.
            (마리아를 끌어안고) 오 마리아, 미안하다. 또 무서움에 떨고 있었어.
            내가 널 혼자 내버려 두는 게 아닌데….
            미안하다. 미안해. 마리아 이 엄마의 얼굴 좀 보거라.

마리아 : (계속 울며) 엄마 저는 포도를 먹지 않았어요.
            그런데 주인아저씨는 계속 저를 때렸어요. 엄마. 너무 아팠어요.

엄마 : 그래, 그래, 이 엄마는 알아.

마리아 : (뿌리치며 신경질적으로) 엄마는 왜 내 말을 안 들으시는 거예요.
엄만 내가 얼마나 아프게 맞았는지 아세요?
지금 주인아저씨가 날 또 때리러 왔단 말이에요.

엄마 : 마리아 제발 정신 차려. 도대체 언제까지 이럴 거니?
이러지 좀 말란 말이야.

(이때 아버지가 한쪽 발을 절뚝거리며 들어와 마리아와 엄마의 행동을 지켜본다.)

마리아 : (아버지를 보며 두려움에 떠는 목소리로)
엄마, 지금 내 남편이 날 잡으러 왔어요. 날 가만두지 않을 거예요.
날 다시 데려가려고 왔단 말이에요. 밖에 있다고요.

엄마 : 글쎄, 아무도 오지 않았다니까. 도대체 왜 이러는 거니?
네 남편은 여길 오지 않아.

마리아 : 엄마도 이젠 날 미워하는 거죠? 그렇죠?

엄마 : 미워하지 않아. 내가 널 어떻게 미워하니?

(이때 아버지가 참다못해 끼어들며 역시 화난 목소리로)

아버지 : 그러게 뭐하러 데리고 있는 거야?
자기 집으로 보내던가 아니면 내다 버리든가 하랬잖아.

엄마 : 당신은 말도 안 되는 소리 좀 하지 말아요.

아버지 : 왜 말이 안 돼?

엄마 : 마리아의 집은 이제 여기예요.
마리아는 우리가 보호해 주지 않으면 아무도 도와주지 않는다고요.
그런데 어떻게 밖으로 내보내란 말이에요.

아버지 : 도대체 집이 집 같지가 않아서 그러잖아.
   이게 어디 제대로 된 집이야? 미친 집안이지.

엄마 : 그래요. 마리아는 미쳤어요.
   하지만 누구 때문에 마리아가 이렇게 됐는데요.

아버지 : 에이 (하면서 퇴장해 버린다.)

엄마 : 마리아. 이젠 괜찮아.
   걱정하지 마라. 이 엄마가 너를 지켜 줄 테니까.

마리아 : 모두들 그랬어요.
   첨엔 내가 외로울 땐 다정하게 얘기를 해주는 것 같았는데
   시간이 지나니까 한 사람씩 한 사람씩 모두 떠나갔어요.
   엄마도 그랬고 아버지도 그랬어요.
   난 날마다 외로워서 밖에 나와 울었어요.
   하지만 내 눈물을 닦아주는 사람이 없었어요.
   너무나 너무나 외롭고 무서워서 난 막 소리를 질렀어요.
   엄마, 저기 보이죠. 나 보고 손가락질하는 것 말예요.
   사람들이 킥킥거리면서 웃는 것 말예요.
   왜 나만 보면 모두들 슬슬 피해 가는 거예요?
   엄마, 무서워요. 무서워서 어쩔 줄을 모르겠어요.

엄마 : 마리아, 그만해라. 그럴 땐 그냥 가만히 있어.
   이 엄마 품에 안겨서 아무 생각도 하지마.

마리아 : (엄마의 품에 안기며) 엄마, 엄마 품은 따뜻해요.
   그런데 너무 어두워요.

엄마 : 어두워도 괜찮아. 엄마 품이니까.

마리아 : 어두운 건 싫어요.
   누군가 내 목을 조이려고 막 달려드는 것 같아요.

엄마 : 그건 네 마음속에서 그러는 것뿐이야.
　　　　봐, 이 엄마 품엔 아무도 없잖아.
　　　　너도 금방 그랬잖니. 따뜻하다고.

마리아 : 그건 나도 알아요. 하지만 눈에 보이는 걸 어떡해요?
　　　　엄마 귀엔 들리지 않으세요?
　　　　(품에서 나와) 엄만, 지금 저한테 거짓말을 하는 거죠! 그렇죠?

엄마 : 마리아, 진정하거라. 엄마가 너를 버리다니 그럴 리가 있겠니?

마리아 : (품에서 벗어 나오며)
　　　　엄마, 저를 버리면 안 돼요. 저를 잊지 말아 주세요.

엄마 : 그럼, 걱정하지 말아라.
　　　마리아, 조금만 기다려라.
　　　오빠가 오늘 온다고 했으니까 오빠가 오면
　　　네가 외로움도 무서움도 느끼지 않도록 모두 고쳐줄 거야.
　　　너도 그 얘기 들었지? 예수님 이야기 말이야.
　　　예수님께서는 살아계신 하나님의 아들이신데 그분은 죽은 자도
　　　살리시고 태어날 때부터 앞이 보이지 않았던 사람도 말씀 한마디로
　　　모두 고쳐 주셨다는 거야.
　　　그리고 귀신들린 여자도 모두 제정신으로 돌아오게 하고
　　　문둥병자도 깨끗하게 고쳐 주셨다는 거지.
　　　그런데 더 중요한 것은 예수님은 병든 사람들을 치료만 해 주시는 게
　　　아니라 우리의 영혼까지 구원해 주신다는구나.
　　　그래서 우리 모두가 하나님 앞에서 깨끗하고 사랑받을 수 있는
　　　영혼이 되도록 하신다는 거지.
　　　어떠니? 말만 들어도 기분 좋은 일 아니겠니?
　　　그러니까 너도 예수님께 가면 몸도 마음도
　　　모두 깨끗하게 고쳐주실 거야.

마리아 : 제가 그분을 만날 수 있을까요? 지금 어디에 계신데요?

엄마 : 사람들 얘기를 들으니까 예수님은 지금 예루살렘 성으로 들어가
　　　　계시다는구나. 원래는 갈릴리 호수 근처에서 설교도 하시고
　　　　병자도 고쳐주셨는데 무슨 이유인지는 몰라도
　　　　며칠 전에 예루살렘 성으로 들어가셨다는 거야.
　　　　하기야 그 정도의 능력이 있으신 분이 허구한 날 시골에만
　　　　계시겠니? 성안으로 들어가셔야지!
　　　　예루살렘 성은 거룩한 성이니까
　　　　어쩌면 더 많은 능력을 베푸실지도 모르는 일 아니겠니?

마리아 : 거룩한 성이라고요?

엄마 : 그래, 거룩한 성.
　　　　그곳엔 금이 박힌 모자를 쓴 제사장하고
　　　　율법 선생님들이 많이 계시지.
　　　　거리엔 여기저기에 기도하는 사람도 보이고,
　　　　밥만 먹으면 언제든지 성전으로 달려가서
　　　　선지자들의 말씀도 들을 수 있는 곳이지.
　　　　이 세상 모두가 불이 붙어 아우성이 된다 하더라도
　　　　예루살렘 성은 분명히 구원받게 될 거야.
　　　　그건 바로 거룩한 성이기 때문이지.

마리아 : 가보고 싶어요, 엄마.

엄마 : 그래 조금만 기다려라.
　　　　오빠가 돌아오면 엄마가 널 예루살렘 성으로 꼭 데리고 갈게.

마리아 : 지금 가면 안 돼요? 빨리 가보고 싶단 말예요.

엄마 : 마리아, 가는 건 문제가 아냐.
　　　　하지만 예수님을 만나려면 네 오빠가 와야 해.
　　　　예수님께서 많은 병자를 고쳐 주신다는 소문을 들었을 때
　　　　나라고 왜 당장에라도 네 손을 붙잡고

예수님께로 달려가고 싶지 않았겠니.
하지만 사람들 말에 의하면 그분에게 병 고침을 받기 위해선
향유가 있어야 한다고 하더구나. 아주 값비싼 것으로 말야.
어떤 여인도 값비싼 향유를 사서 예수님의 발에 부었다고 하더라.
나는 그런 말을 믿고 싶지 않지만
그래도 향유는 사갖고 가야 할 것 같아.

마리아 : 하지만 엄마, 우리한테는 그런 돈이 없잖아요.

엄마 : 그래서 이제 네 오빠가 돈을 많이 벌어 오면
널 제일 먼저 예루살렘 성으로 데려갈 거야.
그분이 예루살렘 성에서 다른 곳으로 옮겨 가시기 전에 말야.

마리아 : 고마워요. 엄마.

엄마 : 그렇게 되면 넌 병 고침을 받게 되는 거야.
예수님을 만나기만 하면, 아니 예수님하고 눈빛만이라도 마주쳐도
너의 병은 분명히 고쳐질 수 있을 거야.
난 그렇게 확실히 믿고 있단다.
그럼 넌 무서움도, 외로움도 느끼지 않을거야? 알겠지?

마리아 : 나 예수님하고 결혼하면 외롭지 않을 거 같아요.

엄마 : 예수님은 하나님의 아들이에요.

마리아 : 나도 하나님의 며느리가 되면 되잖아요.

엄마 : (체념한 듯) 그래, 그건 너 혼자 생각하거라.
그나저나 우리가 예루살렘 성으로 갈 때까지
예수님이 다른 곳으로 가시면 안 될 텐데 걱정이다.
오빠는 오늘 늦게 올 텐데 말야.

마리아 : 하나님께 기도하면 되잖아요.
예수님이 다른 곳으로 가지 못하게 말예요.

엄마 : 그게 좋겠구나.
　　　(일어나며) 아 참, 마리아,
　　　네 동생 한나 좀 보거라. 한나는 누굴 닮아서
　　　그렇게 정신이 없는 앤지 모르겠구나.
　　　한나는 아랫마을의 총각이 당나귀 여물을 잔뜩 들고 오는 것을
　　　오빠로 착각하고는 달려가서 끌어안았지 뭐니?
　　　그 총각은 너무나 놀랬는지 그 여물통을 놓쳤는데
　　　그 여물이 모두 네 언니 머리에 쏟아진거야. 한번 상상해 봐라
　　　자기가 끌어안고 엉엉 우는 사람이 오빠가 아니고
　　　다른 집 총각인데다 머리엔 당나귀 여물이 쏟아져
　　　주렁주렁 매달린 그 모습을 말야.
　　　세상에 너희 동생처럼 말이 많고 앞뒤 안 가리는 여자도
　　　또 없을게다.

　　　(이때 밖에서 이상한 소리가 마치 비명처럼 들린다.)

한나 : (밖에서 울먹이며) 어 엄 – 마, 어 엄 – 마 잉잉잉

엄마 : 봐라. 네 동생 한나잖니? 글쎄 쟤가 저렇다니까.

마리아 : (일어나려는 엄마에게 매달리며) 엄마 무서워요. 가지 말아요.

엄마 : 아냐. 괜찮을 거야. 내가 나가볼게.

　　　(마리아의 손을 떼어놓으며 밖으로 퇴장)

　　　(마리아는 손을 꼭 쥔 채 쪼그리고 앉아 덜덜 떨며 중얼거린다.)

마리아 : 여호와여, 어느 때 까지니이까. 나를 영원히 잊으셨나이까.
　　　　주의 얼굴을 나에게서 언제까지 숨기시겠나이까.
　　　　어느 때까지니이까. 어느 때까지니이까.
　　　　오, 여호와여, 내 하나님이시여.

엄마 : (다시 뛰어들어오며) 마리아, 제발 떨지 말어.
        한나가 온 것 뿐이라니까.

마리아 : (엄마의 말을 듣지도 않고 혼자서 여전히 덜덜 떨며)
        오, 여호와여, 내 하나님이시여, 어느 때까지이니까

엄마 : (마리아의 가슴에 손을 얹고)
        자, 마리아 마음을 편안하게 먹어라….

        (그러자 떨며 중얼거리던 마리아의 목소리가 어느 정도 잠잠해진다.
        엄마는 살며시 일어나 다시 밖으로 나간다.)

엄마 : (밖에서) 집에 왔으면 어서 들어올 일이지….

한나 : (밖에서) 창피해 죽겠어요 머리에 묻은 여물을 털어 냈는데도
        아직도 냄새가 나서 내가 미칠 정도라고요.
        그러니 옆으로 지나가는 사람들은 오죽하겠어요?
        절 보더니 전부 코를 막고 지나가잖아요.

엄마 : (밖에서) 그러길래 좀 조심하라고 했잖니?
        머리에 있는 그 지푸라기나 털어내고 들어와.
        마리아가 혼자 무서워서 떨고 있잖아(둘 다 들어온다.)

마리아 : (여전히 부들거리는 목소리로) 여호와여 언제까지니이까.

엄마 : 저것 봐라. 조금만 무서워도 덜덜 떨며 여호와여 여호와여 하면서
        기도하는 저 버릇이 또 시작됐잖니.

한나 : (마리아에게 다가가 끌어안으며)
        오, 마리아 언니, 미안해.
        나 때문에 우리 언니가 이렇게 무서워 떨다니….
        그런데 엄마, 우리가 저 위에 있는 포도밭을 산다는 게
        정말이에요?

엄마 : 포도밭이라니?

한나 : 아버지가 일하는 포도밭 말예요.
　　　그런데 그 포도밭을 아예 우리 집에서 살 거라고 하던데요?

엄마 : 한나, 이제 농담은 그만하자.
　　　네 동생이 아직까지 떨고 있잖니.

한나 : 정말이에요. 엄마. 제가 지금 집으로 오는데
　　　포도밭 주인아저씨를 만났거든요.
　　　그런데 그분이 그렇게 말씀하셨어요.

엄마 : 포도밭이라면 네 아버지가 일꾼으로 일하시는 곳 아니니?
　　　그런데 그걸 우리 집에서 산다고?
　　　포도밭 살 돈이 어딨니. 한두 푼 하는 것도 아니고….
　　　네가 잘못 들은게지. 그럴 리가 있어?

한나 : 어? 그 아저씨가 분명히 그렇게 말씀하셨는데….

엄마 : 너 거짓말을 하면 어떻게 되는 줄 알아?

　　　(이때 또다시 무대 밖에서 그릇이 쏟아지는 소리가 요란스럽게 들린다.
　　　모두들 깜짝 놀라서 소리가 나는 쪽으로 고개를 돌린다.)

마리아 : (엄마의 품에 안기며)엄마….

엄마 : 이건 또 무슨 소리냐? 한나, 네가 좀 나가보지 않겠니?

한나 : (고개를 설레설레 저으며) 저두 무서운데요

엄마 : 어서 나가 보래도

한나 : (억지로 나가며) 난 싫은데….

　　　(한나가 조심스럽게 한발자국 한발자국 발걸음을 옮기며

　　　　　무대 밖에다 얼굴만 쏙 내밀려고 할 때 갑자기 요셉과 아버지가
　　　　　불쑥 튀어 들어온다.)

요셉 : 마리아!

마리아 : 엄마!

　　　　　(하면서 혼비백산해서 뒤로 넘어지고 마리아와 엄마가
　　　　　서로 끌어안는다. 그러다가 엄마가 정신을 차려 요셉을 보고는
　　　　　벌떡 일어나 요셉에게 다가가며)

엄마 : (꿈인듯 생시인듯) 아니 요셉….

요셉 : (그 자리에서 싱글거리며) 어머니 제가 왔습니다.

엄마 : 요셉 (하면서 요셉을 오락 끌어안는다.)
　　　　이게 어찌 된 일이냐. 이렇게 일찍 오다니.
　　　　난 저녁 때 쯤이나 올 줄 알았지.

요셉 : 어머니가 보고 싶어서 꾸물거리고 있을 수가 있어야죠.
　　　　그래서 마구 서둘렀습니다.

엄마 : (다시 끌어안으며) 어쨌든 잘 왔다. 보고 싶었다.

요셉 : 아버지와 난 집으로 오면서 쭉 얘기를 나눴어요.
　　　　어떻게 해야 엄마하고 한나를 깜짝 놀라게 해 줄 수 있겠느냐고요.
　　　　그래서 제가 얘기를 했죠.
　　　　엄마하고 한나 그리고 마리아를 처음 보는 순간
　　　　뭔가 깜짝 놀랄만한 소리를 지르자고요.

아버지 : 그런데 우리 집에 도착할 때까지 아무것도 생각해 내지를 못했잖니.

요셉 : 아버지와 내가 무슨 소리라도 냈더라면
　　　　아마 어머닌 깜짝 놀라셨을걸요?

그냥 마리아 이름만 불렀는데도
한나가 뒤로 넘어질 정도였으니까요.

엄마 : 하여튼 우리 집 식구는 여자고 남자고
집으로 들어오는 소리 한번 요란하구나.

요셉 : 한나, 그동안 잘 있었어?

한나 : 오빠 때문에 내가 그동안 당한 일이 얼마나 많은 줄 알아?

요셉 : 그게 무슨 소리야?

한나 : 오늘만 해도 벌써 두 번째야

엄마 : 한나 그 얘기는 나중에 하거라.
네 오빠 힘들 텐데 우선 쉬어야 하지 않겠니?

요셉 : 걱정 마세요. 앞으로는 저보다는 어머니 아버지가 푹 쉬셔야 해요.
고생은 이제 그만하셔도 된다고요.
(돈주머니를 보여주며) 제가 돈을 많이 모아 왔거든요.

엄마 : 그동안 고생이 많았구나. 네가 돈 벌러 떠난지가 얼마나 됐지?

요셉 : 꼭 3년 됐어요.

엄마 : 그래 참 기나긴 세월이었다.

요셉 : 집으로 오면서 아버지께 얘기를 들었어요.
이젠 아버지와 어머니가 포도밭에서 일꾼으로 일하시는 게 아니라
포도밭 주인이 될 거라고요.
어머니 걱정 마세요, 그 정도 돈은 충분히 되니까요.

엄마 : 요셉, 그게 대체 무슨 소리지?

아버지 : 아, 그 얘기는 내가 할게.

요셉이 그동안 모아온 돈으로 포도밭을 사기로 했어.
이제 그 포도밭은 우리 것이 될 거야.
다행히도 포도밭 주인이 말하기를 요셉이 가져온 정도의 돈이라면
팔겠다고 했으니 우리 것이나 다름없지.

한나 : 아버지 그게 정말이에요?

요셉 : 그렇다니까

아버지 : 그런데 별로 즐거워하는 얼굴이 아닌데?

엄마 : 요셉, 난 포도밭보다도 더 급한 것이 있단다.

아버지 : 그게 무슨 소리야?

엄마 : 여보….

아버지 : 글쎄 그런 소리 할 필요 없어.

요셉 : 아버지, 어머님 말씀이 무슨 뜻이죠?

아버지 : 들을 필요도 없는 얘기야.

엄마 : 요셉!

요셉 : 네.

엄마 : 마리아 얘기다. 마리아의 병을 고치기 위해서 마리아를 데리고
예루살렘 성으로 들어가려고 했었단다.
예루살렘 성엔 지금 예수님이 계셔.
그분은 우리 마리아를 고쳐 주실 수 있는 분이야.

요셉 : 예수님 이라고요? 저도 그분 얘기는 들었어요.

엄마 : 그래 마리아를 예수님께 데리고 가서 기도를 받으면
마리아의 병쯤은 쉽게 고쳐주실 거야.

지금 우리 동네는 온통 그분에 대한 소문으로 가득 차 있단다.
그분은 전지전능하신 하나님의 아들이신데
말씀 한마디로 물고기 두 마리와 보리떡 다섯 개로
오천 명이나 먹을 수 있도록 하셨대.
그뿐 아니라 우리가 진정 천국에 가려거든
서로 사랑하라고 가르치신다는 거야.
앞이 안 보여서 더듬거리며 평생을 살아가던 사람에게
소망의 빛을 불어 넣으신 분.
그분이야말로 우리 마리아의 병을 고쳐 주실 거야.
넌 그렇게 생각하지 않니?

아버지 : 네 엄마 얘긴 들을 필요도 없어.
결국은 네 돈으로 값비싼 향유를 사겠다는 거야.
그래서 그 사람의 발등을 씻어 준다는 거지.
그게 바로 마리아의 병을 고치는 대가라면서 말이야.

엄마 : 여보, 그건 당연한 거예요.
의사에게 가서 약을 받아와도 돈은 내야 하는 거잖아요.
예수님한테 대가를 지급하는 건 당연한 거라고요.

아버지 : (버럭 소리를 지르며)
왜 내가 계획했던 일을 망치려는 거야? 포도밭은 이제 내 꺼야.

엄마 : 여보 마리아는 예루살렘 성으로 가야 해요.
그분이 그곳에 머물 때 찾아가야 해요.
이번 기회를 놓치면 마리아는 영원히 고치지 못할 거예요.

아버지 : 이것 봐, 당신은 그동안 억울하지도 않았어?
무더운 여름날 땀이 비 오듯 흘러도 허리 한 번 제대로 펴지 못하고
주인 눈치만 살피며 일했던 것.
우리는 늘 가난했어.
열심히 일해봐야 남의 포도나무일 뿐이고 열심히 일해봐야

우리에게 돌아오는 건 겨우 빵 몇 조각뿐이었어.
          우린 도대체 언제까지 이렇게 살아야 하는가?
          왜 우린 이런 포도밭 하나 가질 수 없는 것일까?
          당신도 일을 마치고 돌아오는 길에 나한테 얘기한 적이 있었잖아.

엄마 : 하지만 마리아의 병도 고쳐 주어야 하잖아요.
       마리아는 늘 공포와 두려움과 외로움에 몸부림치고 있잖아요.
       마리아의 가슴엔 늘 비바람과 폭풍이 몰아친단 말예요.
       왜 그걸 몰라 주는 거예요?
       우리가 고쳐주지 않으면 아무도 마리아에게 관심을 두지 않잖아요.

아버지 : 그래, 당신 말 잘했어. 우리가 죽을 때까지 마리아를 돌봐 주려면
         먼저 우리가 편안해야 돼. 그러니까 우리가 먼저 살고 봐야 한다고.

엄마 : 포도밭 없이도 잘 살아왔잖아요.

아버지 : 잘 살아왔다고? 그래 난 그렇게 행동했어.
         적어도 아무런 문제가 없는 것처럼,
         아무런 불만과 불편이 없는 것처럼 그렇게 행동했지.
         하지만 그건 어디까지나 아무에게도 나의 어려움을
         보여주고 싶지 않았기 때문이야.
         하지만 이젠 더 이상 참을 수가 없어.
         나도 힘들어 사는 게 힘들다구,
         그래서 이제 좀 편하게 살고 싶다는데 왜 그래?

엄마 : 마리아는 저 때문에 저렇게 된거예요.
       그래서 더욱 제가 고쳐 주어야 한단 말이예요.
       마리아를 고쳐주지 못하면 난 죽지도 못할거라고요.
       난 이제까지 단 하룻밤도 편하게 잠을 자 본적이 없어요.
       오직 마리아의 병을 고쳐 주어야 한다는 생각 뿐이었다고요.
       여보, 제발 부탁이에요.
       내가 마리아에게 사죄받을 수 있는 기회를 주세요. 네?

아버지 : (다리를 걷어 보이며) 내 다리는 왜 이렇게 됐는데?
비가 억수같이 내리던 날, 농장의 창고 지붕 고치러 올라갔다가
미끄러져 떨어져서 이렇게 된 거야.
내가 주인이라면 비 오는 날 사람을
그렇게 지붕위로 올려보내진 않았어.
위험한 줄 뻔히 알면서도 주인은 날 올려보낸 거야.

엄마 : 그런데도 당신은 마리아를 결혼시켰어요.
남자에게 마리아의 병을 속이고 얼렁뚱땅 보내버렸죠.
당신은 마리아가 보기 싫어서, 데리고 있기가 싫어서
아무에게나 보내버린 거라고요.
우리는 마리아를 두 번 죽인 거나 다름없어요.
그러고서도 당신은 부모로서 아무런 죄책감도 못 느껴요?

아버지 : 그때 난 이를 악물었어.
언젠가는 반드시 저 포도밭을 내 걸로 만들고야 말겠다고 말이야.
한나 너도 기억하지? 아버지한테 찾아왔다가 포도 몇 송이
따 먹었다고 주인아저씨한테 얻어맞던 일. 그때 울면서 쫓겨가던
너의 뒷모습을 보면서 내가 얼마나 괴로워했던 줄 아니?
하나님, 정말로 당신이 우리 가족을 사랑하신다면 이 포도밭을
제게 주십시오. 그런데 이제 그 뜻이 이루어지려는 순간이야.
이제 그 많은 포도나무가 모두 우리 거야. 그런데 뭐라고?
포도밭 사는 일보다 예수를 만나는 일이 더 급하다고?
그게 말이나 되는 소리야?

엄마 : 마리아는 결혼하고 나서 매일 밤 남편에게 맞았다고 했어요.
미친 여자라고 때린 거예요.
결국, 다시 쫓겨온 마리아인데 이젠 우리가 책임져야 하잖아요.

아버지 : 아무리 그래도 안 돼. 포도밭은 이제 우리 거야. 아니 내 꺼야.
난 이제 포도밭의 일꾼이 아니라 포도밭 주인이라고.
요셉, 그리고 한나 너희는 이제 포도밭 주인의 아들딸들이야.

       으하하하.
          요셉, 그 돈 어딨지? 이리 다오. 어서 가서 돈을 치르고 올 테니….

엄마 : 여보, 제발….

요셉 : (마리아에게 다가가서) 마리아, 오빠를 기억하지?

마리아 : ….

한나 : 언니, 오빠잖아. 언니가 그렇게도 기다렸던 요셉오빠….

요셉 : (돌아서며) 세월이 많이 흘렀다는 얘기야.

한나 : 3년밖에 안 지났는데 뭐.

요셉 : 나한텐 그 3년이 꼭 30년 같았어. 처음에 집을 떠나서 일할 땐
      오로지 돈을 모아야겠다는 생각뿐이었으니까.
      외로움 같은 것은 몰랐어.
      어머니, 하지만 다른 건 몰라도 그리움 만큼은 어쩔 길이 없었어요.
      어머니가 보고 싶고 집으로 달려가고 싶고….
      하지만 그건 어디까지나 꿈속에서나 생각할 일들일 뿐
      난 처음에 약속했던 3년 동안 오로지 일만 했어요.
      뜨거운 햇볕이 내리쬐는 들판에서 채찍으로 시뻘겋게 맞아가며
      일을 했습니다. 손가락에서 피가 나고 발바닥이 풀에 베어 피로
      범벅이 되어도 누구 하나 도와주는 사람이 없었습니다.
      그래도 이를 악물었죠. 그래 가족을 위해서라면 집을 위해서라면
      이겨 내자. 하루에도 열두 번씩 주저앉고 싶었고
      하루에도 열두 번씩 모든 걸 내팽개치고 집으로 달려가고 싶었지만,
      꾹 참고 일을 했습니다.
      어머니 그래도 전 절대로 후회하지 않아요.
      그리고 우리 모두의 소망이자 아버지의 바람이었던
      포도밭 주인이 되실 수 있게 되었으니까요.

아버지 : 그만하거라. 네 엄마 말은 신경 쓸 것 없어.

엄마 : 여보 제 말은 신경 쓰지 않아도 좋아요.
하지만 마리아는 우리가 돌봐 주어야 하잖아요.
(마리아를 보며) 저것 보세요. 마리아의 저 소리 귀에 들리세요?

(마리아는 손을 또 움켜쥐고 중얼거린다.)

마리아는 무서울 때마다 저렇게 똑같은 말만 되풀이해요.
오 여호와여, 오 내 하나님이시여, 나를 영원히 잊으셨나이까.
오 여호와여, 오 내 하나님이시여.
어느 때까지니이까 어느 때까지니이까.
마리아는 다윗 왕이 하나님께 드렸던 시편 기도를
마치 자기의 기도인 양 끝도 없이 중얼거려요.
도대체 어느 때까지 마리아가 저러고 있어야 하는 건가요?
정말로 하나님께서 마리아를 이 땅에 태어나게 하신 것도
까마득히 잊은 채 내버려 두고 있는 건가요? 그건 아니잖아요?
마리아를 예수님께 데리고 가서 기도를 받으면
마리아는 고쳐질 수가 있다고요.
여보 우리에게 포도밭도 필요하지만,
마리아에겐 하나님은 결코 마리아를 잊은 것이 아니라는 걸
가르쳐 주는 것도 중요해요.
이번이 마지막 기회일지도 몰라요.
만약에 예수님께서 예루살렘 성을 떠나 다른 곳으로 가시면
마리아는 영영….

(엄마는 어느새 눈물을 흘리며 말을 잇지 못한다.
아버지는 그런 엄마와 마리아를 번갈아 보더니 절뚝거리며
휙 퇴장해 버린다.)

마리아 : (점점 크게)
오 여호와여, 오 내 하나님이시여, 나를 영원히 잊으셨나이까?

오 여호와여, 오 내 하나님이시여.
어느 때까지니이까 어느 때까지니이까

엄마 : (마리아를 덥석 끌어안고) 오 마리아!

한나 : 오빠, 마리아는 해 질 녘이면 언덕 위에 올라가는 게 일과였어요.
오빠를 기다린 거죠. 마리아는 오빠의 이름을 부르며
오빠를 기다렸지만, 얼굴은 까마득히 잊은 거예요 흑흑

(한나도 훌쩍이며 마리아의 손을 잡는다.)

요셉 : (다시 마리아에게) 마리아, 내가 요셉 오빠다.
네가 그렇게 기다리던 요셉오빠라고….

마리아 : (덜덜 떨며) 우리 오빤 저녁에 오신댔어요.
엄마가 그러는데 오빠가 오시면
날 예루살렘 성에 가게 해 주신댔어요.
우리 엄마가 그랬어요. 우리 오빤 요셉이에요.

요셉 : 마리아, 내가 오빠야, 내가 요셉이야.

마리아 : 카시오페이아, 결혼해도 날 잊지 마 난 외로우면 무서워져.
머리엔 꼭 장미꽃하고 호박죽을 얹어야 돼.
(일어나서 더 큰소리로 울먹이며)
카시오페이아. 결혼해도 날 잊으면 안 돼.
사람들은 모두 날 잊고 모르는 척해도
너만은 그러면 안 돼, 날 기억해줘.

요셉 : 마리아, 이제 그만해. 날 봐. 널 잊은 사람은 아무도 없어.
정말이야. 넌 외롭지 않아.

마리아 : 전 혼자예요. 집에 아무도 없을 때도 난 방안에 혼자 누워서
노래를 불러야 해요. 노래를 불러야 해요.

밖에 나갈 수도 없어요. 그건 정말 무서운 일이에요.
하나님은 날 잊으셨어요.
내가 방안에서 그렇게 불렀는데도 아무도 대답해 주지 않았어요.

요셉 : 하나님은 마리아와 항상 함께 계셔.

마리아 : 거짓말이에요.

요셉 : (진정시키며 조심스럽게) 예수님을 만나고 싶어?

마리아 : 그분은 거룩한 성에 계셔요. 거룩한 분이시니까요.
그분은 향기로운 냄새가 나는 기름을 좋아하신대요.
하지만 나한텐 그런 게 없잖아요.
그러니까 갈 수가 없어요.

요셉 : 한나.

한나 : 예, 오빠.

요셉 : 짐을 꾸려라. 어머니 것과 마리아 것하구….
내일 예루살렘으로 함께 가자.

엄마 : 요셉!
아, 마리아 —

(엄마는 마리아를 또다시 와락 끌어안고 한나는 멍한데 조명 암전)

(다시 무대가 밝아지면 아버지가 의자에 상심한 표정으로 앉아있다.
이때 요셉이 등장해서 아버지에게 다가간다.)

요셉 : 아버지.

아버지 : 미안하다. 오랜만에 돌아온 너한테 이런 모습을 보여주어서….
나도 이러고 싶지 않아.
나라고 왜 마리아의 병을 고쳐주고 싶지 않겠니?

네 엄마는 마리아가 자기 때문에 저렇게 됐다고 생각하고 있지만
그게 어디 네 엄마 때문만이겠니? 나 역시 마찬가지야….

요셉 : 아버지 맘 저도 다 알아요.
아버지도 늘 마리아 때문에 괴로워하신 것 잘 알아요.

아버지 : 그래서 누구보다도 제일 먼저 마리아를 고쳐주고 싶어 했던
사람도 날 거야.
하지만 사실 따지고 보면 마리아가 저렇게 된 것도
그놈의 포도밭 때문일 거다.
그리고 내 다리까지 이렇게 되고 보니까 악이 받치더구나.
그래 이 포도밭을 내가 갖고야 말겠어.
하지만 그것은 어디까지나 생각뿐이고
나한테는 그럴만한 능력이 없었지….
그래서 그건 그냥 희망이자 꿈으로만 간직하려고 했어.
그럼 그렇지. 뭐 내 인생이란 거 그런 거니까.
그런데 그 꿈을 현실로 가능하게 만들 수가 있게 되었지 뭐냐?
평생을 남의 일꾼으로 일하다가
이제는 번듯하게 주인으로서 일 할 수 있는 기회를
아들이 아버지에게 만들어 준거야.
나는 그래서 네가 얼마나 고맙고 자랑스러운지 모른다.
그런데…. 네 엄마는….

요셉 : 아버지…. 저도 아버지의 얘기를 들었을 때
얼마나 기뻤는지 몰라요.
내가 비로소 아버지의 한을 풀어드릴 수 있게 되었다는
생각으로요. 그런데….

아버지 : (요셉을 쳐다본다.)

요셉 : 마리아가 저를 못 알아봐요. 3년밖에 안 지났는데도요.
전에는 절 그렇게 좋아하고 잘 따르던 마리아였는데….

저렇게 자꾸만 세월이 흐르면 더 이상 고쳐지지 못할 정도로
심해지지 않을까 하는 걱정이 생겼어요.
그리고 예수님이 때마침 이 근처에 오셨다는 얘기를 듣고
더 이상 머뭇거릴 수가 없겠더군요.

아버지 : 요셉, 네가 3년씩이나 고생해서 번 돈이니
내가 뭐라고 강요할 수는 없다. 나라고 별수 있겠니….
그냥 꿈은 꿈으로만 간직하고 있어야지.

(허탈한 모습으로 하늘을 본다.)
사는 게 왜 이렇게 힘든지 모르겠다.

요셉 : 아버지. 힘을 내세요.

아버지 : (일어나며) 난 포도밭 주인을 만나러 가야겠다.
내가 포도밭을 사겠다고 했었는데 그 말은
그냥 장난으로 한 번 해본 소리였다고 얘길 해야지.

요셉 : (아버지 팔을 잡으며) 아버지. 조금만 더 기다리세요.
다시 떠나겠습니다. 제가 고생해서 아버지의 꿈을 이룰 수 있다면
3년을 더 보내야죠.

아버지 : (깜짝 놀라며) 요셉.

요셉 : 아버지. (둘은 와락 끌어안는데 조명 암전)

(다시 무대 밝아지면 엄마가 기분이 좋은 듯 밝은 표정으로
마리아의 머리를 손질하고 있고 요셉은 옆에서 짐을 챙기고 있다.
이들은 이제 예수님을 만나러 가기 위해 준비하고 있다.)

엄마 : 한나는 원래 성질이 좀 급하잖니. 무슨 여자아이가 그렇게
덜렁거리는지 원. 마리아의 머리 좀 붙들고 있으라고 하면
잠시도 가만히 있지를 않는구나.

　　　　　한 손으로 빵을 입으로 물어뜯고 한쪽 발은 나머지 발의 발등을
　　　　　긁적이고. 그러니 옆에 있는 사람이 좀 정신이 없겠니?
　　　　　그것도 잠시뿐이지.
　　　　　이것 봐라, 내가 한눈파는 사이에 밖으로 뛰어나갔잖니.

요셉 : 한나도 같이 예루살렘 성으로 데려가실 거죠?

엄마 : 한나는 집에 있는 게 낫지 않을까?
　　　　집이 텅 비잖아. 너희 아버지도 계시는데…

요셉 : 마리아, 예수님을 만나거든 한나의 덜렁거리는 성질도
　　　　고쳐주실 수 있겠는가 네가 좀 물어보렴.

엄마 : 마리아는 아직도 네가 누군지를 모르는가 보다.

　　　　(이때 무대 밖에선 번쩍거리며 천둥이 친다. 쿠르릉 쾅쾅 –)

마리아 : (엄마 품에 안기며) 엄마, 무서워요

엄마 : 아니 하늘도 맑은데 웬 천둥 번개냐?

요셉 : 글쎄요 제가 내다 볼게요.
　　　　(밖을 내다보더니) 어머니 조금 전까지만 맑던 하늘이….

엄마 : 그런데 왜?

요셉 : (걱정스러운 듯) 저 하늘 좀 보세요. 제가 세상에 태어나서
　　　　저렇게 시커먼 구름은 처음이에요.
　　　　하늘도 이제까지 보던 하늘이 아녜요.

　　　　(또 다시 쿠르릉 꽝꽝)

엄마 : 애야 금방 걷힐 것 같지 않니?

요셉 : 아녜요. 금방 걷힐 것 같지가 않아요.

사방에서 몰려드는 검은 먹구름이 금방이라도
소낙비를 쏟아 부을 것만 같은데요.

엄마 : 그럼 어떡하니? 예루살렘 성은 여기서 반나절은 걸어가야 할 길인데….

요셉 : (걱정이 돼서) 금방 멎을 비가 아녜요 어머니.

엄마 : (안절부절) 예수님이 예루살렘 성을 떠나시면 어떡해?

요셉 : 그래도 지금 갈 수는 없잖아요.

(또다시 쿠르릉 꽝꽝거리면서 소낙비 소리가 무대를 진동한다.)

마리아 : (엄마의 품에 안기며) 무서워요.

엄마 : (다독이며) 걱정하지 말아라.

마리아 : 엄마 난 밤마다 꿈속에서 저런 소리를 들어요.
그래서 난 밤이 너무 무서워요. 그런데 지금은 더 무서워요.

엄마 : 엄마가 있으니까 걱정하지 마.

마리아 : (요셉을 가리키며) 저 사람이 우리 집에 들어와서 그래요

엄마 : 마리아, 네 오빠야.

마리아 : 무서워요.

엄마 : (짐을 주섬주섬 끌어당기며)비가 와도 가야 해.

요셉 : 가면 안 돼요.

엄마 : 비를 맞더라도 가야 해.

요셉 : 하늘을 좀 보시라니까요.

엄마 : 그분은 한곳에 머무시는 분이 아니야.
　　　　벌써 예루살렘 성을 떠나셨으면 어떡하니?

요셉 : (말리며) 이렇게 비가 오는데 어떻게 떠나세요?

엄마 : 오히려 비가 오는 게 낫다.
　　　　예수님을 만나려는 사람이 줄어들 테니까. 이번이 마지막 기회야.

요셉 : 마리아는 비가 오면 소리를 질러요. 그걸 어머니도 아시잖아요.

엄마 : 그것도 지금뿐이야 돌아올 땐 모두 치료되서 올 거니까

　　　　(엄마, 짐을 들고 마리아를 품에 안은 채 밖으로 나가려 한다.)

요셉 : (가로막으며) 제발 떠나지 마세요. 비가 그치면 가시라고요.

엄마 : 시간이 없어. 지금 가야 해.
　　　　마리아와 난 그동안 이 날을 얼마나 기다렸던 줄 알아?
　　　　예수님이 예루살렘으로 가시고
　　　　나와 마리아는 향유를 들고 찾아가는 날을….
　　　　마리아가 밤마다 소리를 지르며 울부짖을 때마다
　　　　얼마나 가슴이 찢어지는 줄 알아?
　　　　마리아가 제정신이 돌아오는 길은
　　　　예수님을 만나는 길 뿐이라고 생각하고
　　　　네가 돌아오는 날만 손꼽아 기다려 왔어.
　　　　예수님을 만나기 위해서 그 수많은 날 동안
　　　　내 가슴에 쏟아졌던 비바람에 비하면 이 정도는 아무것도 아냐.
　　　　(일어나며) 난 간다. 마리아와 난 간다.

요셉 : (계속해서 천둥과 소낙비는 쏟아지는데) 글쎄 지금은 안된다니까요.

엄마 : (강하게) 비켜!

요셉 : 이건 마리아를 위하는 길이 아니라고요.

(이때 한나가 비에 흠뻑 젖은 채 넋이 나간 듯 등장해서 이들 앞에
우뚝 선다. 엄마와 요셉은 한나의 이러한 모습을 보고 깜짝 놀란다.
한나는 여전히 넋이 나간 듯)

한나 : (천천히 주저앉으며) 예수님이…. 예수님이….

엄마 : (한나를 흔들며) 그게 무슨 소리니? 응?

한나 : 예수님이 십자가에 매달려서….

요셉 : 뭐라고 그게 무슨 소리야?

한나 : 예수님께서 로마 군인들한테 끌려 십자가에 매달린 채
　　　돌아가셨는데….

엄마 : (다시 마리아를 끌어안고 밖으로 나가려는 듯)
　　　거짓말 하지마. 그래도 난 마리아와 간다.

요셉 : 제발 이러지 마세요. 예수님이 돌아가셨데요
　　　십자가에 매달려서요. 십자가가 어떤 것인 줄 아시죠?
　　　이젠 됐어요?

엄마 : (그 자리에 허물어지듯 주저앉아)
　　　이젠 모두 끝났다. 이젠 모두 끝났어.

(이때 아버지가 등장해서 한나의 말을 놀란 표정으로 듣는다.)

한나 : (아직도 얼얼해서) 예수님이 거짓말로 하나님의 아들이라고 하는 줄
　　　알고 제사장들이 시켜서 로마 병정이 십자가에 매단 거래요.
　　　그런데 예수님이 십자가에 매달려서 울부짖으시다가
　　　고개를 떨구는 순간 검은 먹구름이 순식간에 몰려오더니
　　　하늘이 캄캄해 지면서 천둥이 치고
　　　소낙비가 퍼붓기 시작하는 거래요.
　　　엄마, 그럼 이제 어떻게 되는 거야?

하나님의 아들은 영영 죽은 거야?

(아버지는 그 자리에서 땅을 치며 흐느낀다.)

엄마 : 요셉, 이젠 모두 끝났다.

아버지 : (흐느끼며) 모두가 나 때문이야. 나 때문이야.
난 마리아를 세 번씩이나 병들게 한 거라고. 내가 죽일 놈이야.
(하면서 자기의 다리를 마구 내려친다.)

요셉 : (아버지를 말리며) 아버지. 이러지 마세요. 모두 내 잘못이에요.
제가 하루만 더 일찍 왔어도 그분을 만나 뵐 수 있었을 텐데.
모두 제 잘못이에요.

아버지 : 이젠 포도밭 사는 것도 마리아를 고치는 것도 모두 틀려 버렸어.
포도밭도 다른 사람에게 팔 거라고 했는데….
모두 나 때문이야. 으아
(하면서 절룩거리며 뛰어나간다.)

요셉 : (아버지를 따라 나가며) 아버지!

마리아 : 엄마 울지 말아요.

엄마 : 마리아 (하면서 끌어안고)

마리아 : (엄마의 품에서 나오며)
한나, 우리 요셉 오빠를 기다리러 가지 않을래?

한나 : 언니, 제발 정신 좀 차려봐. 요셉 오빠는 돌아왔단 말이야.

마리아 : 엄마 울지 마세요.

엄마 : (넋이 나간 표정으로) 마리아, 네가 다섯 살 때였단다.
나는 너를 낳고 몸조리할 틈도 없이
그때부터 네 아버지와 함께 포도밭으로 일하러 가야만 했었지.

　　　　　난들 왜 어린 너와 함께 지내고 싶지 않았겠니….
　　　　　하지만 포도밭 주인은 너와 함께 오는 걸 싫어했고 하는 수 없이
　　　　　나는 너를 빈집에 두고 일을 가야 했었지.
　　　　　그래, 그날도 마치 오늘처럼 천둥번개가 치는 날이었어.
　　　　　얼마나 천둥번개가 치던지….
　　　　　혼자서 집에 있던 너는 그만 놀래서 정신을 잃고
　　　　　그러다가 다시 깨어나면 아무도 없는 텅 빈 집에서
　　　　　너는 목을 놓아 울었던 거야.

마리아 : 엄마 무서워요. 자꾸만 무서워지기 시작해요

엄마 : 그렇게 울다가 지치면 잠이 들고 그러다가 다시 천둥이 치면
　　　　깨서 울고…. 그 어린 나이에 너는 천둥번개 소리와
　　　　아무도 없다는 두려움 속에서 헤매고 있었던 거지.
　　　　내가 집에 달려왔을 때 너는 이미 제정신이 아니었어.
　　　　나의 품에 안겨서 떨어지려고 하지를 않고….
　　　　마리아, 그때부터 시작된 너의 그 두려움과 공포감은
　　　　좀처럼 너의 곁을 떠나지 않았지.
　　　　아무리 내가 너를 사랑해 주고 너의 마음을 편하게 해주려고
　　　　노력을 해도 넌 그때의 충격에서 벗어나지를 못하는구나….
　　　　난 너의 병을 영원히 고치지 못하고 죽는 줄만 알았단다.
　　　　그래서 난 너의 얼굴을 볼 때마다 가슴이 찢어지는 것 같았어.
　　　　아름다운 네 얼굴이 마치 수정 같았어..
　　　　그런데 너의 영혼은 맑지 않아 그렇게 눈물만 흘리고 있던 어느 날
　　　　예수님의 이야기를 들었지.

마리아 : 아 그분이 정말 계신다면 정말 보고 싶어요.

엄마 : 그런데 그분은 너무 멀리 계셨어.
　　　　그리고 우린 너무 가진 게 없었던 거야.
　　　　예루살렘 성은 거룩한 성이야. 그곳엔 아무나 갈 수가 없고
　　　　예수님은 아무나 만날 수 있는 분이 아냐.

마리아 : 예루살렘 성이 멀리 있나요?

엄마 : 가까이 있다 해도 쉽게 갈 수 있는 곳이 아니야. 거룩한 성이니까.
그리고 예수님은 거룩한 분이었으니까.
우리 같은 사람은 함부로 뵐 수 있는 분이 아냐.

마리아 : 거룩한 성에 가고 싶어요.
예루살렘 성전에 계시는 예수님을 만나 뵙고 싶어요

(마리아가 서서히 일어나면 무대는 점점 어두워지며
마리아에게만 스포트라이트가 비춰지고 부드러운 음악과 함께)

예수님은 하얀 옷을 입으셨죠. 턱에 수염도 기르시고….
맞아요. 인자한 그 눈동자는 맑은 샘물 같아요.
예수님이 절 보고 웃고 계세요.
엄마, 전 지금 예수님과 손을 잡고 있어요.
엄마도 따뜻하세요? 전 지금 너무너무 포근해요.
아 예수님, 예수님이 나와 함께 걷고 계세요.
그리고 저에게 나지막이 속삭이고 계세요.
엄마 귀에도 들려요? 마리아 나는 너를 사랑한다.
너도 나를 사랑하느냐?
네 예수님 저도 사랑해요.
마리아, 너는 아직도 외롭게 느껴지느냐?
내가 너와 항상 이렇게 함께하는데.
예수님, 이젠 안 그래요. 외롭지 않아요. 하나도 외롭지 않아요.
너무너무 기뻐요. 예수님.

(마리아는 혼자서 춤을 추듯 무대를 왔다 갔다 하며
노래하듯 대사를 한다.)

주님, 저와 꼭 같이 계세요. 제 곁을 떠나지 말아 주세요.
네? 주님.

(음악은 점점 커지는데 조명은 점점 어두워져
마리아의 흐느적거리는 무용은 어둠 속에 묻혀 버린다.)

(다시 밝아지면 무대엔 마리아 혼자 의자 위에 엎드려 자고 있다.
잠시 후에 엄마가 보따리를 들고 들어온다.
그리고 마리아의 잠든 모습을 물끄러미 내려다보며 눈물을 닦는다.
마리아 뒤척이다 번쩍 눈을 뜨면서)

마리아 : 주님!

엄마 : (단호하게) 마리아, 주님은 돌아가셨어.

마리아 : (계속 주위를 두리번거리며)
엄마, 아녜요. 엄마가 잘못 아신 거예요.

엄마 : 마리아, 이제 그만 자고 일어나거라. 너와 난 길을 떠나는 거야
이 세상 어딘가에 너의 병을 고쳐 주실 분이 계실 거야.
한 선지자가 지나가면 또 다른 선지자가 지나가고
그러고 나면 또 다른 선지자는 분명히 오실 거야.
예수님은 돌아가셨지만 이 세상 어딘가에 분명히
너의 영혼을 맑게 해주실 분이 계실 거야.
일어나거라. 이 엄마와 함께 그분을 찾아가자.

마리아 : 엄마, 예수님은 돌아가시지 않았어요.

엄마 : 예수님은 분명히 3일 전에 십자가에 돌아가셨대요.
장사까지 치르는 걸 똑똑히 본 사람도 있어.

마리아 : 엄마, 그럼 내가 꿈속에서 예수님을 만났던 것 같아요.

엄마 : 뭐라고? 그게 무슨 꿈이었는데.

마리아 : 꿈속에 저는 예루살렘 성으로 갔어요.

(이때부터 조용히 '거룩한 성' 음악이 배경으로 깔린다.)

멀리서 봐도 정말 거룩하고 아름다운 성이었죠.
그런데 가까이 갔더니 문이 꼭 닫혀있고
아무도 열어주지를 않는 거예요.
그래서 내가 낙심해서 울고 있는데
문 옆에 어린아이들이 있는 것이 보였어요.
그리고 그 아이들은 문밖에서 찬양하고 있었어요.

엄마 : 뭐라고? 뭐라고 찬양을 하던?

마리아 : 호산나? 그래요 호산나라고 했어요.
그 아이들이 모두 호산나를 외치며 즐겁게 찬양하는 모습이
어찌나 아름다워 보이던지. 그런데….

엄마 : 그런데 왜?

마리아 : 그 찬양 소리도 잠시뿐이었어요.
그 꼬마 아이들이 하나씩 둘씩 눈물을 흘리는 거였어요.
눈물만 흘리는 것이 아니라 하늘까지 점점 컴컴해지는 거였어요.
모두 기억이 나요. 천둥도 치고 소낙비도 쏟아져 내렸어요.
그리고 조금 전까지만 해도 그렇게 아름다운 성이
다 낡아 빠지고 볼품없는 성으로 변해버리는 거였어요.
엄마 무서워요.
(품에 안기며)

엄마 : (다독거리며) 그래그래 걱정하지 마. 엄마가 옆에 있으니까

마리아 : 그래서 제가 물었죠. 왜 우느냐고요
그런데 그 아이들이 하는 말이 예수님께서 돌아가셨대요.

엄마 : 마리아 네 말이 맞다.

마리아 : (허공을 응시하며)
　　　　그 말을 듣고 저도 그 아이들과 같이 울었어요.
　　　　그런데 갑자기 꿈이 변했어요.

엄마 : 차근차근히….

마리아 : 하늘에서 유리같은 은빛 가루가 날리고
　　　　하얀 옷을 입은 카시오페이아가….

엄마 : 카시오페이아는 별이라고 했잖아?

마리아 : 아니에요. 하얀 옷을 입은 그 천사들이 카시오페이아라고 했어요.
　　　　그리고 그 사이에 예수님도 같이 계셨어요.

엄마 : 뭐라고? 그게 정말이니?

마리아 : 예수님은 제게 말씀하셨어요.
　　　　거룩한 성은 예루살렘 성이 아니라 나의 마음이라고요.
　　　　분명히 말씀하셨어요.
　　　　마리아야, 네 마음이 바로 거룩한 성이다.
　　　　이제부터 내가 그곳에 함께 있겠다. 하고 말예요.
　　　　그 말을 듣는 순간 저는….
　　　　예수님, 저는 값비싼 향유를 준비하지도 못했는데요?
　　　　하면서 얘기를 했더니 예수님은 값비싼 향유보다도
　　　　나의 마음이 훨씬 더 향기롭다고 하셨어요.
　　　　아, 전 너무너무 황홀했어요.
　　　　이 세상에서 그렇게 황홀해 본적이 없었어요. 엄마.

엄마 : 마리아. 마리아, 정신 차려. 정신 차리라고.

마리아 : 엄마 난 아무렇지도 않아요. 정말이예요.

엄마 : 안 되겠다 어서 길을 떠나자.

(엄마가 손을 잡고 일으켜 세우려 할 때 밖에서
요셉이 잔뜩 흥분해서 소리치며 뛰어 들어온다.)

요셉 : 어머니! 어머니!

엄마 : (보따리를 뒤로 숨기며) 막지 마라!

요셉 : 어머니 제가 봤어요. 분명히 그분이었어요.
아버지도 같이 그분을 뵌 걸요.

엄마 : 누굴 봤다는 거니?

요셉 : 예수님요. 제가 예수님을 봤어요.

엄마 : 예수님은 돌아가셨잖아?

요셉 : 맞아요. 분명히 예수님은 돌아가셨었어요.
그래서 저도 그것이 정말인지 확인하러 갔다가
예루살렘에서 실망하고 돌아오던 길에
바로 오늘 아침에 하얀 옷을 입은 예수님을 길에서 뵈었어요.
그분은 영원히 돌아가신 것이 아니라 죽음을 이기시고
부활하신 거예요.

(아버지 등장)

엄마 : 뭐라고? (하늘을 보며) 오, 주님….

아버지 : (흥분해서) 그래 나도 그분을 뵈었지.
처음엔 정신이 없었지만, 요셉이 예수님에게 마리아 이야기를 했어.
병을 고치기 위해서 예수님을 만나려고 준비하고 있었는데
마침 예수님께서 돌아가셨다는 이야기를 들어서
실망을 하고 있다고 말이야.

엄마 : 그랬더뇨?

요셉 : 그랬더니 예수님께서 말씀하시기를
         '마리아의 믿음으로 이미 고침을 받았느니라' 하셨어요.

아버지 : 마리아, 넌 어떠니? 괜찮아?
         이 요셉 오빠를 알아보겠어?

마리아 : (그제야 요셉을 알아보는지 반가운 표정으로) 오빠! 요셉 오빠!

요셉 : (놀랍고 반갑게) 마리아, 나를 알겠니?

마리아 : (요셉의 손을 잡으며) 아, 요셉 오빠!

요셉 : 아, 마리아!

         (이때 한나가 다시 뛰어들어온다.)

한나 : 아버지, 아버지. 포도밭을 다시 살 수 있을 것 같아요.
        포도밭을 사려고 했던 사람도 갑자기 맘을 바꿔서
        안 사기로 했대요.
        그래서 주인아저씨가 실망하고 있던데요?

아버지 : 그래? 그게 정말이지?

한나 : 그렇다니까요.

아버지 : 여보 그리고 마리아, 요셉, 한나….
         이제 우리는 포도밭 주인이 된 거야.
         우리의 기도를 들어주신 하나님께 감사를 드립시다.
         할렐루야!

         (다시 둘을 와락 끌어안고 엄마는 손에 들었던 짐을 떨어뜨린다.
         잔잔하게 들려오던 '거룩한 성' 음악은 점점 커지고
         무대는 어두워진다.)

두 번 다시 이런 비극은 없어야 한다
마사다

등장인물

엘리젤 – 예루살렘에서 9백 명의 유대인을 이끌고 마사다로 올라온 장본인. 마리아 사랑하는 남자 요한을 불타는 예루살렘에 두고 마사다로 온 것을 안타까워 하면서 요한을 그리워한다. 하지만 요한은 로마의 경사로 공사에 끌려와 일한다.

시두르 – 가족을 예루살렘에 두고와서 고민하는 남자. 결국 안토니우스의 가족을 만나게 해 준다는 감언이설에 속아 엘리젤을 실바와 만나게 한다. 하지만 안토니우스는 시두르와의 약속을 어기고 엘리젤을 체포한다. 결국은 시몬의 손에 의해 죽고 만다.

하르멜 – 하나님만을 찾는 신자이며 엘리젤과 사사건건 부딪치며 싸움을 준비하기 보다는 기도에만 열중한다. 결국 자신의 가족만 남겨 둔 채 자살한다.

시몬 – 엘리젤의 생각을 행동으로 옮기는 과격파로 매사에 생각보다 먼저 행동이 나가고 하르멜과 요셉에 대한 불신이 크다.

요셉 – 마사다에 올라온 것 자체를 못마땅하게 생각하고 있으며 서로 살 수 있는 길은 실바와 타협하는 것뿐이라고 생각하는 온건파

얌몬 – 10살짜리 남자아이로 예루살렘에서 부모를 잃고 사람들을 따라 마사다까지 올라왔다. 엘리젤을 좋아하면서 엘리젤의 뜻을 따른다.

예후다 – 엘리젤의 명령이라면 아무 소리 안 하고 따르는 노인

실바 – 로마 10군단 단장으로 헤브론에 있다가 네로의 명령으로 마사다 전투에 투입된다. 엘리젤과는 이미 오래전 만난 적이 있었고 전투보다는 협상과 대화로 문제를 해결하려 하지만 강경파인 부관 안토니우스의 뜻을 따른다.

안토니우스 – 실바의 부관으로 오래전부터 이어진 젤롯당과의 전투에 지쳐 있는 상태이다. 엘리젤과는 달리 대화보다는 밀어붙이기 식으로 싸워야 한다고 주장하며 경사로 작업과 파성추 작업을 진행하고 모든 작전 수행을 앞서서 하는 전형적인 로마 군인의 모습이다.

작가 노트

AD 66년, 로마 군인들은 예루살렘에 불을 지르고 살육을 감행했다. 이들은 이참에 아예 예루살렘을 없애 버릴 작정이었다. 그때 예루살렘 성안에 있던 969명의 유대인이 로마 군인들의 철통 같은 포위를 뚫고 밤새 사막의 자갈밭을 달려 예루살렘의 남쪽에 있는 마사다 요새로 올라갔다.

마사다 요새는 높이 440m의 정상에 둘레 1.3㎞의 넓은 운동장 같은 곳에 높이 3.7m의 돌담을 둘러쌓은 곳이다. 그 안에는 창고와 병기고, 궁정, 저수조, 사우나 같은 것이 준비되어 있어 이들이 피신해 있기에는 안성맞춤이었다.

특히 이곳으로 올라는 길은 절벽같이 가파른 외길 하나뿐인 난공불락의 장소였기 때문에 요새 안에 들어가 있기만 하다면 외부의 침입이나 공격은 그다지 위협적이지 않았다. 더군다 그곳엔 외부의 침입에 대비하기 위해 각종 무기와 최소 몇 년 동안 수백 명의 사람이 먹고 마실 음식과 식수가 준비되어 있어 9백여 명의 사람이 피신하기엔 이만한 곳이 없었다. 그래서 예루살렘의 유대인들은 이곳을 선택한 것이다.

그렇다면 이 요새는 누가 왜 만들었을까?

마사다 요새는 BC 37년부터 BC 21년 사이, 헤롯이 왕이 되자마자 유사시 자기가 피신하기 위해 한여름에는 50도가 넘는 뜨거운 네게브 사막 한가운데 만들어 놓은 일종의 피난처 같은 곳이었다. 예루살렘의 유대인들이 마사다 요새로 피신했다는 사실을 안 로마 군인들은 마사다 요새를 포위했다. 하지만 유대인들이 점령한 후 문을 굳게 닫아버린 마사다는 말 그대로 난

공불락이었다.

　도무지 산 정상으로 올라갈 방법이 없는 로마 군인들은 그저 산 밑에서 진지를 구축하고 그들 스스로 먹을 것이 떨어져 내려오기만을 마냥 기다리는 수밖에 없었다. 산 위의 유대인과 산밑의 로마 군인들 간의 대치가 오랫동안 이어졌다.

　사막 전투에 익숙지 않았던 로마 군인들은 한낮의 뜨거운 태양열과 절대적으로 부족한 식수로 인해 탈영하거나 쓰러지는 일이 다반사였다. 결국, 로마 군인들은 파성추를 이끌고 산 정상에 다다를 아이디어를 떠올렸고 요새 뒤편에 완만한 경사로를 만들기 시작한다.

　3년 간의 공사 끝에 드디어 파성추가 안전하게 산 정상까지 올라갈 수 있는 경사로가 완성되고 본격적인 로마 군인들의 공격이 벌어지기 전날 밤, 산 정상에선 유대인들이 긴급한 대책 회의를 벌인다. 이제 이들의 도피 생활도 끝이 보인다는 것을 알게 된 것이다. 그 회의 끝에 그들은 로마 군인들에게 전투 승리의 기회를 결코 주지 않기 위해 전원 자살할 것을 결의하고 다음 날 실행에 옮긴다. 마사다 요새로 도피해 온 지 3년 만에 일어난 일이다. 그 후로 이스라엘은 역사 속에서 사라지게 된다.

　적에게 승리할 기회를 주느니 차라리 우리 스스로 목숨을 끊어서 그 기쁨을 누리게 하지 말자는 이 극한의 자존심.

　유대인들은 이 장소를 소중하게 여기고 있으며

그 장소를 찾아가 '다시는 이런 비극이 없을 것이다'라고 외치고 있다. 그 슬프고도 자랑스러운 이스라엘의 역사 이야기를 희곡으로 옮겼다.

불타는 예루살렘

(장엄한 음악과 함께 사막의 붉은 하늘이 붉은 구름으로 자욱하다.
그 위에 자막 'AD 70년 예루살렘'
사막 배경이 사라지고 멀리서부터 들려오는 사람들의 함성소리
예루살렘 성이 불에 휩싸인 채 아우성과 비명의 도가니이다.
여기저기서 사람들이 비명을 지르며 뛰쳐나오고
그 뒤를 쫓는 칼을 든 로마 군사들.
그들은 도망가는 여인들을 그 자리에서 무참히 찔러 죽이고
괴성을 지르며 또 다른 도망자를 찾아 성난 이리떼처럼 뛰어다닌다.
잠시 후 보따리를 들고 뛰어나오는 마리아와 요한)

마리아 : (애절하게) 요한, 같이 가요 저 혼자 갈 수 없어요.

요한 : 마리아, 안돼. 여긴 너무 위험해. 어서 도망가란 말야.

마리아 : 요한을 두고 저 혼자 갈 수 없어요.

요한 : (떠밀며) 지금 이럴 시간이 없다니까. 어서 떠나.

마리아 : 요한, 죽어도 같이 죽어요. 전 이대로 떠날 수 없어요.

요한 : 마리아가 먼저 떠나는 게 우리 둘 다 사는 길이야. 어서 떠나라고.

마리아 : 제발, 요한.

요한 : 마리아, 어서 떠나. 제발….

(이때 엘리젤이 뛰어들어온다.)

엘리젤 : 요한, 여기서 뭐 하는 거야. 어서 떠나야 해.

요한 : 엘리젤, 전 예루살렘을 버릴 수 없습니다.
여기 남아서 끝까지 싸우다 뒤쫓아 가겠습니다.

엘리젤 : 무슨 소리를 하는 거야? 여기 남아 있는 건 곧 죽음이야.

요한 : 엘리젤, 당신은 이곳을 떠나야 합니다.
　　　마리아와 생존자들을 데리고 마사다로 떠나야 합니다.

엘리젤 : 그러니까 요한도 같이 가야 해.

요한 : 하지만 이곳에도 누군가 남아야 합니다.
　　　남아서 끝까지 로마놈들과 싸워 당신과 생존자들이 마사다로
　　　향할 시간을 벌어야 합니다.
　　　어서 마사다로 떠나십시오. 곧 저도 따라가겠습니다.
　　　저를 믿으시죠?

마리아 : 요한, 난 당신이 없으면 살 수가 없어요.

요한 : 시간이 없소. 엘리젤, 빨리 떠나십시오.

　　　(이때 시두르도 급하게 뛰어들어온다.)

시두르 : 엘리젤, 여기있었군요. 지금 모두 준비됐습니다.
　　　엘리젤의 가족을 포함해서 9백여 명이 짐을 싸서
　　　예루살렘 성문 뒤쪽으로 몰려갔습니다.

엘리젤 : 시두르, 그럼 이제 우리가 떠나야 할 시간인가?

시두르 : 그렇습니다.

마리아 : 시두르, 당신 가족은 아직도 예루살렘 성안에 있어요.
　　　제가 조금 전에 봤어요.

시두르 : 뭐라고요? 그럴 리가 없습니다.
　　　제가 집사람한테 성문 뒤쪽으로 가라고 했는데요?

마리아 : 아녜요. 제가 조금 전에 봤어요.

엘리젤 : 시두르, 어서 가보게.

시두르 : 아닙니다. 요한, 자네가 우리 가족을 데리고 와 주게.
 지금 난 우리 가족보다 9백여 명을 이끌고 마사다로 가야 해.

요한 : 그래도 어떻게 자네 가족들을 두고 간다는 건가?

시두르 : 요한, 난 자네를 믿네.
 엘리젤, 어서 떠나시죠.
 지금 때를 놓치면 우리 모두 다 로마놈들에게
 개죽음을 당하게 됩니다.

엘리젤 : 이 예루살렘 성을 두고 떠나야 한단 말이오?
 이렇게 시뻘겋게 타오르는 예루살렘을 두고….

시두르 : 언젠가 우리는 다시 돌아올 겁니다.

엘리젤 : (비통하게) 오, 하나님, 하나님께서 다윗과 솔로몬의 손을 통해
 세우신 이 아름다운 성을 잿더미로 만들고
 이렇게 뒤돌아서야 하는 겁니까?

요한 : 엘리젤, 어서 떠나십시오.
 당신에게 드리는 마지막 부탁입니다.
 마리아를 끝까지 지켜 주십시오.

엘리젤 : 꼭 살아서 만납시다. 반드시 마사다로 돌아와야 해.

 (둘은 와락 포옹한다.)

요한 : 하나님의 가호가 함께 하신다면….

마리아 : 아, 요한. 기어이 남아있겠단 말이군요.

요한 : (마리아를 끌어안으며) 마리아, 당신을 사랑하오. 진정….

시두르 : 엘리젤, 이러고 있을 시간이 없습니다.
지금 로마놈들이 횃불을 들고 예루살렘 성안을
미친개처럼 돌아다니고 있어요.
지금쯤 이 앞에 왔을지도 모릅니다.

엘리젤 : 좋소. 떠납시다.
우리가 살아남을 수 있는 마지막 장소, 마사다를 향해 갑시다.

시두르 : 사람들이 기다리고 있어요. 빨리 떠나야 합니다.

엘리젤 : 요한, 제발 살아서….

시두르 : 갑시다.

(시두르는 엘리젤과 마리아를 데리고 퇴장한다.)

요한 : 마리아, 엘리젤…. 제발 신의 가호가….

(혼자 남은 요한은 한동안 마리아의 떠난 뒷모습을 바라본다.
이때 유대인 한 명이 초주검이 되어 비틀거리며 등장한다.)

유대인 : 선생, 엘리젤이 어딨소?
나도 같이 가야 하는데…. 엘리젤은 어딨소?

요한 : 엘리젤은 떠났소.

유대인 : 안돼, 나도 살아야 해. 난 죽으면 안 된다고.
어디로 떠났소? 어느 길이야? 이 길? 저 길? 제발….

(유대인이 우왕좌왕할 때 한 손에 횃불을 들고 또 한 손엔
칼과 창을 든 로마 병사가 뛰어들어와 이들과 마주친다.)

병사 1 : 버러지 같은 유대인들이 여기 또 있잖아?

병사 2 : 너희가 숨으면 우리가 모를 줄 알았냐?

유대인 : (도망가며) 안돼, 난 살아야 해!

　　　　(하지만 유대인은 로마 병사의 손에 붙잡히고 만다.)

병사 1 : 어디를 가나? 이 거지 같은 유대인 놈아.

유대인 : 놔! 이 손 놔!

병사 2 : 네놈이 도망갈 수 있는 곳은 이 세상에 어느 곳도 없어.
　　　　네놈이 도망가기 전에 먼저 내 칼이 네 뱃속을 휘저어 버릴 거다.

　　　　(하면서 거침없이 칼로 유대인의 배를 칼로 찌른다.
　　　　그 자리에서 고꾸라지는 유대인.
　　　　그 모습을 참담하게 지켜보는 요한)

병사 1 : 넌 뭐야? 넌 뭔데 살려 달란 소리도 안 하고 도망도 안 가는 거야?

요한 : 날 죽여라. 어서. 이 침략자들아.

마사다 정상으로 올라가는 길, 유대인들은 살기위해 한밤중에 이 길로 올라가야만 했었다.

병사 2 : 뭐라고? 침략자라고?

요한 : 그래. 어서 날 죽이고 내 몸뚱어리에 불을 질러라.

병사 1 : 아주 대단한 놈이군, 그래 당장 죽여주마. (칼을 빼 든다.)

병사 2 : 잠깐! 이놈은 덩치가 좋은 게 쓸모가 있을 것 같아.
　　　　일단 끌고 가자.

병사 2 : 넌 운이 좋은 놈이야. 좋아, 어서 가자.

요한 : 아, 예루살렘이여. 아….
　　　(그 자리에 주저앉아 통곡한다.)

　　　(장엄한 음악과 함께 무대 어두워진다.)

실바 막사

　　　(짜증스럽게 실바 등장, 그 뒤를 따라 들어오는 안토니우스)

실바 : 더워, 더워, 너무 더워 미치겠어.
　　　마사다 밑이 이렇게 더운 줄 몰랐어.
　　　그런데 밖에 매달려 있는 병사는 얼마나 저러고 있는 건가?

안토니우스 : 반나절입니다.

실바 : 이 뜨거운 유대 사막 한가운데서 반나절이나 매달아?

안토니우스 : 오늘 오후에 병사들이 보는 앞에서 처형할 겁니다.

실바 : 로마의 병사는 우리의 것이 아니야.
　　　로마 황제의 것이지. 그런데 처형하는 이유가 뭔가?

안토니우스 : 탈영을 했습니다.

실바 : 도대체 어떤 인간인가 얼굴이 보고 싶군.
       (밖을 향해) 그자를 들여보내라.

안토니우스 : 사령관 각하, 이곳으로 들여보내는 건….

실바 : 괜찮아.

    (이때 옷이 벗겨진 로마 병사 한 사람이 초주검이 되어
    다른 병사에 의해 끌려 들어온다.)

병사 : 살려 주십시오. 사령관님.

실바 : 로마의 병사가 로마의 병영을 벗어나서 어디로 가겠단 말이냐?

병사 : 사령관님, 저는 3일 동안 물 한 그릇밖에 먹지 못했습니다.
     목이 말라서 가슴이 찢어질 것만 같습니다.
     그래서 물을 찾아 무작정 떠난 겁니다.
     제발 부탁입니다. 사령관 각하, 살려 주십시오.

실바 : 3일 동안 물 한 그릇 밖에 못 마셨다고? 그게 무슨 소리야?

안토니우스 : 사령관 각하. 저희는 지금 물이 없습니다. 지난 보름 동안
       이곳에서 가까운 여리고로부터 물을 공급받지 못하고 있습니다.
       바로 코앞에 있는 마사다의 유대인들이 밤마다 내려와서
       저희의 보급로를 차단하고 있기 때문입니다.

실바 : 네 이름이 뭐냐?

병사 : 콘트라우스입니다.

실바 : 이곳은 사방이 황량한 모래사막 뿐이다.
     네가 이곳에서 도망간다는 것은 곧 죽음이야.
     그런데도 이곳을 떠나려고 했단 말이냐? 왜 그렇게도 어리석어?

안토니우스 : 사령관 각하, 이런 녀석의 변명을 굳이 들으실 필요 없습니다.
　　　　　　당장에라도 처형하면 됩니다.
　　　　　　(칼을 뺀다.) 다른 병사들에게도 본보기가 될 겁니다

실바 : 칼을 집어넣어라, 안토니우스.
　　　　네게 이곳을 도망갈 기회를 다시 한번 주겠다.
　　　　하지만 떠날 땐 떠나더라도 이것만은 명심하라.
　　　　넌 이곳을 벗어나면 하루도 안지나 말라죽을 것이다.
　　　　운 좋게 이 사막을 벗어난다 해도 로마에서 너를 살려 둘 것 같으냐?
　　　　네가 갈 수 있는 곳은 아무 데도 없어.
　　　　오직 이곳에서 적과 싸워 이겨 살아 돌아가는 길 뿐이지.
　　　　어떤가? 살아서 로마로 가고 싶은가?

병사 : 제발 살려주십시오.

실바 : 너의 우매한 행동을 용서하마. 네 위치로 돌아가라.
　　　　돌아가서 네 동료에게 그대로 말하라.
　　　　우리가 살길은 이곳에서 저들과 싸워 이기는 것 뿐이라고 알겠나?

병사 : 알겠습니다. 사령관 각하.

안토니우스 : (발로 걷어차며) 어서 나가 이 등신아.

　　　　(병사 퇴장)

실바 : 왜 내가 이곳에 오자마자 저런 기강 풀린 병사를 만나야 하지?

안토니우스 : 죄송합니다. 각하.

실바 : 부관, 자네 이름은 뭔가?

안토니우스 : 안토니우스입니다.

실바 : 흔한 이름이군.

자네도 알다시피 난 며칠 전까지만 해도 헤브론에 있었네.
그곳에서 유대인의 피비린내라면 진절머리가 나도록 맡았어.
그런데 그것도 부족해서 이젠 이 뜨거운 사막 한가운데까지
불러들이는구먼.

안토니우스 : 사령관 각하를 모시게 되어서 영광입니다.

실바 : 조금 전에 오다가 봤네. 우리 진영 앞에 우뚝 솟은 마사다 봉우리.
도대체 저 마사다 봉우리 끝에 누가 요새를 만든 거야?

안토니우스 : 유대의 왕, 헤롯이 유대인의 봉기가 일어나면
피신하기 위해 만들었습니다.

실바 : 그런데 지금은 예루살렘에서 살아 도망 나온 유대인들이
올라가 있단 말이지? 그들이 마사다로 올라가기 전에
왜 진작 막지를 못한 거야? 그랬으면 이렇게 고생하지도 않잖아.

안토니우스 : 저 무리들은 젤롯당원과 그 가족들입니다.
유대인 중에서도 가장 폭력적이고 난폭한 자들이죠.
살인, 방화, 약탈을 위해 특별히 훈련을 받았기 때문에···.

아직도 마사다 밑에 남아 있는 로마군인들의 진영 흔적들

마사다 389

실바 : 그럼 우리 로마 병사가 저 유대인들보다 못하단 말인가?

안토니우스 : 그건 아니지만….

실바 : 됐어, 난 지금 자네하고 말싸움하고 싶지 않아.
      그런데 저 높은 곳에 어떻게 9백여 명이나 올라가서
      버틸 수 있단 말야? 물은 어떻게 해? 그리고 무기는 어디서 났지?

안토니우스 : 그곳은 헤롯이 유사시 피신해서 수년 동안 먹고 살 수 있을
      만큼의 식량과 마실 물을 비축해 놓았습니다.
      그리고 창과 화살도 헤아릴 수 없을 만큼 비축해 둔 곳입니다.

실바 : 마치 오늘 유대인들이 도망갈 걸 예상해고 만들어 놓은 것 같군.

안토니우스 : 안타깝지만 당장 그들에게 아쉬운 것은 없습니다.
      물과 음식 그리고 무기들까지….

실바 : 얼마나 버틸 수가 있나?

안토니우스 : 아마도 3년 이상은 가능할 겁니다.

실바 : 높이는 얼마나 되지?

안토니우스 : 정상까지 450미터입니다.

실바 : 정상은 어떤가?

안토니우스 : 정상은 남북으로 약 6백 미터고 동서로는
      320여 미터의 넓은 운동장으로 되어 있습니다.

실바 : 그곳까지 올라갈 수 있는 길은?

안토니우스 : 길은 하나뿐입니다.
      하지만 워낙 가파르고 좁아서 한 사람이 겨우 중심을 잡고
      올라갈 수 있습니다. 우리 병사들이 올라가 봐야 정상에서

그들이 성벽 문을 걸어 잠그면 그만입니다.
얼마 전에 그곳으로 올라간 병사 몇이 모두 죽었고
그 뒤로 그곳에 올라가려는 병사가 없습니다.

실바 : 이곳의 전투도 쉽게 끝나진 않을 것 같군. 불길한 예감이 들어….
그런데 우리의 보급로를 차단해?
도대체 마사다 꼭대기에 있는 무리들을 누가 이끌고 있는 거지?

안토니우스 : 엘리젤 벤 야일이라는 젤롯당 당원입니다.

실바 : 잠깐 뭐라고? 다시 말해 봐. 누구라고 했지?

안토니우스 : 엘리젤 벤 야일입니다.

실바 : 정말 끈질긴 인연이구만. 이곳에서 다시 만나다니…. 엘리젤….
반갑군, 그 이름….

(뭔가 심상치 않은 듯한 음악과 함께 무대 암전)

마사다 정상

(유대인들이 활쏘는 자세를 잡으며 연습을 하고 있고
서로 칼싸움을 연습하고 있는 사람들도 보인다.
여자들은 음식과 옷을 만드는 등 저마다 바쁘게 움직인다.
그런데 무대 한쪽에서 하르멜과 예후다가 실랑이를 벌이고 있다.)

하르멜 : 제발 부탁이오. 지금 우리에게 배당된 성전의 크기로는
도저히 하나님 앞에 제사를 드릴 수가 없습니다.
그리고 율법에 의하면 성전은 예루살렘이 있는 동쪽을 향해서
문을 내야 합니다. 제발 동쪽에 문을 내도록 허락해 주십시오
그리고 성전에 들어갈 물은 그 정도 양으로는 턱없이 모자랍니다.

예후다 : 이것 보세요. 하르멜. 지금 우리로서는 그 정도의 공간을 성전으로
만든 것도 어렵게 한 겁니다. 이 조그만 산봉우리에
자그마치 9백여 명이나 바글대면서 살아가고 있어요.
그걸 당신 눈으로 보면서도 그런 소리를 하는 겁니까?

하르멜 : 이건 하나님의 지성소를 얘기하는 겁니다.
제발 부탁이오. 성전을 넓혀 주시오.

예후다 : 정말 답답하네.
이것 봐요. 지금 이곳 사람들은 방 한 칸에 열 명씩 잠을
자고 있어요. 지금은 서로가 불편을 참고 지혜를 모아야 하는데
왜 당신은 계속해서 성전 크기와 율법 타령만 하는 거요?

하르멜 : 인간이 불편하다고 하나님마저 불편하게 해드릴 순 없잖소.

예후다 : 성전의 크기가 작아서 하나님이 불편하데요?
하나님의 덩치가 그렇게도 크시던가?

하르멜 : 지금 당신과 내가 살아 있는 것도 다….

예후다 : (귀찮은 듯 돌아서며) 아, 됐어. 어쨌든 난 몰라.

하르멜 : (쫓아가 다시 잡으며) 이것 봐요.

(이때 어느샌가 엘리젤 나타나서)

엘리젤 : 그건 예후다 말이 맞소.
지금 우리는 전쟁터에 와 있는 거요.
당신 못지않게 나도 성전이 넓었으면 좋겠소.
아니, 예루살렘 성에서 무너진 솔로몬 성전처럼 황금으로 만들고
싶어. 그래서 나도 하나님께 자랑하고 싶소.
하지만 우리는 지금 그런 문제로 서로 얼굴을 붉히며
시간 낭비할 수 없소.

하르멜 : 성전은 하나님께 제사를 드리는 지성소입니다.
이 마사다에서 가장 중심에 그리고 가장 크게 자리를 잡아야 한다고요.

엘리젤 : 이것 보시오. 하르멜. 이곳에 오기 전에 회당 옆을 지나왔소.
당신들이 이곳에 올라와 지금까지 한 일이 뭐 있소?
기껏해야 모여서 기도나 하고 찬양이나 하지 않소.
하지만 지금은 칼을 들 수 있는 사람이라면
누구나 다 칼 쓰는 연습을 해야 하오.

하르멜 : 우리는 하나님께 충성해야 합니다.

엘리젤 : 당신이 하나님께 충성하듯이 이곳에선 나에게 그 충성을 보이시오.
지금 성전 안에 있는 사람들에게 당장 나오라고 하시오.
나와서 다른 사람들처럼 벽을 더 튼튼하게 쌓는 일에 동참하던가
아니면 칼 쓰는 연습을 하라고 하시오.
어서 당장!

하르멜 : (물러나며) 하나님은 전쟁을 원하시지 않습니다.

마사다 정상에 남아있는 유대인들의 회당

엘리젤 : (멀어지는 하르멜의 뒷모습을 보며 못마땅한 듯)
　　　　아직도 속 편한 소리를 하고 있군.

예후다 : 엘리젤, 잘하셨습니다.
　　　　저런 인간들은 예루살렘에 그냥 두고 왔어야 했는데 말입니다.

엘리젤 : 예후다, 이곳에 우리가 무사히 도착한 것도 다 하나님의
　　　　보호하심이었소. 저들도 다 우리의 소중한 형제야.

예후다 : 아, 해도 너무하니까 그렇지요.

엘리젤 : 예후다, 지금 시몬이 어딨소?
　　　　내게 시몬을 불러 주겠소?

예후다 : 알겠습니다. 엘리젤.

　　　　(예후다가 퇴장하면 엘리젤은 옆에 있던 시두르를 발견하고
　　　　다가간다.)

엘리젤 : 무슨 생각을 하고 있나? 시두르.

시두르 : 지금쯤 예루살렘 성이 어찌 되었을까 하는 생각을 했습니다.

엘리젤 : 불에 타서 시꺼멓게 그을고 여기저기서
　　　　유대인의 시체가 발에 차이겠지….
　　　　시두르, 자네 가족들이 아직도 예루살렘 성에 있다고 했지?

시두르 : 그렇습니다. 엘리젤.

엘리젤 : 희망을 품게. 우리가 살아 있는 한 희망은 있는 거야.
　　　　이곳도 하나님께서 우리를 위해 예비해 두신 곳이 아닌가?
　　　　여호와 하나님께서 우리를 지켜 보호해 주실 것일세.

시두르 : 하지만 이곳에 온 뒤 불안한 마음이 떠나질 않습니다.

엘리젤 : 나도 그래. 하지만 마음을 굳게 가져야 하네.

시두르 : 당신을 따라 이곳에 오긴 했지만 저 아래의 개미떼 같은
로마놈들을 보니까 겁이 납니다.
과연 우리가 저 밑의 수천 명의 로마 군사와 싸워서
이길 수 있을까요?

엘리젤 : 물론이지. 우린 이긴다.

시두르 : 우린 기껏 남자 사백여 명 뿐이잖습니까?
나머진 모두 여자와 아이들뿐입니다.

엘리젤 : 의지가 있으면 이길 수 있어. 난 믿어.

시두르 : 저 로마인들을 여기서 떠나게 할 방법이 정말 없을까요?

엘리젤 : 저들은 절대로 스스로 떠나지 않을 거야.
유대인을 종으로 부리고 능멸하다가 죽일 수 있는
재미있는 일이 있는데 저들이 왜 떠나겠나?
절대로 떠나지 않아. 우리가 저들을 쫓아내야 해.

시두르 : 유대인 몇만 명이 예루살렘에서도 몇 년 동안 못해 낸 일을
우리 몇백 명이 어떻게 해냅니까?

엘리젤 : 나도 장담할 수 없어.
하지만 적어도 아직은 이 땅에 자유롭게 움직이고 있는
유대인이 살아 있다는 걸 저들에게 알려주어야 해. 알았나?

시두르 : 아마 제 아내와 어머니 그리고 딸자식이 살아 있다면,
로마 놈들에게 능욕을 당했거나 아니면 벌써 시체가 되어
썩은 냄새를 풍기며 바닥을 뒹굴고 있을 겁니다.

(이때 시몬과 요셉이 손에 물건을 잔뜩 든 채 등장한다.)

엘리젤 : 시몬, 어딨었나?

시몬 : 엘리젤, 저희는 지금 마사다 밑으로 몰래 내려가
　　　　로마의 진영에 다녀오는 길입니다.

요셉 : 로마 진영의 창고에서 물건을 잔뜩 훔쳐 왔습니다.
　　　　보실래요?

엘리젤 : 우리 물자가 부족한가?

시몬 : 그건 아니죠.

엘리젤 : 그런데 왜 물건을 훔쳐 왔지?

시몬 : 일단 말입니다. 우리가 마사다 안에서만 숨어 있는 것이 아니라
　　　　맘만 먹으면 얼마든지 마사다 꼭대기와 아래까지
　　　　뛰어다닐 수 있다는 것을 로마 군사들에게 알리고 싶었습니다.

요셉 : 저는 그것보다도 로마 군사의 동태를 살피려 내려갔다 왔습니다.

엘리젤 : 동태는 어떤가?

요셉 : 로마 군사들은 유대 사막에 익숙지 못합니다.
　　　　그래서 지금 많이 지쳐 있는 것 같습니다.
　　　　보십시오. 우리가 이렇게 물건을 가져가는데도
　　　　전혀 눈치를 못 챘습니다. 창고 앞에 경계병이 서 있기는 하지만
　　　　별로 의욕이 없어 보였습니다.

엘리젤 : 사령관이 새로 왔다는 정보가 있던데….

요셉 : 실바 장군입니다. 알렉산더 실바.

엘리젤 : 실바를 여기서 다시 만나는군.

시몬 : 아니, 엘리젤. 실바를 잘 아십니까?

엘리젤 : 예전에 만난 적이 있었지. 하지만 그때는 지금처럼
이렇게 적대 관계가 아니었지.

시두르 : 혹시 내 가족에 대한 소식은 못 들었나?

시몬 : 미안하네….

엘리젤 : 걱정하지 말게. 시두르. 곧 좋은 소식이 올 거야.

(여러 사람을 향해)

자. 우린 지금 그 어느 때보다도 지혜가 필요하오.
각자 자기의 특기를 살려서 해야 할 일을 정합시다.
활을 쏘는 데 자신 있는 사람은 활을 들고 성벽으로 모이시오.
그리고 칼을 잘 쓰는 사람, 건축에 자신이 있는 사람,
치료하는 데 자신 있는 사람, 그리고 우리의 역사를 기록할 사람과
음식을 맡아 줄 사람. 힘이 세서 운반을 잘하는 사람도 필요하오.

시몬 : 드디어 내가 할 일이 나왔군.
난 요새 힘이 넘쳐서 미치겠거든.

엘리젤 : 여기선 한 사람도 노는 사람이 있어선 안 되오.
하르멜, 성전 안에 있는 사람도 마찬가지요.
그리고 저 아래에 있는 로마 군사들보다는 우리가 훨씬 물이 많아서
걱정은 하지 않지만 그래도 물은 아껴 주시오.
자, 어서어서 움직입시다.

(유대인들이 흩어지고 마리아가 남아 있다.
엘리젤이 마리아를 보고 다가가서)

걱정하지 마시오. 곧 요한을 만나게 될 거요.

(무대 암전)

실바 막사

실바 : 난 엘리젤을 잘 알아.
　　　그 친구는 절대 항복하지 않아.

안토니우스 : 항복을 받아 내자는 것이 아닙니다.
　　　　　　전부 몰살시키자는 겁니다.

실바 : 저 위에는 기껏 사백 명의 남자밖에 없어.
　　　나머진 아무것도 모르는 여자와 아이들이라고.
　　　그런데 몰살시키자고?

안토니우스 : 모두 같은 유대인입니다.

실바 : 우리는 적과 싸우는 군인이지. 폭력배가 아니야.
　　　사람을 죽여도 가려서 죽여야 해.

안토니우스 : 그럼, 어떻게 하시겠습니까?

실바 : 내가 엘리젤을 만나서 설득해 보겠네.

안토니우스 : 그러실 필요가 없습니다. 시간 낭비일 뿐입니다

실바 : 군인이라고 해서 무조건 밀고 나가야 이기는 게 아니야.
　　　가장 훌륭한 군인은 피를 흘리지 않고 적의 무릎을 꿇게 하는 거야.
　　　엘리젤과 만날 방법은 없나?

안토니우스 : 제가 알아보도록 하겠습니다

실바 : 도저히 올라갈 방법이 없어.
　　　전투도 서로 얼굴을 봐야 싸우는 거 아냐?
　　　그런데 저 인간들은 산꼭대기에 시원한 바람을 쐬며
　　　갈증에 허덕이는 우리를 내려다보고 조롱하고 있잖아.

안토니우스 : 저들이 내려오기만을 기다릴 순 없습니다

실바 : 그럼 우리가 올라가? 어떻게? 올라간다 해도 두꺼운 성벽을
　　　무슨 수로 무너뜨리지? 자네가 그랬잖아.
　　　한 사람이 겨우 중심을 잡고 올라갈 수 있는 길이라고….

안토니우스 : 우리 로마 군사들도 지쳐 있습니다.
　　　몇 개월째 뜨거운 태양과 모래바람을 맞으며 버텨 왔습니다.
　　　하지만 아무런 성과가 없습니다.
　　　이곳에 온 뒤 단 유대인 한 명도 죽이거나 체포한 일이 없습니다.
　　　오히려….

실바 : 오히려 뭐?

안토니우스 : 어젯밤 마사다 꼭대기에서 놈들이 내려와
　　　우리 창고의 물건을 훔쳐 갔습니다. 이놈들을 그냥….

실바 : 잘들 하는군. 우리는 올라가지도 못하고 밑에서 쳐다보고만 있는데
　　　저들은 맘대로 올라갔다 내려갔다 해?

안토니우스 : 도대체 어느 길로 다니는지 알 수가 없습니다.
　　　그러니 우리 병사들이 맥이 빠지지 않을 수 없습니다.
　　　이곳에 오래 있으면 있을수록 결과는 뻔한 겁니다.

실바 : (신경질) 그러니까 빨리 엘리젤을 만나게 해 달라는 거 아냐?

안토니우스 : 제가 마사다에 올라갈 방법을 생각했습니다.

실바 : 기어이 피를 보자는 거군. 그 방법이라는 게 뭐야?

안토니우스 : 정상까지 경사로를 쌓는 겁니다.
　　　(설계도를 펴 보이며)
　　　이걸 보십시오. 마사다의 높이는 동쪽에서 보면 꽤 높지만
　　　그 반대 서쪽으로 돌아가면 여기의 절반 높이 밖에 안됩니다.

그쪽 지상에서 꼭대기까지 우리가 치고 올라갈 수 있는 경사로를 쌓는 겁니다. 물론 쉬운 일은 아니지만 무작정 앉아서 기다리는 것보다는 훨씬 빠를 겁니다.

실바 : 경사로를 쌓는다고? 뭐로? 흙으로? 아니면 돌멩이로? 그러다가 무너지면 어떡해?

안토니우스 : 먼저 흙으로 어느 정도 쌓은 다음 무너지지 않게 나무를 중간마다 올리고 다시 흙으로 쌓는 방법을 이용하면 됩니다.

실바 : 이 사막 한가운데 정상까지 쌓아 올릴 나무가 어딨어?

안토니우스 : 여리고엔 나무가 많습니다.

실바 : 그리고 정상까지 도착해선 어떡하지?

안토니우스 : 성벽을 무너뜨려야죠. 그것도 제게 방법이 있습니다

실바 : 아주 철저히 준비했군. 그럼 자네 생각대로 추진하게. 하지만 그건 내가 원하는 방법이 아니란 걸 분명히 기억해 두게.

안토니우스 : 그럼, 경사로 작업을 진행하겠습니다.

실바 : 좋아. 그 대신 엘리젤을 만날 방법도 알아보도록 해.

안토니우스 : 알겠습니다. (퇴장)

실바 : (혼잣말로) 경사로를 쌓는다고? 어느 세월에….

(힘찬 음악과 함께 무대 암전)

경사로 공사장

(다시 밝아지면 마사다 정상을 향한 경사로 작업이 진행된다.
힘찬 음악은 계속 이어지고 경사로를 쌓고 있는 로마 군사들
안토니우스는 손에 설계도를 들고 지휘한다.
로마군사들은 손에 모래가 든 작은 수레를 하나씩 끌고 들어와
쏟아붓고 퇴장했다가 다시 들어와 흙을 쌓는 작업을 계속하고 있다.
로마 군사들은 더운 듯 땀을 흘리면서 비틀거리기도 한다.)

안토니우스 : 자, 자, 힘을 내.
게으름 피우는 자는 용서하지 않겠다!

병사 3 : 이건 무모한 짓입니다. 언제 저 꼭대기까지 흙을 쌓는다는 겁니까?

안토니우스 : 네가 그렇게 떠드는 동안에도 경사로는 올라가고 있어.
잔말 말고 어서 일하란 말야!

병사 3 : 전 도저히 못 하겠습니다. 차라리 절 죽여주십시오.

안토니우스 : 좋아. 정 그렇다면 죽여주지.

네게브사막에 자리잡고 있는 마사다의 모습

(칼을 빼 들고) 자, 머리를 내밀어라.

(이때 실바가 달려와 안토니우스의 팔을 잡는다.)

실바 : 이런 식으로 병사를 죽였다면 난 벌써 수만 명은 죽였을 거다. 칼을 집어넣어라. 분명히 말하지만 난 이제까지 20여 년의 군인 생활 동안 단 한 명도 내 손으로 내 병사를 죽인 적이 없다. 그건 내 병사가 있었기에 내가 지금까지 살아 있을 수 있기 때문이다.

안토니우스 : (못마땅한 듯 발로 걷어차며) 어서 가서 흙을 나르란 말야. 이 멍청아.

실바 : 자, 잠시 쉬었다 다시 일하도록 하라.

(나팔 소리와 함께 로마 군사들은 그 자리에 주저앉는다. 무대 암전)

어느 계곡

(무대가 밝아지면 시두르가 누군가를 기다리는 듯 두리번거리며 초조하게 서 있다. 이때 나타나는 안토니우스. 깜짝 놀라서 뒤로 물러서는 시두르.)

안토니우스 : 자네가 시두르인가?

시두르 : (칼을 빼 들고) 당신은 누구요?

안토니우스 : 자네를 만나자고 했던 안토니우스일세. 칼을 내려놓게. 나 혼자 왔고 나에겐 지금 아무런 무기도 없어.

시두르 : 그걸 어떻게 믿지?

안토니우스 : 난 자랑스러운 로마제국의 군인이다.
　　　　　　로마 황제의 이름과 원로원의 명예를 걸고 약속한다.

　　　　(그제야 시두르도 손에 든 칼을 내려놓는다.)

시두르 : 우리 가족이 정말 살아 있단 말이지?

안토니우스 : 당신 가족을 만나고 싶지 않나?

시두르 : 조건이 뭐요?

안토니우스 : 우리 사령관 각하가 당신의 지도자 엘리젤을
　　　　　　만나고 싶어 하고 있다.
　　　　　　일종의 협상을 하기 위해 지도자끼리 만나자는 거지.

시두르 : 만나서 무슨 얘기를 하려고?

안토니우스 : 유대인이 마사다에서 내려올 방법.
　　　　　　그리고 서로가 빨리 이곳을 떠나 각자의 고향으로 돌아갈 수
　　　　　　있는 방법에 대해서 서로 의견을 나누자는 거지.

시두르 : 얘기만 할 거요?

안토니우스 : 그럼, 얘기만 하지. 또 뭐가 필요하지?

시두르 : 신변의 안전을 보장할 수 있냐는 거요?

안토니우스 : 지금도 자네는 안전하지 않은가?
　　　　　　우리는 한 번 한 약속은 절대로 깨지 않아.

시두르 : 시간은 얼마나 필요하오?

안토니우스 : 오래 걸리진 않을 거야.

시두르 : 좋소. 그럼 이번 달 그믐, 바로 이 시간, 이 자리에서

당신네 사령관과 우리 엘리젤이 만나는 거로 추진하겠소.
단 두 사람만 만나는 거로 해야 하오.

안토니우스 : 그렇게 하지.

시두르 : 우리 가족들은 언제 만나게 해 주겠소?

안토니우스 : 당신 가족은 벌써 우리 막사에 와 있어.
엘리젤과 우리 사령관 각하가 만나는 날,
마사다로 올려보내 주겠소.

(알았다는 듯이 시두르는 고개만 끄덕이고 바람처럼 어둠 속으로
사라진다. 시두르가 사라진 걸 확인하고 빠져나가는 안토니우스)

마사다 정상

(예후다가 다른 사람과 함께 투석기를 만들고 있다.)

예후다 : 자, 이제 다 된 것 같아.

엘리젤 : (다가와서) 이게 뭔가? 예후다.

예후다 : 투석기를 만드는 중이었습니다.

엘리젤 : 돌멩이를 날려 보낸단 말이지? 얼마나 나갈까?

예후다 : 저 멀리 사해까지는 못 날아가도 우리 발아래에 있는 로마 군단의
막사까지는 충분히 날아갈 겁니다.

엘리젤 : 돌멩이는 얼마만 해야 하지?

예후다 : 제 머리 크기가 가장 적당할 겁니다.

엘리젤 : 예후다는 역시 앞을 내다보는 지혜가 있는 것 같아.

(이때 성벽 아래를 유심히 보고 있던 시몬이 황급히 뛰어와서 소리를 지른다.)

시몬 : 엘리젤, 저들이 움직이고 있습니다

엘리젤 : (가까이 다가와 내려다보며)
움직여 봤자 밑에서 저들이 무엇을 하겠나?

예후다 : 그게 아닙니다. 엘리젤.
저들이 밑에서부터 흙을 쌓아 올리고 있습니다.
정상까지 새로운 길을 만들려는 겁니다.

엘리젤 : 미련한 짓을 하고 있군.

예후다 : 물론 시간은 걸리겠지만 그래도 저들이 계속해서
쌓아 올리면 정상까지 밀고 올라올 겁니다.

요셉 : 그럼, 이제 어떻게 되는 겁니까?

엘리젤 : 글쎄, 더 두고 봐야지.

요셉 : 그럼 대책이 없다는 겁니까?

시몬 : 그렇게 다그치지 좀 마.

요셉 : 난 저놈들의 밥이 되려고 여기까지 올라온 게 아니란 말야.

시몬 : 입 닥치지 못해?

요셉 : 엘리젤, 나도 이제 더 이상 참을 수가 없소.

시몬 : 그건 무슨 소리야?

요셉 : 엘리젤, 당신이 이곳에 맨 처음 올라왔을 때 뭐라고 했소.

여기 마사다야말로 완전무결한 요새라고 했잖소.
여기만 올라오면 아무도 못 쫓아 올거라고 했잖소.
그런데 지금 저들이 흙을 쌓고 있는 것을 어떻게 설명하겠소?

시몬 : 그래서 어떻게 하겠다는 거야?

요셉 : 저런 식으로 로마 군사가 흙을 쌓아 올리면,
우린 얼마 못 가서 붙잡히게 될 거란 말이오.

시몬 : 어서 네 진심을 얘기해.

요셉 : 난 내려가서 항복하겠소. 여기서 이렇게 무의미하게 버티고만 있을 게
아니라 다 같이 내려가서 항복합시다.

시몬 : 입 닥치지 못해! 이 겁쟁이야.

요셉 : 내 말을 끝까지 들어 봐.

시몬 : 더 이상 들을 필요도 없어.

요셉 : 일단 항복을 한 다음, 나중에 힘을 다시 모아 싸우든지.
우린 일단 여기서 내려가야만 해.

하르멜 : 오, 여호와 하나님. 그러게 내가 뭐라 그랬습니까?
성전 터를 넓히지 않아서 하나님께서 분노하신 것 아닙니까?

시몬 : 당신은 또 무슨 소릴 하는 거요?

하르멜 : 지금 로마 군사가 흙을 쌓고 있는 것도
다 하나님이 지혜를 주셔서 그러는 겁니다.
당신들이 성전 알기를 우습게 아니까
하나님이 분노하셔서 로마 군사들에게 경사로를 쌓도록
지혜를 허락하신 겁니다.

요셉 : 그럼, 당신은 어떻게 하자는 거요?

하르멜 : 지금이라도 당장 성전에 모여서 시편을 찬양합시다.
　　　　 우리의 죄를 회개하고 하나님을 찬양합시다.
　　　　 그리고 성벽의 돌담을 허물고 그 돌로 성전을 더 넓혀야 합니다.
　　　　 시간이 없어. 당장 말이오.

시몬 : 제발 조용히 좀 해.

시두르 : (머리를 흔들며) 아냐. 이게 아냐. 이런 방법이 아냐.

하르멜 : 왜 내 말을 안 듣는 거요?

시몬 : 말이 말 같아야 듣지?

엘리젤 : 우리 유대인이 마사다에서 로마 군사와 부딪히지 않고도
　　　　 멸망하는 방법을 알려 줄까?
　　　　 그 방법은 그냥 우리를 가만히 내버려 두면 돼.
　　　　 그럼 서로 물고 뜯고 싸우다 스스로 멸망해 버리는 거야. 알겠소?

　　　　 (이때 예후다가 다가와)

예후다 : 엘리젤, 투석기가 완성됐습니다.

엘리젤 : 유대의 역사는 예후다와 같이 묵묵히 일하는 사람들이 있었기에
　　　　 오늘까지 이어져 온 것이오.
　　　　 예후다, 당신이 만든 투석기의 위력을 시험해 봅시다.

예후다 : 알겠습니다. 그럼 투석기를 성벽 쪽으로 몰고 가겠습니다.

시몬 : 뭐해? 보고만 있을 거야? 그냥 서 있지 말고 좀 밀란 말야.

하르멜 : 오, 하나님 용서하소서. 노여움을 푸소서.

엘리젤 : 자, 여자들은 뜨거운 물을 준비해서 성벽 쪽으로
　　　　 가져오라고 하시오. 아주 펄펄 끓는 물을 말이야.
　　　　 그리고 남자들은 자기 머리만한 돌들을 모아서

성벽 쪽으로 운반하고 투석기에 올려놓읍시다.
저들의 공사를 막지 않으면 이 꼭대기에서
로마 병사를 맞이하게 될 것이오.

예후다 : 알겠습니다. 엘리젤.
(사람들을 향해) 빨리빨리 움직여.

(남자들은 돌들을 운반하여 투석기 앞에 쌓아 놓고 여자들은 물이 담긴 항아리를 들어 성벽 쪽으로 운반하느라 분주하다.)

요셉 : 그래 봐야 소용없는 일이야. 내가 뭐라 했소?
이건 무모한 싸움이라고 했잖아. 난 내려갈 거야.

시몬 : (멱살을 쥐고 흔들며) 넌 살아서 여길 내려가지 못해.
두고 봐. 내 말이 맞을 테니….

예후다 : 엘리젤, 돌을 충분히 준비했습니다.

엘리젤 : 좋소. (큰 소리로) 자, 돌을 던져라.

경사로를 쌓는동안 만들어 놓은 파성추 모형

(엘리젤의 구호에 맞춰 유대인들이 투석기를 이용해 성벽 너머로
돌을 던지기 시작한다. 날아오는 돌을 이리저리 피해 다니는
로마 군사들. 그들 중엔 돌멩이에 맞아 죽는 이도 있다.
그 모습을 보면서 즐거워하고 환호하는 유대인들.
특히 투석기 위에 올라가 있는 예후다가 제일 기뻐하는 모습이다.
이들의 모습이 활기찬 음악과 함께 진행되다가 무대가 어두워진다.)

실바 막사

(안절부절못하는 실바. 안토니우스가 막사에 들어온다.)

안토니우스 : 부르셨습니까? 각하.

실바 : (흥분해서) 자네는 로마의 군인이 맞나?
저 소리 들리지? 로마 병사들의 죽어 가는 신음 소리 말야.
돌에 깔려 죽은 사람, 뜨거운 물을 뒤집어쓰고 죽은 사람.
지금 밖엔 시체들이 발에 차인단 말야.
입이 있으면 뭐라고 말 좀 해봐.

안토니우스 : 그렇다고 이제 와서 포기할 순 없잖습니까?

실바 : (비꼬듯) 오…. 안토니우스, 자네 보기보다 꽤 인내심이 있구만.
집요한 면도 있고…. 그런데 왜 결과를 예측하지 못했지?

안토니우스 : 어느 정도의 반항이나 방해가 있으리란 건 예상했습니다.
하지만 저렇게 투석기를 이용할 줄은 미처 몰랐습니다

실바 : 엘리젤을 너무 쉽게 보고 있군.
저 9백여 명은 예루살렘 함락에서도 살아남은 인간들이야.
자기만 머리가 있고 저들은 머리가 없는 줄 아나?

안토니우스 : 제게 좋은 생각이 있습니다.

실바 : 좋은 생각, 좋은 생각…. 전투는 좋은 생각으로만 하는 게 아냐.

안토니우스 : 저도 전투 경험이 많습니다.

실바 : 그래, 그 좋은 생각이라는 게 대체 뭐지?

안토니우스 : 경사로 작업에, 우리 로마 군인이 아닌 다른 이들을
　　　　　　투입하는 겁니다.

실바 : (말없이 노려보기만)

안토니우스 : (밖을 향해) 들여보내라.

　　　(요한이 비틀거리며 로마 병사의 손에 이끌려 들어온다.)

실바 : 이 자는 누군가?

안토니우스 : 요한이라는 유대인 포로입니다.
　　　　　　저 위에 있는 젤롯당과 같은 악질 당원인데
　　　　　　예루살렘 함락 작전 때 체포되었습니다.

실바 : 이 사람이 흙을 잘 나르나?

안토니우스 : 그게 아닙니다. 이 자는 마리아라는 유대인 여자와
　　　　　　결혼을 약속했는데 남자는 밑에,
　　　　　　여자는 마사다 꼭대기에 있습니다.
　　　　　　사랑하는 남자가 밑에서 공사를 하고 있는데
　　　　　　투석기를 쏘아 대겠습니까?

요한 : 차라리 날 여기서 죽여라. 이 침략자들아.

안토니우스 : 난 널 죽이고 싶지 않아.
　　　　　　저 위에 있는 네 여자한테 죽여 달라고 해.

사령관 각하. 지금 만 오천여 명의 유대인 포로를 이곳으로
데려오고 있습니다.
이제 유대인들에게 경사로 공사를 시키면 됩니다.

실바 : 자네는 아주 머리 회전이 빠르구만 그래.
그것도 아주 잔인한쪽으로 말야.

안토니우스 : 그 방법밖에 없습니다. 사령관 각하.

실바 : 왜 그 방법밖에 없다는 거야? 엘리젤을 만나게 해달라는 건 잊었나?
천재 보좌관?

안토니우스 : 지금 준비하고 있습니다. 곧 만나시게 될 겁니다.

요한 : (큰 소리로) 차라리 날 죽여라. 여기서 날 죽여!

안토니우스 : (같이 큰 소리로) 조금만 기다려!

(무대 암전)

경사로 작업장

(숨 가쁜 음악과 함께 무대가 밝아진다. 경사로 작업장에
많은 유대인이 옷을 벗은 채 수레를 나르고 있다. 이전보다 경사로가
많이 올라간 상태이다. 로마 군사들은 긴 채찍을 내려치며 소리를
지르고 유대인들은 그럴 때마다 비명을 지르며 쓰러진다.)

병사 3 : 엄살 부리지 말고 어서 일어나란 말야.
그동안 우리가 너희들 때문에 얼마나 고생했는 줄 알아?

유대인 : 난 할 수 없다.
어떻게 내 손으로 우리 동족을 죽이러 가는 길을 만든단 말이냐?

병사 3 : 그래? 그럼 아무짝에도 쓸모가 없단 말이군. 그럼 죽어야지.

    (빠른 속도로 칼을 꺼내 찔러 죽인다.
    한마디 비명도 못 지른 채 그 자리에 쓰러지는 유대인
    다른 유대인들이 공포에 질려 쳐다본다.)

병사 3 : 쳐다보지 말고 어서 일이나 해! 이 더러운 유대인 놈들아!

    (로마 병사의 채찍 소리와 유대인들의 비명 소리가 무대를
    어지럽힌다.)

마사다 정상

    (마리아가 근심스러운 표정으로 얌몬과 함께 앉아 있다.
    이때 다가오는 엘리젤)

엘리젤 : 마리아, 요한의 소식을 들었소?

마리아 : 아직 듣지 못했습니다. 하지만 분명히 살아 있을 겁니다.
    전 그렇게 믿어요. 요한은 반드시 이곳으로 온다고 했으니까요.

엘리젤 : 요한과는 결혼을 약속한 사이였다고 들었는데…

마리아 : 이미 제 부모님과도 인사를 다 나누었습니다.
    제 어머니도 요한을 무척 좋아하시죠.

엘리젤 : 나도 요한을 무척 좋아하지.
    용맹하고 하나님을 사랑하고 또 민족과 나라를 사랑하는 마음도
    남다르다는 것을 알기 때문이오.
    우리 유대 민족은 요한과 같은 젊은이가 많이 필요하지.
    요한과 같은 사람이 열 명만 더 있어도
    예루살렘은 함락되지 않았을 거야.

마리아 : 엘리젤, 요한을 만나게 될까요?

엘리젤 : 요한과 결혼식 하는 날, 그날은 내가 어디서 무슨 전투를 하고
 있어도 반드시 찾아가겠소.

 (옆에 있던 얌몬에게) 꼬마야, 네 이름이 뭐라고 했지?

얌몬 : 얌몬이라고 합니다.

마리아 : 이 아이의 아버님은 예루살렘 함락 때 로마 군사들의 말발굽에
 짓밟혀 돌아가셨다고 합니다. 어머님은 불이 붙은 집에서 끝내
 나오질 못하시고 돌아가셨고요.

얌몬 : 제겐 여동생도 하나 있었는데 어디론가 사라졌어요.
 분명히 로마 놈들이 끌고 갔을 거예요.

엘리젤 : 하나님께 모두 보고 계셨을 거다.
 하나님은 저들의 만행을 결코 잊지 않으신다.
 분명히 그들에게 죄의 대가를 치르게 해 주실 거야.
 그것이 바로 오늘 밤일지 아니면 수백 년 뒤가 될지는
 하나님만이 아시는 일이지.
 하지만 우린 절대로 그 순간을 잊어선 안 된다.

마리아 : 얌몬은 요즘도 밤에 잠잘 때 악몽을 꾸고 있어요.
 어머니 아버지가 돌아가시는 걸
 모두 두 눈으로 봤기 때문인 것 같아요.

엘리젤 : 어머니 아버지는 지금 하늘나라에서 하나님과 함께 계실 것이다.
 너무 슬퍼하거나 염려하지 말아라.

얌몬 : 엘리젤, 경사로가 완성되면 로마 놈들이 이곳으로 쳐들어
 올라오겠죠? 그럼, 우린 이제 죽는 건가요?

엘리젤 : 경사로는 완성되지 못해.

봐라, 저들도 우리의 공격이 너무 강하니까
공사를 멈추지 않았니? 우리에겐 돌이 얼마든지 있어.
누구든지 가까이 오기만 하면
돌멩이를 던져 납작하게 만들어 줄 거야.

얌몬 : 저도 눈이 있어요. 경사로는 벌써 3분의 2나 올라온 걸요?

엘리젤 : 그래도 소용없어. 더 이상 올라오지 못해.
저기 쌓여 있는 돌멩이를 보지 못했니?

얌몬 : 그래도 무서워요. 처음엔 저런 경사로도 없었잖아요.
어른들도 무서워서 떨고 있어요.
어른들이 우린 모두 여기서 죽고 말 거라고 했어요.

엘리젤 : 그 어른들 말이 틀렸어.
얌몬, 내 눈을 똑바로 봐라.
예전에도 시리아의 안티우쿠스가 코끼리 떼를 몰고
우리나라를 쳐들어온 적이 있었단다.
그들도 역시 우리나라를 짓밟고 다녔었고
요단 강에는 코끼리 떼들이 사방에 깔려서 물을 마셨지.
한 번 상상해 봐.
하지만 지금 코끼리가 어딨지? 시리아인들이 어딨냐고?
마찬가지야. 다시 우리가….
아니, 우리가 아니면 너와 네 후손이
예전처럼 예루살렘과 갈릴리, 여리고와 브엘세바에서
손잡고 뛰어놀 수 있는 그 날이 올 거다.
우리에겐 하나님이 계시잖니.

얌몬 : 엘리젤은 정말 그렇게 믿는 거예요?
저를 위로하기 위해서 말로만 그러는 게 아니고요?

엘리젤 : 난 이제까지 확신 없는 말은 한 적이 없다.

마리아 : 얌몬, 걱정하지 말렴.

(얌몬을 가볍게 안아 주고)

(성벽 쪽에서 근심스러운 듯 밑을 내려다보고 있던 예후다가
엘리젤에게 다가와)

예후다 : 엘리젤, 어떡하면 좋죠?
경사로 공사장에 유대인이 공사하고 있습니다.
이제 어떡하죠?
눈으로 보기에도 만 오천여 명의 유대인이 공사에 나왔습니다.

(마리아가 성벽 쪽으로 뛰어가 내려다본다.)

시몬 : (흥분한 채 뛰어와) 엘리젤, 아니 이걸 어떡하면 좋습니까?

(여전히 분이 안 삭히는 듯 성벽 쪽으로 뛰어가 밑을 내려다보며)
이 미련한 유대인들아. 로마의 채찍질이 무섭냐?
그래도 그렇지 그게 뭐하는 거야? 어서 반항해!
돌멩이를 던지라고.

엘리젤 : 야비한 인간들. 우리 동족이 나와서 공사를 하면
돌멩이를 안 던질 줄 알고 그런 거야.
우리끼리 서로 돌을 던져 피 흘리게 하고
자기들은 옆에서 구경이나 하겠다고?

예후다 : 그게 아니면 돌멩이 던지는 걸 우리더러 포기하라는 거겠죠.

시몬 : 어떡하죠? 저런 식으로 계속 쌓아 올리면 일주일 내로 경사로가
완성됩니다. 지금 상태에서 더 가까이 오면 위험해요.

요셉 : (어느새 뛰어와) 그러게 내가 뭐랬어요?
저들이 화가 단단히 난 거예요.
그동안 투석기로 로마 병사를 얼마나 죽였는데….

마사다 415

저렇게 화가 났으니 여기 올라오면 당장에 우릴 죽일 거야.

예후다 : 엘리젤, 빨리 결정해 주십시오. 투석기를 계속 발사할까요?

요셉 : 저들은 적이 아니라 우리 동족인데요?

엘리젤 : 오, 하나님. 어떡하면 좋습니까? 할 수 없어. 뜨거운 물을 부어.

마리아 : (갑자기 소리를 지른다.) 엘리젤, 저기 요한이 있어요
요한이 저기 채찍을 맞으며 일을 하고 있어요.

시몬 : 정말 지독한 놈들. 일부러 요한을 제일 앞, 잘 보이는 곳에 배치했어.

엘리젤 : 마리아, 그래도 할 수 없소.
어서 투석기를 발사하란 말야. 준비.

(마리아가 투석기 쪽으로 뛰어가 몸으로 막는다.)

마리아 : 잠깐만요. 조금만 더 생각해 봐요.
좋은 생각이 나올지도 몰라요. 제발 부탁이에요. 엘리젤.
지금 제 뱃속엔 요한의 아기가 자라고 있단 말예요.

하르멜 : 당신은 지금 천 명도 안 되는 우리를 위해
만 오천 명이나 되는 동족을 죽이려고 하고 있소.

시몬 : 죽여야 합니다. 저들은 이미 유대인이기를 포기한 사람들입니다.
야! 이 미련한 유대인들아, 어서 대들어.
로마 놈들에게 돌을 던지란 말야.
그렇게 못할 거면 차라리 혀를 깨물고 죽으란 말야.

요셉 : 항복합시다. 그것만이 우리가 살길이오.

시몬 : 무슨 소릴 하는 거야?
그럼 우리가 여길 왜 올라왔어?

요셉 : 우선 항복한 다음에 다시 사람을 모으고
　　　　힘을 모아서 대항하면 되잖아.

시몬 : 바보 같은 소리 그만해!

엘리젤 : 난 그동안 로마인보다 우리 유대인을 더 많이 죽였소.
　　　　왜 그런지 알아?
　　　　싸우기 싫어서 도망가는 유대인들, 동료가 죽어 가는 걸 보면서도
　　　　자기만 살겠다고 도망가는 유대인들을 쫓아가서 죽였던 거야.

마리아 : 제발 부탁이에요. 엘리젤, 제발 부탁이에요.

요셉 : 우리 동족을 죽이고 우리가 살아남은 들 무슨 소용이 있어.
　　　　그게 당신이 말하는 애국이요?

엘리젤 : 그럼, 우리가 지금 할 수 있는 게 아무것도 없단 말인가?

하르멜 : 하나님께 기도합시다.

시몬 : (다시 아래를 보며) 야! 이 미련한 유대인들아, 왜 그렇게 이용만 당해.
　　　　단 한 번이라도 대항을 해봐. 우리처럼 끝까지 싸우란 말야.

엘리젤 : 예후다.

예후다 : 네, 엘리젤

엘리젤 : 우리에게 두꺼운 나무가 있소?

예후다 : 두께는 약 50센치 되고 높이는 약 2, 3미터가 되는 나무가
　　　　20여 개 있습니다.

엘리젤 : 돌멩이는 얼마나 되오?

예후다 : 돌멩이는 그다지 많지 않습니다.
　　　　하지만 바닥을 파면 돌멩이는 얼마든지 구할 수 있습니다.

엘리젤 : 그럼, 우선 저 경사로가 올라오는 마지막 지점을 예상해서
그곳에 나무로 두 겹의 벽을 만들고 그사이에 돌멩이를 쌓으시오.
저들이 경사로를 쌓아 올리는 동안
우리도 그에 맞설 준비를 해야 하오.
여자고 남자고 모두가 하나가 되어 준비하시오.
여자는 성벽 가까이 기다리고 있다가
저들이 올라올 사다리가 놓이면 밀어내는 겁니다.
겁을 먹지 말고 사다리에 서너 사람이 올라탔을 때 힘껏 미는 거요.

예후다 : 알겠습니다. 자, 빨리빨리 움직입시다.

(엘리젤, 말을 마치고 마사다의 어느 방으로 들어간다.
그럼 시두르가 따라 들어간다.)

시두르 : 엘리젤, 할 얘기가 있소.

엘리젤 : 가족들의 소식이오?

시두르 : 살아 있다고 합니다.

엘리젤 : (다가가 가볍게 끌어안으며) 아, 정말 다행이군.
나도 얼마나 걱정했는지 몰라. 그런데 그 소식을 어디서 들었지?

시두르 : 어젯밤에 안토니우스라는 실바 사령관의 부관을
아래 계곡에서 만났소.
그리고 실바가 엘리젤을 만나고 싶어 한다는 얘기를 들었소.

엘리젤 : 적을 만나기 전에 나에게 먼저 보고를 했어야지.

시두르 : 엘리젤, 내가 잘못한 건 인정합니다.
하지만 내 가족을 만나게 해 준다는 얘기를 듣고
도저히 내려가지 않을 수 없었소.

엘리젤 : 하지만 그게 얼마나 위험한 일인 줄 알아?

시두르 : 엘리젤, 이제 우리는 갈 데까지 간 거나 다름없습니다.
　　　　이제 더 이상 전투보다는 대화를 해야 합니다.
　　　　실바와 만나서 무슨 얘기를 하든
　　　　일단 대화를 하면 서로가 살 수 있는 길이 있을 겁니다.
　　　　지금은 감정보다 이성적으로 옳고 그름을 판단해야 합니다.

엘리젤 : 우리는 옳고 그름을 따지기 위해서 여기까지 온 게 아냐.

시두르 : 그래도 일단 만나서 얘기를 나누어 보시죠.
　　　　그래야 우리가 모두 삽니다.

엘리젤 : 당신 가족을 담보로 흥정을 했구만.

시두르 : 죄송합니다.

엘리젤 : 당신 가족 때문에 내가 나가는 거요.

시두르 : 엘리젤, 정말 고맙습니다.

다시 계곡

　　　　(실바가 먼저 와 있고 잠시후 엘리젤이 등장한다.)

실바 : 오랜만이군. 엘리젤.

엘리젤 : 날 보자고 한 용건이 뭐요?

실바 : 좋아, 피차 시간 낭비는 그만두고 본론을 얘기하지.

엘리젤 : 분명히 얘기하지만 난 협상 같은 건 하고 싶지 않소.

실바 : 나도 자네와 어떤 협상을 하고자 하는 게 아냐.
　　　최후통첩하려고 하는 거야.

　　　　　자네와 자네 일당은 곧 우리 손에 잡혀서 전멸될 거야.
　　　　　죽음이 무섭지 않아?
　　　　　죽임을 당하기 전에 당장 해산을 해. 내 말을 들어.

엘리젤 : 우리가 죽음을 무서워했다면 이렇게 전투를 시작하지도 않았지.
　　　　당신들은 우리를 잘 몰라.

실바 : 그동안 내가 받은 훈장 하나하나는
　　　 당신들 유대인의 목숨 수천수만 명과 바꾼 거야.
　　　 유대인의 피비린내가 이제는 구역질이 날 정도지.

엘리젤 : 이제 그만 돌아가시오.
　　　　우리 땅에서 한 사람도 남김없이 돌아가란 말이오.

실바 : 나도 돌아가고 싶어. 하지만 너희들 때문에 가지를 못하는 거야.
　　　 저 마사다 꼭대기에 있는 너희들이 해산하기 전엔
　　　 절대 돌아갈 수 없어.

엘리젤 : 우린 해산하지 않을 거요. 우릴 모두 잡아서 죽이겠다고?
　　　　어디 맘대로 해 보시오.

실바 : 고집부리지 마. 예루살렘은 초토화됐고
　　　 생존한 유대인들은 노예 신세가 됐어.
　　　 그걸 보고도 너희들의 미래를 모른단 말야?

엘리젤 : 과수원을 짓밟아도 좋은 나무는 살아남는 법.
　　　　지금 우리가 당신들 손에 죽는다 해도 그건 마찬가지요.
　　　　동쪽에서 죽으면 서쪽에서, 서쪽에서 죽으면 동쪽에서
　　　　끝까지 살아남아 싸울 거요.

실바 : 그만해. 넌 미쳤어.

엘리젤 : 네로의 사주를 받은 사람에게 미쳤단 소리를 들어도 난 상관없소.

(나가려 한다.)

실바 : 아직 가란 말하지 않았어.
　　　포기해. 난 마사다에 대해 훤히 알고 있어.

엘리젤 : 한 번도 올라와 본 적도 없으면서….
　　　　마사다를 전부 포위하려면 당신네 10군단이 빙 둘러싸도 모자라.
　　　　난 그걸 알고 있지. 우리 유대인 중 단 한 사람이 남더라도,
　　　　그리고 칼을 들 힘이 있다면 이 항전은 계속될 거요.
　　　　분명히 명심하시오.
　　　　(퇴장해 버린다.)

　　　　(깊은 고민에 빠지는 실바.
　　　　이때 멀리서 숨어 기다리고 있던 안토니우스가 엘리젤을 붙잡는다.
　　　　발버둥을 치는 엘리젤, 하지만 병사들에 의해 끌려간다.)

엘리젤 : 이것이 너희가 말하는 협상이냐? 로마의 권위가 바로 이거야?

마사다 정상

시몬 : 이게 대체 무슨 소리야? 시두르.

시두르 : 나도 모르겠어. 금방 돌아올 줄 알았는데….

시몬 : 계곡으로 내려간 지 얼마나 됐어?

시두르 : 어젯밤 달뜨기 전에 내려갔는데….

시몬 : 비겁한 인간. 엘리젤이 속은 거야. 엘리젤은 지금 붙잡힌 거라고.
　　　넌 우리 9백여 명의 지도자를 네 가족을 위해 팔아 버렸어.
　　　이 배신자.

하르멜 : 이제 우린 어떻게 되는 거요? 새로운 지도자를 뽑아야 하는 거요?

요셉 : 엘리젤이 없으면 우린 죽을 거야.

마리아 : 오, 하나님….

시몬 : 너 같은 인간은 살아 있을 필요도 없어.
　　　 (칼을 빼 든다.)

시두르 : 제발 그러지 마. 나도 괴로워. 내 가족은 어떻게 되는 거야?

시몬 : 네 가족은 벌써 죽었어. 하늘나라에 가서나 만나 보시지.
　　　 아직 네 가족이 살아 있다면 내가 찾아서
　　　 네가 있는 지옥으로 보내 주겠어.

요셉 : 시몬, 칼을 치워.

시몬 : 엘리젤이 어떤 사람인 줄 알아?
　　　 그런데 적에게 팔아 버려? 넌 당장 죽어야 해.

　　　 (칼로 시두르를 찔러 죽인다. 그 자리에 쓰러지는 시두르.
　　　 사람들은 모두 끔찍한지 고개를 떨구고
　　　 시몬은 다시 칼을 높이 들어 사람들에게 외친다.)

　　　 자, 엘리젤을 구하러 갈 사람은 나를 따르시오.
　　　 우리 중에 가장 날렵하고 칼을 잘 쓰는 사람,
　　　 세 사람만 나를 따르시오. 네 이놈들을 그냥….
　　　 (분노에 찬 시몬의 목소리가 떨리고 있다.)

　　　 (무대 암전)

실바 진영

　　　　　(나무로 된 감옥에 갇혀 있는 엘리젤. 그 곁에는 로마 병사 몇이
　　　　　경계를 서고 있다. 고개를 하늘로 쳐들고 하늘을 바라보고 있는 엘리젤.
　　　　　이때 어디선가 들리는 인기척에 엘리젤이 놀란다.
　　　　　어둠 속에서 나타난 시몬과 남자 몇.
　　　　　시몬의 얼굴을 알아본 엘리젤이 반가워하고)

시몬 : 쉿!

　　　　　(로마 병사의 뒤로 다가가 칼로 찔러 죽이고 빠르게 감옥 문을
　　　　　열어 준다. 옷을 털고 나오는 엘리젤.
　　　　　시몬과 가볍게 포옹을 한 뒤 어둠 속으로 빠져나간다.)

실바 막사

실바 : 왜 그렇게 미련한 짓을 했나? 엘리젤을 보내 줬어야지.

안토니우스 : 눈앞에 있는 적의 대장을 그냥 보낼 수가 없었습니다.
　　　　　　로마 병사들을 생각해서라도 그럴 수 없었습니다.

실바 : 그래서 얻은 게 뭐지?
　　　오히려 거짓말을 하고 불신을 준 것밖에 안 되잖아.

안토니우스 : 사령관 각하, 제가 잘못 생각했습니다.

실바 : 이젠 대화마저 할 수 없어.
　　　피 흘리지 않고 저들을 내려오게 할 방법이 사라져 버렸단 말야.

마사다 정상

(여러 사람 앞에 선 엘리젤)

엘리젤 : 난 여러분의 도움으로 살아 나왔소.
이제 우리에게 남은 것은 끝없는 항전뿐이오.
더 이상 어떤 식의 대화나 타협은 있을 수 없어.
난 이미 저들의 생각을 읽었소.
자 다 같이 칼을 들고 일어섭시다.

(환호하는 유대인들)

실바 막사

(막사 안에서 그림을 그리고 있는 실바.
안토니우스가 뛰어들어 온다.)

안토니우스 : 각하, 이 보고를 드리게 되어 영광입니다.

실바 : 무슨 일인가? 안토니우스.

안토니우스 : 드디어 경사로가 완성되었습니다.

실바 : 딱 3년이 걸렸군. 그럼, 이제 올라갈 일만 남았는데….
아, 그러기 전에 먼저 이 그림을 가져가게.

안토니우스 : 이 그림은 뭡니까?

실바 : 엘리젤의 얼굴을 그렸다. 알아보겠나?

안토니우스 : 이 그림은 어디에 쓰시려고….

실바 : 이 그림을 우리 병사들에게 보여주게.

그래서 나중에 마사다 정상에 올라가면
엘리젤의 얼굴을 찾아서 생포하라고 명령하게.

안토니우스 : 알겠습니다.

실바 : 이제 어떻게 할 건가?
경사로는 완성되었는데 두껍게 버티고 서 있는
성벽은 어떻게 하지?

안토니우스 : 그것도 제가 다 준비했습니다.

(안토니우스 손짓을 하면 힘찬 나팔 소리와 함께
거대한 파성추가 등장한다.)

실바 : 저게 뭔가?

안토니우스 : 성벽을 부술 파성추입니다.

로마 군인이 파성추를 이용하여 마사다 성벽을 공격함

마사다 정상

(성벽 쪽에서 근심스럽게 아래를 내려다보고 있는 사람들)

시몬 : 저게 뭐야?

요셉 : 망루야?

시몬 : 망루가 아닌 것 같은데?

예후다 : 저건 망루가 아니라 파성추라는 거야.

시몬 : 저기 보이는 커다란 망치가 우리 성벽을 무너뜨리고 말 거야.

예후다 : 엘리젤, 저 괴물 같은 것이 경사로를 다 올라오기 전에
마지막 방법을 생각해 내십시오.

엘리젤 : (허탈한 듯 고개를 흔들며) 방법이 없어, 방법이 없어.

예후다 : 시간이 있다면 성벽을 더 단단히 쌓았을 텐데….

엘리젤 : 안돼. 성벽을 단단히 하는 게 아니라 부드럽게 해야 해.
잘 들으시오. 예후다.
부드럽게 해서 파성추가 충격을 가해 올 때 흡수하도록 해야 하오.

예후다 : 나무가 더 이상 없습니다.

엘리젤 : 아니오. 어딘가에 있을 거야. 잘 생각해 보시오.

예후다 : 아참, 성전 안에 기둥이 있습니다.

하르멜 : 지금 무슨 소리를 하는 거야?
성전의 기둥을 뽑겠단 말이오?

엘리젤 : 지금 우린 더 이상 선택의 여지가 없어.

예후다, 어서 움직이시오. 여자는 물러서서 아이들을 데리고
각자의 거처로 들어가시오. 어서 빨리.

하르멜 : (그 자리에 주저앉아)
오, 하나님. 세상에 이런 일이 있을 수 있는 겁니까?
도저히 하나님 앞에 부끄러워 몸 둘 바를 모르겠습니다

(나머지 사람들은 바쁘게 움직인다.
그 사이에 파성추는 점점 더 가까이 온다.)

엘리젤 : 궁수들! 궁수들! 어서 정확히 겨냥해서 쏴라.

(활을 쏘지만 꿈쩍도 하지 않고 점점 다가오기만 하는 파성추
오히려 파성추 안에 있는 로마 군사들이 쏘는 화살에 성벽에서
활을 쏘는 유대인이 가슴에 맞고 뒤로 쓰러진다.)

안토니우스 : 자, 이제 공격하라. 공격 시작!

(파성추의 공격이 시작된다.
쿵쿵. 무너지는 성벽들. 무서워하는 유대인들.
쿵쿵거리는 소리가 더욱 무대를 진동하고)

안토니우스 : 그만! 중지!

(순간 커다랗게 들리던 진동 소리가 멈춘다.)

마사다 정상

시몬 : 왜 그만뒀지?

요셉 : 파성추로는 안되는 거야.

예후다 : 맞아, 우리 작전이 성공한 거야.

엘리젤 : 그게 아냐.

시몬 : 그럼 뭡니까?

엘리젤 : 저들도 야간 전투엔 자신이 없어.
 더구나 저들은 이곳의 지리에 어두우니까
 오늘 밤은 그냥 보내고 내일 새벽에 올라올 거야.

요셉 : 일단 오늘 밤은 살았군요.

시몬 : 그만두지 못해? 그렇게 죽는 게 무서워?

요셉 : (벌벌 떨며) 난 무서워. 무서워서 미치겠어.

 (이때 성벽에 불이 붙어 검은 연기가 피어오른다.)

예후다 : 엘리젤, 불이 붙었습니다.
 우리가 쌓은 나무에 불이 붙었습니다.

하르멜 : 엘리젤, 하나님께 비가 내리도록 기도하십시오.

엘리젤 : 안돼….

하르멜 : 여호수아가 하나님께 태양을 멈추게 해 달라고 기도한 것
 알고 있소?

엘리젤 : 그날 태양이 멈춘 건 하나님이 명하셔서 그런 거요.
 여호수아가 기도할 때까지 하나님이 기다리셨을 것 같소?
 우린 그동안 모든 것을 하나님의 뜻에 맡겨 왔소.
 인간이 할 수 있는 것은 다 해봤어. 나머진 하나님께 맡기십시다.

요셉 : 이제 와서 그런 얘기가 어딨어?

시몬 : 오죽 답답하면 그러겠어?

하르멜 : 왜 이제 와서 하나님께 맡기자는 거요?
당신이 하나님이라면 들어주고 싶은 맘이 들겠소?
성전을 저 지경으로 만들어 놓고?

예후다 : 어차피 내일 아침이면 성전도 불바다가 될 거요.

요셉 : 엘리젤, 우리가 살 방법을 연구해 봐요.

엘리젤 : 더 이상 어떻게 뭘 하란 말이오. 우린 할 만큼 다 했잖아.
로마인이든 유대인이든 가리지 않고 경사로 공사장에다
투석기를 발사해 막았다면 이렇게까진 안됐을 텐데….
나보고 뭘 어떻게 하란 말이오!

(엘리젤과 검은 연기가 피어오르는 성벽을 번갈아 허망하게
바라보는 유대인들. 무대는 서서히 어두워진다.)

마사다 정상

(다시 밝아지면 마사다의 한 실내.
엘리젤을 포함한 많은 사람이 모여 있는데 매우 심각한 분위기다.)

엘리젤 : 할 얘기가 있소. 우리끼리만 말이오.

(이 말에 몇몇 사람만 남고 나머지는 모두 밖으로 나간다.)

엘리젤 : (사람들이 나간 걸 확인하고는 매우 진지하게)
지난 몇 년 동안 여러분은 나의 지휘 아래 여기까지 함께했소.
우린 로마에 맨 처음 대항한 집단이고
그리고 이젠 맨 마지막까지 대항하고 있는 집단이 됐소.
그것은 여러분 모두가 잘 싸웠기 때문이오.

그런데 이제 저들이 우리의 코앞까지 경사로를 쌓았고
마침내 성벽은 불타고 있소.
과연 이 시점에서 우리가 뭘 어떻게 해야 할지
여러분의 생각을 듣고 싶소.

시몬 : 성벽을 다시 쌓으면 됩니다.
저들도 어차피 야간 전투는 포기한 것 같은데
그렇다면 내일 아침까지는 시간이 충분해요.

엘리젤 : 그럼 로마군사는 또 뭘 하지?

시몬 : (허망하게) 다시 불을 붙여 태우겠죠.

엘리젤 : 요셉, 당신에겐 무슨 생각이 있소.

요셉 : 샛길을 이용해서 돌파구를 찾아보죠. 분명히 살길은 있을 겁니다.
저들은 지금 경사로에 모든 병사를 투입하고 있어
온통 신경이 그쪽에 몰려 있을 겁니다.
이때 우리는 반대쪽의 계곡을 이용해서 이곳을 도망가는 겁니다.

엘리젤 : 구백여 명이 몰래 계곡을 빠져나가? 그래서 어딜 가지?
우리가 여기서 빠져나간다 해도 우리는 얼마 못 가서
저들의 손에 잡히고 말 거야.
노약자와 여자, 아이부터 우리 남자들까지도….

시몬 : 끝까지 싸웁시다.
난 여기서 저들과 싸우다 죽을 겁니다.

엘리젤 : 그럴 수도 있겠지.
그렇게 시몬처럼 몇 사람은 죽을 거야.
그리고 다행히 살아남는 사람도 있겠지만,
그 생존자들은 결코 봐선 안 될 장면을 보게 될 거요.
로마 제국의 상징이 이 마사다 정 가운데 세워지는 걸 말이오.

그리고 그 생존자들은 전쟁 승리의 전리품이 되어
개처럼 끌려내려 갈 거요.

예후다 : 엘리젤….

엘리젤 : ….

예후다 : (모든 걸 알고 있는 듯한 표정으로)
당신이 지금 그런 말을 하는 의도가 뭡니까?

엘리젤 : 이곳에 있는 우리 중에 누구라도 로마의 전리품이 되기엔
과분한 사람들이오.
비록 우리 중에 강도가 있고 살인자가 있다 하더라도
그리고 바보 천치가 있다 하더라도
그 사람 역시 로마 앞에선 당당해야 할 사람들이오.
3년 전 예루살렘이 불타서 무너질 때
로마 놈들이 우리 동족에게 한 행동을 기억하오?
난 우리가 로마인의 수중에 넘어가
우리의 육신과 영혼이 더럽혀져선 안 된다고 믿소.
우리와 로마 군사와 서로 부딪히는 일이 없게 해 주는 것,
그것만이 최선의 방법이오.

(한동안 무대엔 정적만이 감돈다.)

요셉 : 그럼…. 죽잔 말이요? 난 싫어.

시몬 : 그렇게 죽는 게 싫어? 살아서 뭐 하려고? 너 같은 겁쟁이가?

예후다 : 난 엘리젤 말대로 할거요.

시몬 : (아래를 내려다보며) 아휴, 저것들을 내려가서 그냥….

예후다 : 좋아요. 하지만 이곳에 없는 다른 이들에겐 뭐라고 말하죠?

엘리젤 : 그들을 설득해야 하오.
다른 생각이 있는 사람은 말해도 좋소.

(하지만 서로를 돌아볼 뿐 말이 없다. 무거운 침묵만이 대신할 뿐이다.
엘리젤은 그곳의 사람들이 모두 동의한다는 것으로 판단하고
옆에 있던 작은 질그릇 하나를 테이블에 내려쳐 깨뜨린다.)

엘리젤 : 이 조각에 각자 자기 이름을 쓰시오.

(모든 사람이 조각을 하나씩 들고 이름을 쓰기 시작한다.
이름을 적은 조각들을 다시 다른 항아리에 담고 잠시 후
엘리젤은 조각을 하나씩 꺼내 열 명에게 나눠준다.)

엘리젤 : 시몬, 자네는 그동안 사람을 얼마나 죽여 봤나?

시몬 : 수도 헤아릴 수 없을 정도입니다.

엘리젤 : 그럼 어떻게 해야 한 번에 사람의 목숨을 끊을 수 있는지
여기 있는 사람들에게 얘기해 줄 수 있겠군.

유대인들이 아랫쪽 로마군인을 향해 던진 바윗돌

시몬 : 그건 아주 간단합니다.
　　　　사람의 인후 부분을 칼로 깊게 가로 지르듯이 그은 다음
　　　　경동맥을 끊어 버리면 고통을 느낄 겨를도 없이 끝납니다.

엘리젤 : 됐네. 예후다, 나머지 사람들도 모두 들어오게 하시오.

　　　　(이 말에 예후다는 아무 말 없이 나가 나머지 사람들을 데리고
　　　　들어온다. 몇몇 사람은 들어오지 못하고 문밖에 서 있는 사람도 있다.)

엘리젤 : 오늘 저녁 성벽에 불이 붙어서 검은 연기가 피어오르는 걸 보고
　　　　난 결심한 게 있소. 예전에도 그랬듯이 나의 결심을 여러분에게
　　　　얘기하고 함께 하려 하오.
　　　　우리는 이 전쟁에서 사라지지만 저들은 우리의 주검을 보면서
　　　　유대인이 어떤 민족인지 배우게 될 것이오.
　　　　내일 아침이면 로마군이 진격해 오게 되오.
　　　　그들은 우리에게 이곳에서 항복하고 내려오면
　　　　안전을 보장한다고 했소.
　　　　그런 약속은 예루살렘에 있던 우리 동족에게도 했었지.
　　　　하지만 그들은 약속을 어겼소.
　　　　여자는 짐승처럼 강간을 당했고 남자는 산채로 팔다리가 찢기고
　　　　배가 갈라져 내장이 흘러나왔지.
　　　　아이들은 고문당했고 노예로 끌려갔소.
　　　　난 그런 모습을 피눈물을 흘리며 두 눈으로 똑똑히 지켜봤소.
　　　　여러분도 함께 봤지.
　　　　하지만 우린 이미 오래전에 여호와 외에는
　　　　어떤 사람에게도 종이 되지 않을 것을 맹세했고
　　　　우리의 참된 주인은 여호와 하나님뿐이오.
　　　　우리가 마사다에 온 것은, 피하든 싸우든,
　　　　자유인으로 살고 싶었기 때문이오.
　　　　마지막으로 우리에게 남아 있는 방법은 하나요.
　　　　…….

그것은 우리 스스로 끝을 맺는 일이오.
'하나님 앞에서 난 자유인입니다' 말할 수 있는
바로 지금 이 순간.
우리 모두 죽음과 고통을 두려워하며 살지만
언젠가 죽기 마련이오.
하지만 고통 없이 죽을 순 있소.
그것은 자유인만이 선택할 수 있는 죽음이오.
그 죽음을 통해 여러분은 로마인에게 자기 자신의 주인은
하나님 외에 오직 자기 자신뿐이라고 말할 수 있을 것이오.

마리아 : 나도 그들에게 알리고 싶어요.
내 주인은 하나님뿐이라고 말이에요.

하르멜 : 엘리젤, 당신은 지금 이 사람들에게 너무 지나친 것을
요구하는 것 같소.

엘리젤 : 알다시피 우리 중엔 살인에 능숙한 사람이 많이 있으니
도움이 필요한 사람은 얘기를 하시오.
도와줄 열 사람을 제비로 뽑았소.
선택은 여러분의 것이오.
지금 죽지 않고 내일 새벽에 저들과 마주쳐 싸울 사람이 있으면
그렇게 하시오.
하지만 결국 그들의 손에 죽거나 아니면 노예가 될 것이고
숨으려 해도 결국은 들키고 말 것이오.
그들로부터 미리 승리를 빼앗는다면 로마에 길이 기억될 것이오.

예후다 : 그것도 하나님의 지혜요?

엘리젤 : 그건 나도 모르겠소.

(예후다가 엘리젤의 말에 동의한 듯 옷을 벗어 바닥에 내려놓으면
다른 사람들도 천천히 옷을 벗어 한곳에 모아 쌓는다.)

　　　　마지막 인사로 서로 끌어안는 사람들.
　　　　모두 한결같이 침통한 표정이다.
　　　　하르멜은 여기저기에 흩어져 있는 두루마기 성경을 항아리에 담아
　　　　뚜껑을 잘 덮는다. 그 모습을 보는 엘리젤은 고통스러운 표정이다.
　　　　사람들이 일련의 행동을 모두 마치고 방을 빠져나간다.
　　　　방안에 얌몬과 엘리젤만 남는다.)

얌몬 : 엘리젤, 엘리젤이 얘기하는 동안 난 하나님께 기도했어요.
　　　잠시 후에 어머니 아버지를 만날 수 있게 해 달라고요.

엘리젤 : 그래, 우리가 죽는 것은 죽는 게 아니야.
　　　　바로 영원히 사는 것이야.

얌몬 : 난 두렵지 않아요.

엘리젤 : 난 절대로 실패했다거나 전투에서 졌다고 생각하지 않는다.

　　　　(칼을 들고 얌몬에게 가까이 가는 엘리젤, 그리고 어두워지는 무대)

로마가 3년에 걸쳐 쌓은 마사다의 뒷쪽 경사로

실바의 진영

(나팔 소리와 함께 무대가 환히 밝아지면)

실바 : 가자, 마사다로 가자!
저들의 지도자는 반드시 생포하라.
엘리젤을 생포하지 않고 살해하는 자는 같이
목숨을 잃게 될 것이다.
내 말을 반드시 명심하라.

(환호와 함께 칼을 들고 조심스럽게 올라가는 군사들.
하지만 격전이 예상되던 무대는 오히려 이상할 정도로 조용하다.
의아해하는 로마 병사들. 뒤쪽에 쫓아오는 실바를 향해)

안토니우스 : 각하, 싸우는 소리가 들리지 않습니다.
마사다 정상에 개미 새끼 한 마리 보이지 않습니다.

(이 말을 듣고 실바 뛰어간다. 마사다 정상에 올라간 실바)

마사다 정상

실바 : (사방을 두리번거리며)
엘리젤! 엘리젤! 어딨나?

(어느 한 방을 들여다보고 기가 막힌 듯 비틀거리며)

이럴 수가 이럴 수가….
내가 잘못했다. 좀 더 일찍 왔어야 했는데….

(못 믿겠다는 듯 다른 방으로 다시 가려고 할 때
그 방 안에서 나오던 안토니우스가)

안토니우스 : 들어가실 필요 없습니다. 모두 마찬가지입니다.
　　　　　 방안에 시체들이 나란히 누워 있습니다.
　　　　　 여자들은 화장을 예쁘게 했고 옷도 단정하게 갈아입은 것 같습니다.
　　　　　 칼로 서로를 죽여 준 것 같습니다.
　　　　　 어떻게 이럴 수가 있는 거죠. 잔인한 놈들 같으니라고….

실바 : (안토니우스의 멱살을 잡고)
　　　 내가 뭐랬어? 유대인들은 절대 항복하지 않는다고.
　　　 우리가 이들을 이겼나? 3년 동안 사막의 태양 아래서 고생해 가며
　　　 경사로를 쌓은 것이 바로 이런 결과를 보기 위해서였냐고.

　　　 (이때 병사 둘이 엘리젤의 시체를 끌고 나오며)

병사 : 사령관 각하, 여기 엘리젤의 시체를 발견했습니다.

실바 : (엘리젤의 시체를 보며)
　　　 엘리젤, 당신 말대로 당신들은 항복하지 않았다.
　　　 우리 로마인은 당신들 유대인을 이기지 못한 거야.
　　　 도대체 왜 이런 거야? 내가 거짓말쟁이인 줄 알았나?
　　　 자네는 이 사람들에게 잡히면, 노예가 되던지
　　　 고문을 받을 거라고 했겠지? 하지만 그건 자네가 틀렸어.
　　　 진정한 지도자라면 누가 적이고 누가 친구인지를 알았어야지.
　　　 난 그렇게 만들지 않았을 거야.
　　　 좀 더 일찍 협상을 해야 했는데 그럼 자네도 내 약속을 알았겠지.
　　　 이건 내 실수야.

　　　 (실바가 비통해할 때 안토니우스는 독수리 모양으로 장식된
　　　 커다란 나무 막대를 마사다 정상에 세우고 있다.)

안토니우스 : 실바 사령관 각하가 이끄는 로마 제10군단의
　　　　　 마사다 전투 승리를 선언하노라.
　　　　　 로마 황제와 원로원의 이름으로

　　　　　　이곳 요새 마사다가 로마의 점령지가 되었음을 선언하노라.

실바 : (가까이 가며 비웃듯)
　　　　승리? 우린 사막 한가운데 있는
　　　　이 커다란 바윗덩어리 하나를 얻었을 뿐이야.

　　　　(무대엔 황량한 바람 소리만이 우울하게 들린다.)

마사다 성벽위로 나타난 무지개